केदारनाथ सिंह
चकिया से दिल्ली

केदारनाथ सिंह
चकिया से दिल्ली

सम्पादक

कामेश्वर प्रसाद सिंह

वाणी प्रकाशन

वाणी प्रकाशन

4695, 21-ए, दरियागंज, नयी दिल्ली 110 002

शाखा

अशोक राजपथ, पटना 800 004

फ़ोन: +91 11 23273167 फ़ैक्स: +91 11 23275710

www.vaniprakashan.in
vaniprakashan@gmail.com
sales@vaniprakashan.in

KEDARNATH SINGH : CHAKIYA SE DILLI
edited by Kameshwar Prasad Singh

ISBN : 978-93-5072-849-9
Memoirs

प्रथम संस्करण

मूल्य : ₹ 495

सिटी प्रेस, दिल्ली-110 095 में मुद्रित

वाणी प्रकाशन का लोगो मक़बूल फ़िदा हुसेन की कूची से

दिवंगत बाबा आदरणीय श्री डोमा सिंह की स्मृति को जो कवि के पिता ही नहीं, हमारे क्षेत्र के एक बहुसम्मानित नागरिक थे।

—कामेश्वर

चिट्ठी

कल गाँव से
एक चिट्ठी आयी
बहुत दिनों बाद

शायद नदी ने भेजी थी

न दिन
न तारीख
न सिरनामा
बस ऊपर कोने में
एक बूँद की तरह
टँका था
छोटा-सा प्यारा-सा
गाँव का नाम—
'चकिया'

शहर के
उस सबसे व्यस्त चौराहे पर
सबसे छिपाकर
मैं देर तक पढ़ता रहा
उस खाली-खाली चिट्ठी को
और सारी चिट्ठी में
गूँजता रहा
चीखता रहा
बस एक ही शब्द
चकिया! चकिया!

मुझे याद आयी
एक और भी चिट्ठी
जो बरसों पहले
मैंने दिल्ली में छोड़ी थी
पर आज तक
पहुँची नहीं चकिया

(अकाल में सारस, पृष्ठ 98-99)

सम्पादक की ओर से

'चकिया से दिल्ली' कवि केदारनाथ सिंह के बारे में उनके कुछ समकालीन लेखकों और कुछ आत्मीय जनों के द्वारा लिखे गये लेखों और टिप्पणियों का संग्रह है। चकिया अर्थात् उनका जन्मस्थान और दिल्ली अर्थात् वह महानगर जहाँ आज वे रहते हैं। ठेठ ग्रामांचल से महानगर की ओर यह स्थानान्तरण ऐसा है जिसे उनके पूरे विकासक्रम में देखा जा सकता है। उनके जीवन के अस्सीवें वर्ष के आसपास इसे प्रकाशित किया जाय, यह मेरा प्रयास था। प्रयास तो यह भी था कि इसे पहले अपनी पत्रिका 'चौपाल' के एक अंक के रूप में निकाला जाय। पर कुछ मित्रों के सुझाव के चलते यह क्रम बदल गया। तब पाया कि पहले इसे पुस्तकाकार निकाला जाय और फिर अगर कुछ और सामग्री मिल जाय तो बाद में 'चौपाल' का एक अंक भी निकाला जा सकता है। इसे भविष्य के लिए छोड़ता हूँ—अभी तो यह चकिया की मिट्टी की सौगात आपके हाथों में सौंपते हुए मैं एक खास तरह की प्रसन्नता का अनुभव कर रहा हूँ।

कवि के रूप में केदारनाथ सिंह इस अर्थ में विशिष्ट हैं कि उनकी कविता और उनका व्यक्तित्व बिल्कुल अभिन्न है। इस दुर्लभ अभिन्नता के वे विरल वारिस हैं। उनकी सबसे बड़ी विशेषता उनकी सहजता है। वे सहज कवि हैं। जीवन की सचाई को उसकी पूरी सहजता में रचने वाले कवि। किसी भी तरह के विशिष्टता बोध का समग्र निषेध ही केदारनाथ सिंह की दुर्लभ विशिष्टता है।

उनके व्यक्तित्व की सादगी उनकी कविता की सबसे बड़ी शक्ति है। उनकी सादगी के कारण जीवन की जटिलताएँ उनके सम्मुख अपनी समूची वास्तविकता में अर्थवान हो उठती हैं। इसलिए उनकी कविता में सुदीर्घ भारतीय जीवन बोध अपनी समकालीन विडम्बनाओं के बहुस्तरीय वेधक आवेग के साथ विश्वसनीय स्वरूप में जीवन्त हो उठता है। उनकी कविता मनुष्य के अथक संघर्ष चेतना की अभ्यर्थना की कविता है। उनकी कविता जीवन की

समस्त विद्रूपताओं के बीच भी ज़िन्दगी की मुस्कराने की अदम्य लालसा के स्तवन की कविता है। वे समग्र जीवन के सत्य के उद्घाटन में गहन आस्था रखने वाले अन्यतम कवि हैं। जीवन के प्रति गहरा राग बोध की अक्षय पूँजी उनके काव्य ऐश्वर्य को दुर्निवार आकर्षण से सम्पन्न बनाती है। यह राग बोध उन्हें अत्यन्त सूक्ष्म और सुकुमार संवेदना से उपलब्ध हुआ है। यह सब उन्हें अनायास ग्राम्य संस्कृति से अपनी जातीय विरासत के रूप में हस्तगत हुआ है। शायद यही वजह है कि आज भी अपने गाँव के प्रति उनका अनुराग दुनिया की तमाम समृद्ध सभ्यताओं के निकट परख और पहचान के बाद भी तनिक भी कम नहीं हुआ है। वे बराबर गाँव आने और अपने गाँव में होने के अवसरों की तलाश भी करते हैं और आविष्कार भी करते हैं। वे इस महादेश के छोटे से गाँव में आकर ऐसे विश्वस्त और विश्रब्ध हो जाते हैं जैसे कोई शिशु अपनी माँ की गोद में जाकर हो जाता है। अपने गाँव की गलियों में, सीवानों में चलते हुए उन्हें अपने पाँव के नीचे ज़मीन का कण-कण जन्मों के परिचय की आत्मीयता से रोमांचित कर देता है। गंगा और घाघरा के तट उनके प्राणों को अपने बुलावे से उन्मथित करते रहते हैं। तटों के किनारे बिखरी हुई अपार बालुकाराशि उन्हें प्रणय-कलह की, संघर्ष-सन्धि की, जय-पराजय की अपनी असमाप्त कहानी कहते अपार तोष का रस पाती है। यह अद्भुत आत्मीयता अचानक और आकस्मिक नहीं, सदियों के संस्कार की अनमोल विरासत है।

रानीगंज बाजार जैसे छोटे से कस्बे में अपने मित्रों रामकिशोर सिंह, रमाशंकर तिवारी और शुभेच्छुओं के साथ सड़क के किनारे की छोटी-सी चाय की दुकान पर जब वे चाय पी रहे होते हैं तो उन्हें देखकर सहसा कोई भी विश्वास नहीं कर सकता कि वे हिन्दी के शीर्ष कवि केदारनाथ सिंह हैं। मनुष्य जाति के सामूहिक जीवन में उनकी अटल अनुरक्ति ही उन्हें यह बोध कराती है कि मिट्टी के प्याले से भरी चाय को उनके साथ न जाने कितने होठ सुड़क रहे हैं। सामूहिक जीवन के प्रति सजल संलग्नता और सम्पृक्तता का यह दुर्लभ बोध ही कविता की मूल पूँजी है, जो केदारनाथ सिंह को सहज सुलभ है जो अपने में सबको आने देता है, सबको अपने में समाहित करने की योग्यता रखता है, फिर भी सबकी वेदना और सबके उल्लास की अनुभूति को व्यक्त करने के लिए जो अपने को पूरा बचाये भी रख सकता है, वही कवि हो सकता है। व्यक्ति के विलीन हो जाने के बाद उपजने वाले व्यक्तित्व की अप्रतिम विरासत के केदारनाथ सिंह अद्भुत कवि हैं। पर मेरा उद्देश्य यहाँ उनकी कविता के विशेष पक्षों पर चर्चा करना नहीं है। इस पुस्तक का सम्पादक होने के नाते मेरी कोशिश यही रही है कि मैं देश के कोने-कोने में बिखरे उनको जानने और

चाहने वालों से उनके व्यक्ति पक्ष पर कुछ लिखवा सकूँ। पाठकों का ध्यान इस बात की ओर जाएगा कि इस पुस्तक के सहयोगी लेखकों में साहित्य के सुपरिचित नामों से अधिक ऐसे लेखकों का अवदान अधिक है जो अल्पज्ञात या लगभग अपरिचित हैं। कुछ लेखक ऐसे भी हैं जिन्होंने शायद पहली बार कलम चलायी है। काश इस सूची को और अथक विस्तार दे पाता और अपने गाँव देहात के उन अनाम लोगों से भी लिखवा पाता जो लिखना नहीं जानते। शायद दो-एक टिप्पणियों में उसके कुछ संकेत मिल जाएँगे।

मैंने जब से होश सँभाला तब से उन्हें देख रहा हूँ, देखता आ रहा हूँ। उनकी कविताओं के साथ-साथ मेरी उम्र चढ़ती रही है। उनकी कविताओं की छाँह में ही मेरा साहित्य विवेक जीवन ऊर्जा ग्रहण करता रहा है। कविता को समझ सकने की शक्ति आज भी मुझमें विकसित नहीं हो सकी है, यह सच है। मगर कविता को समझने की जिज्ञासा जब से जगी है, कभी सोने का नाम नहीं लेती। मैं यह कहना चाहता हूँ कि कवि केदारनाथ सिंह का साहचर्य और उनकी अनुकम्पा कविता और जीवन की अभिन्न समझ की जिज्ञासा को हमेशा सींचती रही है।

मैं उनका ग्रामवासी होने के नाते इस तथ्य को और निकट से जानता हूँ और अपने अध्ययन क्रम के बीच उनके लगभग पूरे काव्य विकास को अपने गाँव के आईने में देखने की कोशिश करता रहा हूँ। पुस्तक में उनकी कविता के इसी पक्ष को सामने लाने का प्रयास किया गया है। उनकी कविता पर काफी कुछ लिखा-पढ़ा गया है, पर उनकी काव्यगत विशेषताओं पर कुछ टिप्पणियों के साथ-साथ मेरा विशेष जोर इस बात पर रहा है कि अपनी कविताओं के पीछे जो कवि का व्यक्तित्व रहा है—चाहे वह एक अध्यापक के रूप में रहा हो, चाहे एक खालिस मनुष्य के रूप में—वह पक्ष खासतौर से सामने आए, ऐसा कर पाने में किस हद तक सफल हो सका हूँ इसका निर्णय आप पर छोड़ता हूँ।

पुस्तक को इस रूप में लाने के लिए मैं वाणी प्रकाशन का विशेष आभारी हूँ।

—कामेश्वर प्रसाद सिंह

20 जून, 2016
एटा

अनुक्रम

केदारनाथ सिंह : जीवन एवं कविता के गुण सूत्र

–अभिज्ञात

पारिवारिक पृष्ठभूमि और रचनाशीलता

मझली कद-काठी, गौर वर्ण, सुदर्शन काया, करीने से तराशे चमचम दाँत, जो रह-रहकर दीख पड़ते हैं, खादी का कुरता, पाजामा, जाड़े में जैकेट या फिर शाल। आँख पर चश्मा। देखने पर पहली नजर में गाँव या कस्बे का साधारण पढ़ा-लिखा आत्मीय-सी लगने वाली शख्सियत का नाम है–केदारनाथ सिंह। बातों में ऐसी पारदर्शिता और सहजता कि मोहित, प्रभावित और अभिभूत कर दे। भोजपुरी केदार जी के मुँह से जितनी सुनी है उसे भोजपुरी की शब्द-समृद्धि, लोच और मिठास पर सुखद आश्चर्य होगा। हिन्दी में जब वे बोलते हैं तो जैसे पूरी सदी की भाषा का सत्य बोल रहा हो–समस्त अनुभवों, अनुभूतियों व स्मृतियों के साथ। उनके बारे में मंगलेश डबराल का वक्तव्य बड़ा अर्थपूर्ण है–"स्पानी कवि लोर्का को पाब्लो नेरूदा ने प्रसन्नता का 'अवतार' कहा था और मुझे केदार जी भी हमेशा हँसते-मुस्कराते हुए, प्रफुल्लित दिखते हैं। केदार जी जैसी मासूम हँसी बहुत कम लोगों के चेहरे पर होती है।" मुझे लगता है वह हँसी ही वह दस्तक है जो किसी के मन के दरवाजे पर इस कदर पड़ती है कि वे अपने आप खुल जाते हैं और केदार जी का उसमें प्रवेश लाजिमी हो जाता है। इसके बाद तो उसका एक स्थायी स्थान बन जाता है। उनकी बतकही मनोहारी और अर्थपूर्ण तो है ही, उनकी चुप्पी में भी कई राज छिपे रहे हैं। कई बार उनकी चुप्पी बोलते लोगों पर भी भारी पड़ी है। कहाँ चुप रहना है और यह भी कि कहाँ चुप रहना ही बोलना है। साठोत्तरी कविता के दौर में उनकी चुप्पी की पर्याप्त चर्चा साहित्य-जगत् में हुई है और एक कृति से दूसरी कृति के बीच बीस साल का अन्तराल उनकी चुप्पी में शामिल है। उनकी चुप्पी को रेखांकित करते हुए उनके मित्र कवि विश्वनाथ त्रिपाठी ने उन पर अपनी एक कविता में लिखा है–

चुप रहने के आदी मेरे आदरणीय प्रियदर्शन मित्र यह खत तुम्हें पहुँचे।

केदार जी की चुप्पी उनकी कविताओं में बिखरी पड़ी है। केदार जी शाकाहारी हैं। दही और चूड़ा उन्हें बेहद पसन्द है। काव्य पाठ के लिए अमरीका, चीन, रूस गये तो वहाँ भी भारतीय खाना खोजकर खाया। अस्सी पार की उम्र में भी वृद्धावस्था में होने वाली रक्तचाप व मधुमेह जैसी बीमारियों से वे बचे हुए हैं। केदार जी में जो शिशुता बची हुई है, उसका अर्थ वे ही जानेंगे जिन्होंने उन्हें अपने पिताश्री के साथ गाँव जवार, दुनिया जहान, क्रिकेट राजनीति की बातें करते देखा हो। केदार जी पहली नजर में स्वभाव से संकोची नजर आते हैं, मगर उनके स्वभाव को समझने वाले के लिए कोई मुश्किल नहीं है, क्योंकि उनमें सरलता, सहजता और आत्मीयता है। अप्रिय बातें चाहे वह जिसके सम्बन्ध में हो, टाल जाते हैं। उनका मन जिनमें रमता है, उसी की चर्चा उन्हें भाती है। अपने स्वभाव के सम्बन्ध में उन्हीं के शब्दों में–"व्यक्तिगत सम्बन्धों में मैं बहुत संकोची हूँ। धीरे-धीरे खुलने वाला व्यक्ति हूँ। कई बार अपनी ही दुनिया में सिमट कर रह जाने वाला व्यक्ति हूँ। दूसरों से सम्पर्क में आने की प्रक्रिया में धीरे-धीरे बढ़ने की प्रवृत्ति मेरी रही है। यह प्रवृत्ति लगातार रही। इसीलिए मैं किसी को दोस्त नहीं बना पाता। लेकिन जिनसे दोस्ती हो जाती है, उनसे गहरी आत्मीयता बन जाती है।"

जीवन-रेखा

केदारनाथ सिंह का जन्म 19 नवम्बर 1934 में उत्तर प्रदेश के बलिया जिले के चकिया गाँव में हुआ। अपने पिता की पहली सन्तान और इकलौते पुत्र केदार जी की उनसे आठ साल छोटी एक बहन है। केदार जी के पिता श्री डोमा सिंह अपने पिता श्री भोला सिंह के इकलौते पुत्र थे। श्री डोमा सिंह को पढ़ने का बहुत शौक था। नियम से अखबार पढ़ते थे और अस्सी से अधिक की उम्र तक उनका अध्ययन का शौक बरकरार रहा। श्री डोमा सिंह ने कहा था–"मेरा परिवार एक छोटा-सा काश्तकार परिवार था, जिसके पास दस-बारह बीघा जमीन थी। अब मेरे पास दो बीघा जमीन है। हमारे यहाँ की जमीन अच्छी होती है। एक छोटा-सा मकान है। बस यही है मेरे पास गाँव में। इस सम्पत्ति के आधार पर मैं सामन्त होने का दम्भ नहीं कर सकता। जमींदार मेरा परिवार कभी नहीं रहा। खाता-पीता परिवार रहा लेकिन सामन्त कभी नहीं रहा।" अलबत्ता बनारस में अध्ययन के दौरान कुछ आर्थिक तंगियों का भी सामना करना पड़ा। ऋतु सिंह के अनुसार–"बनारस में रहते हुए ही कुछ दिनों के लिए उदय प्रताप कालेज के इण्टर सेक्शन में शिक्षण कार्य किया, किन्तु

अधिक थका देने वाली दिनचर्या के कारण यह नौकरी छोड़ दी। इससे आपके शोध कार्य में भी बाधा उत्पन्न हो रही थी। घर से आने वाले अल्प रुपयों में बड़ी कठिनाई से घर का किराया और खाने आदि का खर्चा चलता था।" केदार जी के पिता खेती का काम स्वयं ही देखते थे। केदार जी को पिता के संस्कार विरासत में मिले। केदार जी ने अपने शुरुआती दौर में लोकधुनों पर आधारित गीत भी लिखे जो 'तीसरा सप्तक' में संकलित हैं। शुरू के दिनों में पिता की तरह नेहरू जी के आदर्शों पर भी आस्था थी। पिता केदार जी की कविताओं में जहाँ-तहाँ आये हैं—

छोटे से आँगन में/माँ ने लगाये हैं/तुलसी के बिरवे दो/पिता ने उगाया है/बरगद छतनार/मैं अपना नन्हा गुलाब/कहाँ रोप दूँ।

केदारनाथ सिंह के पिता श्री डोमा सिंह किसान थे। स्वतन्त्रता संग्राम में उनकी सक्रिय भागीदारी थी। माँ का नाम लालझरी था। वे बेटे के साथ दिल्ली में रहती थीं। केदार जी माँ का बहुत ख़याल रखते थे। माँ की निरन्तर कर्मशीलता उन्हें प्रभावित करती रहती थी और प्रेरित भी। उनकी कविताओं में माँ पूरी गरिमा के साथ मौजूद है। बुढ़िया को देखकर उन्हें माँ की याद आती है—*वह टमाटर बेच रही है/मुझे टमाटरों की रोशनी में/उसका लहकता हुआ चेहरा दिखाई पड़ता है/ यह माँ का चेहरा है मैं खुद से कहता हूँ।*

सर्दियों में केदार जी अपनी माँ को लेकर अधिक परेशान रहते थे। दिल्ली में अधिक ठण्ड पड़ती है। ठण्ड से बचने के लिए वे सर्दी में माँ को अपनी बहन रमा सिंह के पास हावड़ा पहुँचा जाते थे। हावड़ा में 1992 में जाड़े में वे अपनी बहन रमा के पास माँ को पहुँचाने आये थे तो पहली बार मैंने उस माँ को देखा जो उनकी काव्य की प्रेरक थीं। बातचीत के दौरान उन्होंने बताया कि दिल्ली में ठण्ड अधिक पड़ती है जो माँ के स्वास्थ्य के लिए ठीक नहीं है। कलकत्ते में जाड़ा कम पड़ता है, सो पहुँचाने आये हैं। जाड़ा खत्म हो जाने पर फिर दिल्ली साथ ले जाएँगे।

उनकी माँ का देहान्त आखिरकार हावड़ा में ही हुआ। वे 102 साल की थीं। 8 मार्च, 2012 की सुबह पाँच बजे उनका निधन हुआ। अपनी बेटी व केदारनाथ सिंह की बहन रमा सिंह के घर पर उन्होंने अपनी अन्तिम साँस ली।

केदार जी के रचनात्मक व्यक्तित्व के विकास में उनकी दादी का भी प्रभाव रहा है। उनकी कविताओं में लोक-कथाओं के प्रसंग व शैली ध्यान आकृष्ट करती है। उनमें उनकी दादी द्वारा बचपन में सुनायी गयी कहानियाँ हैं जो अवचेतन में विद्यमान हैं।

बहन

केदार जी से आठ साल छोटी बहन रमा सिंह शादी के बाद हावड़ा बी गार्डेन अपनी ससुराल में रहती हैं। वे पाँच बच्चों की माँ हैं। रमा जी को साहित्य के अध्ययन में गहरी दिलचस्पी है।

दाम्पत्य जीवन

केदार जी का पहला विवाह उस समय हुआ था, जब वे सातवीं कक्षा में पढ़ते थे। पहली पत्नी का नाम तारा था। शादी के सवा महीने के भीतर ही तारा जी की अकाल मृत्यु हो गयी। जब केदार जी कक्षा नौ में गये थे शिवकली सिंह से उनका दूसरा ब्याह हुआ। वे कक्षा छह तक पढ़ी थीं। वे छपरा जिले के एकमा गाँव की रहने वाली थीं। शिवकली जी एक सीधी-सादी और अपनी ननद रमा जी के शब्दों में माँ के ही स्वभाव की थीं। सौम्य और सेवाभावी शिवकली जी से केदार जी की रचनाशीलता को गहरे अर्थ प्राप्त हुए। पड़रौना निवास के दौरान शिवकली जी की मौत 1976 में कैंसर से हो गयी।

सन्तान

केदार जी पाँच पुत्रियों और एक पुत्र के पिता हैं। बड़ी बेटी हेमावती सिंह का विवाह पडरौना से हुआ। उस समय शिवकली जी जीवित थीं। इस बीच केदार जी 1976 में ही दिल्ली जा चुके थे लेकिन बच्चों की पढ़ाई में व्यवधान को देखते हुए वे पडरौना में रह रही थीं, फिर वे चल बसीं। उसके बाद पडरौना के लोगों की इच्छा को ध्यान में रखते हुए केदार जी ने दो और बेटियाँ निर्मला सिंह और उषा सिंह का विवाह पडरौना से ही किया। निर्मला सिंह का विवाह डॉ. नामवर सिंह के बेटे श्री विजय प्रकाश सिंह के साथ और उषा सिंह का विवाह अनिल शाही (गोरखपुर) के साथ हुआ। जिसमें गाँव के लोगों की व्यापक भागीदारी रही। चौथी पुत्री सन्ध्या सिंह का विवाह डॉ. बच्चन के छोटे बेटे डॉ. राजीव सिंह के साथ 1985 में हुआ। डॉ. सन्ध्या सिंह वर्तमान में एन.सी.ई.आर.टी. दिल्ली में प्रोफेसर हैं। पाँचवीं बेटी रचना सिंह का विवाह सुबोध कुमार से हुआ जो मोतिहारी (बिहार) के रहने वाले हैं। सम्प्रति वे केन्द्रीय वित्त मन्त्रालय में बड़े अधिकारी हैं। रचना सिंह वर्तमान में हिन्दू कालेज, दिल्ली में एसोसिएट प्रोफेसर हैं। केदार जी के इकलौते पुत्र सुनील कुमार सिंह।

शिक्षा

केदार जी की प्रारम्भिक शिक्षा चकिया से तीन किलोमीटर दूर बैरिया में हुई। यहाँ पाँचवीं तक उन्होंने शिक्षा पायी। इसके बाद की शिक्षा बनारस के उदय

प्रताप कालेज में हुई। उन्हें बनारस शिक्षा के लिए भेजने की राय केदार जी की बुआ ने दी थी। बनारस में उनका एडमिशन फिर से चौथी कक्षा में ही हुआ। वे बताते हैं, "इन दिनों बनारस में पढ़ने जाना एक परम्परा थी। प्राइमरी के बाद मैंने गाँव भी छोड़ा। उस वक्त उदय प्रताप कालेज एक मशहूर कालेज था, जिसमें स्कूल भी था। यहीं मैं भी गया। ××× वहाँ मेरा चौथी क्लास में दाखिला हुआ।" उदय प्रताप कालेज से इण्टर की परीक्षा पास करने के बाद आगे अध्ययन उन्होंने बनारस हिन्दू विश्वविद्यालय से किया और एम.ए. करने के बाद वहीं से 'आधुनिक हिन्दी कविता में बिम्ब विधान' पर शोध कार्य करके पीएच.डी. की उपाधि प्राप्त की।

कर्मक्षेत्र

केदार जी ने आजीविका के लिए अध्यापन को अपनाया। उनके अध्यापन का कार्यक्षेत्र ठेठ कस्बे से लेकर राजधानी दिल्ली तक फैला हुआ है। उदय प्रताप कालेज, वाराणसी, सेण्ट एण्ड्रूज कालेज, गोरखपुर, उदित नारायण कालेज, पडरौना, गोरखपुर विश्वविद्यालय, गोरखपुर से लेकर जवाहरलाल नेहरू विश्वविद्यालय, नयी दिल्ली में उन्होंने अध्यापन किया। सन् 1999 ई. में जवाहरलाल नेहरू विश्वविद्यालय, नयी दिल्ली से सेवानिवृत्त हुए। यहाँ उन्होंने 23 सालों तक अध्यापन किया। यू.जी.सी. ने उन्हें प्रोफेसर एमरिटस का सम्मान प्रदान किया है। उनकी कक्षाओं में विद्यार्थी उनका इन्तजार करते थे और पढ़ाते समय वे छात्रों के साथ गहरा तादात्म्य स्थापित करने में सक्षम रहे हैं। जिनका अध्ययन समाप्त हो गया वे भी उनसे प्राप्त अध्ययन अनुभवों को गर्मजोशी से याद रखते हैं। केदार जी के शिष्यों, शोध छात्रों से पूछिए तो केदार जी से अच्छा शोध गाइड उनकी निगाह में कोई नहीं है। उनके शोध छात्र हमेशा मजे में रहे क्योंकि वे कभी शोधार्थियों को तंग नहीं करते थे। उनके लिखे पर ज्यादा नुक्ताचीनी नहीं करते थे और शोध पत्र एकदम खराब न हो तो कहते थे कि आप इस अध्याय को टाइप करा लीजिए। आलोचक नन्दकिशोर नवल कहते हैं—"यदि मुझे कभी किसी प्रोफेसर का छात्र या विद्यार्थी होना पड़े तो मैं केदार जी का होना पसन्द करूँगा।" स्वयं केदार जी अपने विद्यार्थियों से मिले प्यार को स्वीकार करते हैं और उनके साथ बिताये जीवन के अनुभवों को सुखद बताते हैं। "ज्यादातर अनुभव सुखद हैं। छात्रों से व्यक्तिगत धरातल पर कम घुल-मिल पाता हूँ, वे मेरे बारे में क्या सोचते हैं नहीं जानता, पर चेहरे पढ़ लेता हूँ, किन्तु मेरे छात्र मुझसे डरते नहीं हैं, यह बात मुझे अच्छी लगती है। छात्रों का प्यार मुझे हमेशा मिला है।" केदार जी की रचनाशीलता ने उनके अध्यापकीय जीवन को नयी ऊष्मा और नयी ऊँचाई दी। गहन

अध्ययन व मनन न सिर्फ उनकी अपनी रचनाशीलता के लिए महत्त्वपूर्ण रहा बल्कि उनकी समझ ने छात्रों को भी उस दृष्टि से ओत-प्रोत किया जो उन्होंने लम्बी साधना के बाद अर्जित की है। बनारस के दिनों की चर्चा करते हुए वे कहते हैं, "यहीं पर कई लेखकों से पहली बार मिला। यहीं दो विदेशी लेखकों को पहली बार देखा और सुना तो नया क्षितिज खुलता दिखाई दिया। महान आलोचक आई.ए. रिचर्ड्स का भाषण सुना। वो शैली की कविता पर बोले थे। रिचर्ड्स के भाषण से ही मैंने समझा कि कविता कैसे पढ़ाई जानी चाहिए।"

रचनात्मक पृष्ठभूमि और रचनाशीलता

विकास और विस्तार

बनारस पहुँचकर केदार जी में लिखने की ललक जगी। उदय प्रताप कालेज में कवि सम्मेलन होते रहते थे। उसका इन पर प्रभाव पड़ा। यह दौर शम्भुनाथ सिंह की लोकप्रियता का दौर था। सो शुरू में गीत ही लिखे। ये गीत अपनी प्रभावात्मकता, चित्रात्मकता, लयात्मकता, वेदना आदि की दृष्टि से अब भी याद किये जाते हैं। उनकी पहली प्रकाशित होने वाली जो कविता है वह गाँधी जी की मृत्यु पर लिखी गयी थी। उस समय वे छठी कक्षा में पढ़ते थे। वे बताते हैं—"जब गाँधी जी की मृत्यु हुई मैं छठी कक्षा में था। स्कूल की मैगजीन के लिए मैंने गाँधी जी पर कविता लिखी। हमारे अध्यापक की रुचि पुराने ढंग की कविता पर थी। उन्होंने छापी ही नहीं। उन्होंने कहा, इसमें छन्द, लय कुछ भी नहीं है पर मुझे लगा, इसमें छन्द है, लय भी है। फिर वह कविता अगले बरस छपी। यह मेरी छपने वाली पहली कविता थी।" हालाँकि 'जीवन की पहली कविता उन्होंने सुभाषचन्द्र बोस पर लिखी थी।' लेखन में निरन्तरता 1950 में आयी। अपनी आरम्भिक काव्य यात्रा के बारे में वे कहते हैं, "आरम्भ में गीत कविता ने मुझे आकृष्ट किया। प्रकृति से जुड़ी हुई गीत-कविता मेरे सृजन का आरम्भिक बिन्दु था, जहाँ से मैंने आगे बढ़ने की कोशिश की। प्रकृति और संगीत मुझे ज्यादा आकृष्ट करते थे। 'आज' दैनिक के साहित्यिक पृष्ठ पर मेरी पहली कविता छपी। उसके सम्पादकों में से एक थे राजवल्लभ सहाय। प्रमुख पत्र में छपने वाली वह मेरी पहली रचना थी। त्रिलोचन जी ने उस कविता को सराहा था।" 1954 में पाल एलुअर की कविता स्वतन्त्रता का हिन्दी में अनुवाद किया। अनुवाद के साथ-साथ उसकी सौन्दर्य दृष्टि में बदलाव और जागरूकता आयी। इस बीच कवि त्रिलोचन से उनका सम्पर्क हुआ। त्रिलोचन के सम्पर्क में आने के बाद उनकी भाषिक समझ और काव्य मूल विकसित होने लगी। आरम्भिक विकास दृष्टि से यह मूल्यवान है।

उन दिनों बनारस में प्रगतिशील लेखक संघ और साहित्यिक संघ साहित्य में सक्रिय था जिससे केदार जी जुड़े और इसके माध्यम से कई महत्त्वपूर्ण रचनाकारों के सम्पर्क में आये। अपने आरम्भिक लेखन पर आये प्रभाव के बारे में 'तीसरा सप्तक' में अपने वक्तव्य में वे लिखते हैं—"नयी कविता से मेरा परिचय 'तार सप्तक' के माध्यम से हुआ था। तब बनारस की कवि गोष्ठियों में शम्भुनाथ सिंह के गीतों की गूँज थी। त्रिलोचन शास्त्री की रचनाएँ कम समझी जाती थीं। नामवर सिंह लिखते थे पर कम-कम। मेरी आरम्भिक कविताओं पर इन सबका असर था।××× 'तार सप्तक' के बाद मैंने 'अज्ञेय' का 'इत्यलम' और गिरिजाकुमार माथुर का 'नाश और निर्माण' पढ़ा। मेरे भीतर नयी कविता की भूमि धीरे-धीरे उभरने लगी। विश्वविद्यालय-जीवन में प्रवेश करने पर मेरा रुझान बँगला की ओर हुआ और रवीन्द्रनाथ के गीतों ने मुझे बहुत प्रभावित किया। फिर धीरे-धीरे अंग्रेज़ी की आधुनिक कविता का सन्दर्भ भी मेरे निकट खुलने लगा और उसके माध्यम से कुछ अन्य भाषाओं की कविताओं से परिचय हुआ। आज वहाँ आ कर मन टिक गया है जहाँ से कालिदास, सूर, बॉदलेयर, निराला, आडेन, डायलन टामस और जीवनानन्द दास समान रूप से प्रिय लगते हैं। जीवनानन्द दास की 'बनलता सेन' की 'इमेजरी' एक 'दृश्य गन्धमय निर्जर कान्तार' (यह विशेषण बुद्धदेव बसु का है) की तरह लगती है, जिसकी विराटता की छाप मेरे मन पर बहुत गहरी है।" 1955 में बिहार में एक साहित्यिक गोष्ठी में वे अज्ञेय से परिचित हुए। अज्ञेय द्वारा सम्पादित 'प्रतीक' में इनकी कविताएँ प्रकाशित होने लगीं। केदार जी हिन्दू विश्वविद्यालय में अपने अध्ययन के दौरान आचार्य हजारी प्रसाद द्विवेदी के सम्पर्क में आये। वहाँ डॉ. नामवर सिंह, डॉ. शिवप्रसाद सिंह, आचार्य राममूर्ति त्रिपाठी आदि से इनका मेल-मिलाप हुआ। ये इनके समकालीन थे।

बनारस में केदार जी ने ऐसा वातावरण पाया जहाँ साहित्यिक हलचलें उन दिनों काफ़ी तेज़ और चहल-पहल से भरी थीं। अस्सी चौराहा पर केदार नाम के ही एक चाय वाले की दुकान पर तमाम साहित्यकार अक्सर जुट जाते और खूब बतकही होती। यहाँ त्रिलोचन शास्त्री, विष्णुचन्द्र शर्मा, शम्भुनाथ सिंह, शिवप्रसाद सिंह, नामवर सिंह, विजय मोहन सिंह, शालिग्राम शुक्ल, अक्ष्योग्येश्वरी प्रताप, धूमिल, रामदरश मिश्र, विद्यासागर नौटियाल, चन्द्रबली सिंह जैसे साहित्यकार आते रहते थे जिनसे केदार जी का मिलना-जुलना और बहसें हुआ करती थीं। इन लोगों में से विजय मोहन सिंह, शालिग्राम शुक्ल, अक्ष्योग्येश्वरी प्रताप के साथ अधिक घनिष्ठता थी और ये मण्डली अधिकतर एक साथ कहीं दिखाई देती थी। उन दिनों इनकी बहस के केन्द्र में सार्त्र, काफ्का, कामू का साहित्य भी था। ख़ास तौर पर विजय मोहन के साथ इनकी

जोड़ी प्रसिद्ध थी। ये लोलार्क कुण्ड में नामवर जी के यहाँ भी अक्सर जाया करते थे। नामवर जी सागर से निष्कासित होकर बनारस वापस आ चुके थे। उन्हें घर से ले लेते और घण्टों चाय की दुकानों पर बहसें करते। नयी से नयी कृतियों से ये लोग परिचित थे। 'बनारस में ओंकार परिषद और दूसरी संस्थाओं की साहित्यिक गोष्ठियाँ शनिवार या इतवार की शाम को होती थीं।' 1955 में गोरखपुर नगरपालिका के एक कवि सम्मेलन में वे डॉ. परमानन्द श्रीवास्तव के सम्पर्क में आये। 1960 के आस-पास धूमिल से इनका परिचय हुआ। इस बीच 'तीसरा सप्तक' में इनकी कविताएँ आ चुकी थीं और इन्हें महत्त्व मिलने लगा था। इस बीच उनका सम्पर्क अज्ञेय जी से हो गया। उसके बाद उनकी रचनाशीलता में नया निखार और कवि के तौर पर वे स्थापित होने लगे। अज्ञेय से सम्पर्क की कहानी दिलचस्प है। वे बताते हैं—"अज्ञेय उन दिनों 'प्रतीक' निकाल रहे थे। उनसे अचानक मेरी भेंट हो गयी। ××× ठाकुरप्रसाद सिंह उन दिनों देवघर विद्यापीठ में प्राचार्य थे। वहाँ उन्होंने एक साहित्यिक समारोह किया। बनारस से भी कुछ लोग वहाँ गये थे। अज्ञेय जी मुख्य अतिथि थे। एक शाम कवि-गोष्ठी हुई, जिसमें कई लोगों ने कविताएँ पढ़ीं। मुझे भी एक कविता पढ़ने का मौका मिला। कविता सुनाने के बाद मेरे मन में जिज्ञासा हुई कि मेरी कविता अज्ञेय जी को कैसी लगी? अज्ञेय जी ने कोई प्रतिक्रिया व्यक्त नहीं की। एकदम चुप रहे थे। लगा कि जो अवसर मिला था, उसका लाभ नहीं मिला। लेकिन उसके बाद जो घटना घटी वह और भी विलक्षण थी। जब हम बाहर निकल रहे थे तो एक व्यक्ति ने आकर मुझे अज्ञेय जी की लिखी हुई चिट दी। जिस व्यक्ति ने चिट दी थी, वे प्रभाकर माचवे थे। उस चिट को मैंने पढ़ा। अज्ञेय जी ने उसमें लिखा था—'कविता अच्छी थी। बधाई। क्या 'प्रतीक' में छपने के लिए अपनी कविताएँ देंगे।" फिर तो वे न सिर्फ 'प्रतीक' में छपे बल्कि आगे चलकर—'तीसरा सप्तक' में उन्हें स्थान मिला, जो उनके रचनात्मक व्यक्तित्व में मील का पत्थर साबित हुआ। 'तीसरा सप्तक' में शामिल किये जाने का वाकया भी कम दिलचस्प नहीं है। इसके सम्बन्ध में वे लिखते हैं—"अज्ञेय जी बीच-बीच में बनारस आते रहते थे। आते तो रायकृष्ण दास के घर ठहरते। मैं हिन्दू विश्वविद्यालय में रहता था। आगे चलकर रायकृष्ण दास भी विश्वविद्यालय परिसर में आकर रहने लगे। एक बार जब वे बनारस आये तो विशेष रूप से मुझसे मिलवाया। मिलने गया तो वे कहने लगे कि आप अपनी कुछ कविताएँ मुझे दीजिए। उस समय मेरे पास जो भी कविताएँ थीं, उनको दे दीं। दूसरे दिन जब मैं गया तो उन्होंने कविताएँ लौटा दीं। कुछ बोले नहीं। उस घटना के काफी दिनों बाद, करीब दो साल बाद, उनका एक पत्र मिला—'आपकी कविताएँ अच्छी थीं।

उनको 'तीसरा सप्तक' में शामिल करने की अनुमति चाहता हूँ।' बस मैंने अपनी स्वीकृति दे दी। 'तीसरा सप्तक' का आना और मेरे पहले कविता संग्रह 'अभी बिल्कुल अभी' का आना, दोनों एक साथ हुआ।" केदार जी का पहला कविता संग्रह 'तीसरा सप्तक' के प्रकाशन के लगभग साथ ही 1960 में आया। उस समय केदार जी बी.ए. के विद्यार्थी थे। ऋतु सिंह के अनुसार—"आपकी 'अनागत' कविता इतनी अधिक प्रसिद्ध हुई कि आप युवा कवियों के चहेते बन गये। 'कल उगूँगा मैं' कविता सर्वप्रथम विष्णुचन्द्र शर्मा द्वारा सम्पादित लघु पत्रिका 'कवि' में प्रकाशित हुई थी। उस समय गीतकार अधीर द्वारा सम्पादित 'वासन्ती' नामक पत्रिका में भी केदार जी की कविताएँ छपा करती थीं।" विजय मोहन सिंह उनकी उस दौर की कविताओं के सन्दर्भ में लिखते हैं—" 'आजकल' के विशेषांक में उनका गीत 'गीतों से भरे दिन फागुन के' छपा था और 'आना जी बादल जरूर, पपीहा दिन आ गये' 'ज्ञानोदय' में तथा 'कल उगूँगा मैं' आदि भी उन्हीं दिनों लिखा गया था। कारन्त जी ने संगीतबद्ध करके संगीत महाविद्यालय में उसकी प्रस्तुति भी की थी। उपेन्द्रनाथ अश्क ने 'संकेत' निकाला तो उसमें उनकी कविता छपी और अमृत राय ने 'हंस' का एक महाविशेषांक-सा निकाला तो उसमें 'दिग्विजय का अश्व' छपी। यानि कि हिन्दी की किसी महत्त्वपूर्ण पत्रिका का कोई विशेषांक केदार जी की कविता के बिना नहीं छपता था।" उदय प्रताप इण्टर कालेज में एक वर्ष अध्यापन के बाद वे गोरखपुर में नियुक्त हुए। वहाँ डॉ. परमानन्द श्रीवास्तव का साथ मिला और सड़कों और रेस्तराँओं में साहित्य, दुनिया, राजनीति पर बहसें होतीं, उस अकेलेपन से बचे जिससे वे घबराते थे। अपने को माँजने, परखने, साधने के दिन थे और साहित्य से जुड़ाव बरकरार रहा। इसके बाद वे पडरौना में हिन्दी विभागाध्यक्ष होकर चले गये। एक छोटे-से कस्बे में। वहाँ वे लगभग दस वर्ष रहे। प्राचार्य भी बने। यहाँ अध्ययन का क्रम न सिर्फ़ ज़ारी रहा बल्कि बढ़ा। विश्व-साहित्य की महत्त्वपूर्ण पुस्तकें इनसे अछूती न रहीं। पडरौना केदारनाथ सिंह की काव्यात्मक ज़मीन को उर्वरक बनाने का एक महत्त्वपूर्ण प्रस्थान था। इस कस्बाई माहौल में इनका मन न सिर्फ़ आत्मीयता से भरा रहता था बल्कि जनजीवन, खेत-खलिहान की निकटता इनमें उत्साह का संचार करती रहती थी। वहाँ के लोगों के अभाव, उनकी विवशताएँ, उनकी आस्था, धैर्य इन्हें बराबर आकृष्ट करता रहा। केदार जी के प्रति आत्मीयता रखने वालों की यहाँ कमी नहीं। कविताओं में पडरौना का जीवन उनके बिम्बों में सहसा आ जाता है, उसमें झाँकने लगता है किसी का चेहरा। पडरौना-निवास के दौरान उनके पारिवारिक जीवन की घटनाएँ भी उनकी साहित्यिक दृष्टि की तह में हैं। कैंसर पीड़ित पत्नी की मृत्यु ने उनके जीवन में एक ऐसे शून्य का निर्माण

किया जो अपूरणीय रहा। उनकी कविताएँ इस पीड़ा को बार-बार झेलने को बाध्य हैं। केदार जी की वास्तविक संघर्ष दृष्टि इसके बाद निखरी।

1976 में केदार जी जवाहरलाल नेहरू विश्वविद्यालय, नयी दिल्ली आ गये। महानगर की निःसंगता, परिस्थितियों की भयावहता, अजनबीपन केदारनाथ सिंह के अपने जीवन की भी चुनौतियाँ बनीं और उनकी काव्य संवेदना की भी। काफी अरसे तक वे गाँव को बार-बार याद करते रहे और छुट्टियों में व्यग्रता से गाँव जाते रहे। उनका अपना मानना है कि यह गाँव ही है जो उनकी सृजनात्मकता को बराबर जिलाये रखता है।

सम्पर्क और रचनाशीलता

केदार जी की रचनाधर्मिता में उनके सम्पर्क के लोगों की अन्तःक्रियाएँ साफ तौर पर परिलक्षित होती हैं। आचार्य हज़ारी प्रसाद द्विवेदी उनके गुरु रहे हैं। आरम्भिक आलोचना पुस्तक 'कल्पना और छायावाद' जो एम.ए. की हिन्दी परीक्षा का निबन्ध था। यह निबन्ध हज़ारी प्रसाद द्विवेदी के निर्देशन में तैयार किया गया था। यह पुस्तक उन्हें ही समर्पित है। शिक्षा का दौर खत्म होने के बाद भी गुरु द्विवेदी जी से उनके सम्बन्ध कायम रहे। पडरौना अध्यापन के समय भी उनसे सम्पर्क घनिष्ठ रहे। आचार्य हज़ारी प्रसाद द्विवेदी उनसे मिलने उनके आवास पडरौना आते रहते थे। केदार जी की रचनात्मक प्रखरता और निर्द्वन्द्वता के पीछे इनके लगातार सम्पर्क का भी योगदान है। आचार्य द्विवेदी से उनकी भोजपुरी में ही बातें होती थीं। वे केदार जी को अपने अध्ययन से प्राप्त अनुभवों और अपने अन्तर्द्वन्द्व को भी उजागर करने से नहीं सकुचाते थे। आज भी आचार्य द्विवेदी की स्मृतियों की चर्चा से केदार जी नहीं अघाते। कई साल बाद भी वे उन्हें न सिर्फ याद करते हैं बल्कि उनके लिखे को भी। 'शहर की सफाई' कविता आचार्य हज़ारी प्रसाद द्विवेदी के निबन्ध 'शिरीष के फूल' का स्मरण करते हुए उन्होंने लिखी है।

गोरखपुर के मित्रों में हरिहर सिंह, देवेन्द्र कुमार, शान्ता सिंह, विश्वनाथ प्रसाद तिवारी, परमानन्द श्रीवास्तव से केदार जी की गाढ़ी मैत्री रही है। गोरखपुर में जब भी जाना होता है, भरसक शान्ता जी के यहाँ ठहरना होता है। दिल्ली निवास के बाद उनके सम्पर्क के लोगों में वरिष्ठ कवि नागार्जुन भी एक थे। श्रीकान्त वर्मा से भी पहले पत्रों के मार्फत और बाद में सीधे सम्पर्क रहा, लेकिन यह व्यक्तिगत कम, रचनात्मक अधिक था। श्रीकान्त वर्मा सम्पादित 'कृति' में केदार जी ने कई लेख और कविताएँ दी थीं। श्रीकान्त जी आग्रहपूर्वक उनसे लेख मँगवाया करते थे।

"वे अज्ञेय के साथ-साथ काव्यगोष्ठियों एवं विचारगोष्ठियों में शरीक ही

नहीं होते, बल्कि उनके मृत्यु शोक और श्राद्ध कर्म में भी पहुँचते हैं। आम आदमी की संवेदना और कवि मित्र की वेदना के साथ। अशोक वाजपेयी के साथ भारत भवन में साहित्यिक गोष्ठियों में भाग लेते हैं तो दूसरी ओर प्रगतिशील कवियों और साहित्यकारों से लगाव भी रखते हैं तथा सोवियत संघ में हिन्दी कविता का प्रतिनिधित्व भी करते हैं।" ऐसा नहीं कि उनकी रचना की प्रेरणा और विषय बौद्धिक और पढ़े-लिखे लोग ही बने हैं। गाँव-जवार के अति साधारण लोग उनकी रचनाओं में काफी जगह ही नहीं घेरते, बल्कि केन्द्रीय भूमिका का निर्वाह भी करते हैं। यहीं उनके रचनात्मक व्यक्तित्व की थाह मिलती है।

उनकी कविताओं में अपने गाँव चकिया के लोग प्रयाग, लालमोहर, वंशी मल्लाह, छपसी गड़ेरिया, सनझू हजाम, जगदीश काका, जगरनाथ हलवाहा, नूर मियाँ, रमाशंकर तिवारी, राजकिशोर सिंह इत्यादि लोग बार-बार आये हैं। 'सन् 47 को याद करते हुए 'नूर मियाँ' बेहतरीन कविता है—*तुम्हें नूर मियाँ की याद है केदारनाथ सिंह/गेहुँए नूर मियाँ/ठिगने नूर मियाँ/रामगढ़ बाजार से सुरमा बेचकर/सबसे अन्त में लौटने वाले नूर मियाँ/क्या तुम्हें कुछ भी याद है केदारनाथ सिंह/तुम्हें याद है मदरसा/इमली का पेड़/इमामबाड़ा/तुम्हें याद है शुरू से अख़ीर तक/उन्नीस का पहाड़ा/क्या तुम अपनी भूली हुई स्लेट पर/जोड़ घटाकर/यह निकाल सकते हो/कि एक दिन अचानक तुम्हारी बस्ती को छोड़कर/क्यों चले गये थे नूर मियाँ/क्या तुम्हें पता है/इस समय वे कहाँ हैं/ढाका/या मुल्तान में/क्या तुम बता सकते हो/हर साल कितने पत्ते गिरते हैं/ पाकिस्तान में/तुम चुप क्यों हो केदारनाथ सिंह/क्या तुम्हारा गणित कमजोर है।*

प्रिय कवि व प्रिय कविताएँ

कवि लीलाधर मण्डलोई ने केदार जी पर एक आलेख में उनके प्रिय लेखकों और कविताओं का जिक्र किया है जिसमें उल्लेख यहाँ काबिले गौर है—'प्रिय विश्व लेखक—नेरूदा, रिल्के बॉदलेयर, इलियट, चेखव, दोस्तोएवस्की, एज़रा पाउण्ड, मिलोश, शिंवोस्का, टेड ह्यूज, सीमन हीनी, बोर्खेज़, पॉज, निकोनार पारो, पॉल एलुआर, जिग्नू हर्बट, अतिला जोजेफ पिलिस्की, अख्तातावा, स्वेतायोवा, सिल्विया पॉथ, महमूद दरवेश, एमिली डिकिंसन, एलिज़ाबेथ, विशप, लार्किन, पोपा, साइफर, फरोग फरोगाजाद, लीपै, तू फू, गॉड फ्रिड वेन और ऐलिंग सेवरगर।' कहना न होगा कि विश्व स्तरीय इन कवियों के अध्ययन से उनके साहित्य को भी दिशा प्राप्त हुई होगी व दृष्टि बनी और साफ हुई होगी। इनमें से कुछ कवियों की कविताओं का उन्होंने हिन्दी में अनुवाद भी किया है। उनकी कुछ प्रिय कविताएँ/कृतियाँ हैं—रामचरितमानस, कामायनी, ब्रह्मराक्षस,

अँधेरे में, कुआनो नदी, असाध्य वीणा, राम की शक्तिपूजा, सरोज स्मृति, ग्रहण, तिब्बत और माच्यू पिच्यू के शिखर।' इस सूची को देखें तो पता चलता है कि ये कविताएँ अपने स्वभाव से जटिल और व्याख्या के लिहाज से बेहद चुनौतीपूर्ण रही हैं। उनकी यह पसन्द उन्हें चुनौतीपूर्ण कविताएँ लिखने को भी प्रेरित करती रही है। 'उत्तर कबीर', और 'बाघ' आदि कविताओं ने आलोचना के सामने कई चुनौतियाँ पेश की हैं। हिन्दी के आधुनिक कवियों में उन्हें निराला और प्रसाद पसन्द हैं। प्राचीन कवियों में तुलसीदास। वे कहते हैं—"यदि सिर्फ हिन्दी की बात करूँ तो जिस कवि के पास बार-बार निकट जाना चाहता हूँ वो निराला हैं, प्रसाद हैं। उनमें भाव बोध की गहनता है।" केदार जी संस्कृत के कवियों को भी पसन्द करते हैं और जिनमें कालिदास का 'शाकुन्तलम्' प्रमुख है। 'शाकुन्तलम्' का आधुनिक हिन्दी मुहावरे में अनुवाद का काम उन्होंने शुरू किया था जो पूरा नहीं हुआ है। इसके अलावा बाणभट्ट भी उन्हें पसन्द हैं।

उर्दू में ग़ालिब उन्हें सर्वाधिक पसन्द हैं। ग़ालिब के सम्बन्ध में वे कहते हैं—"ग़ालिब के शे'र का आकर्षण बहुत खींचता है। मैंने हिन्दी के माध्यम से उर्दू पढ़ी। ग़ालिब में अनुभूतियों की गहराई है। ग़ालिब को मैं भारत का पहला आधुनिक कवि मानता हूँ।" इतना ही नहीं, वे कहते हैं कि ग़ालिब से बहुत कुछ सीखा है। जिन लोगों से मैंने पोएट्री का प्लेज़र प्राप्त किया है, ग़ालिब उनमें से एक हैं। मैं उन्हें अँग्रेजों के भारत आने के बाद से अब तक का सबसे बड़ा कवि मानता हूँ। यह चीज़ ग़ालिब में है। शायद मैंने उनसे यह सीखा हो—वह एक दुनिया बनाते हैं, तोड़ देते हैं। यह तो बनाना और तोड़ना है, एक स्टेटमेण्ट दो जो पाजिटिव लगे, लेकिन कुछ दूर जाकर जो पाजिटिव लगे उसे डिमोलिश करो। पाठक को झकझोरो और ऐसा करो कि वो समझने को मजबूर हो, यह युक्ति ग़ालिब में बहुत है।"

काव्यादर्श

केदार जी की कविता का स्वभाव वह है जिसका समर्थन नामवर सिंह करते हैं। मलयज के हवाले से—"कविता सीधा-सादा कर्म नहीं, पर हमने जीवन में कर्म की जो दिशाएँ खोजी हैं, उनका यह फलक है।... कर्म की दिशाएँ दिशाहीन कर्म नहीं। अनुभूति में से ही ये दिशाएँ अपने कर्म को लेकर फूटें, फूटें और अनुभूति की सीमाओं को खोल दें ताकि वह जो स्मृति में बन्द है पिघले, पिघले और बहकर यथार्थ की धरती को चूमे।"

परिवेश और रचनाशीलता

केदार जी का कार्य व्यापार ठेठ गाँव देहात चकिया से लेकर बनारस, पडरौना, गोरखपुर और महानगर दिल्ली तक रहा है। इनकी कविताओं में इन स्थानों

के परिवेश ने काफी महत्त्व पाया है। एक नयी अर्थवत्ता प्राप्त की है। कई को तो नये सिरे से पारिभाषित करते हुए कवि केदारनाथ सिंह को देखा जा सकता है। केदार जी के चकिया गाँव और आस-पास के क्षेत्र को दोआबा कहते हैं। गाँव और सरयू के बीच में बसा है गाँव चकिया। बाढ़ के दिनों में दोनों का पानी यहाँ भर जाता है। अब यहाँ पानी से बचने के लिए बाँध बना दिया गया है।

कस्बा और बाजार

केदार जी को चकिया के पास वाले कस्बे रानीगंज बाजार से घनिष्ठ सम्बन्ध था और आज भी है। बनारस अध्ययन के दिनों के पूर्व रोजाना शाम को रानीगंज बाजार कस्बे में उनकी हाजिरी जरूरी थी। शाम होते ही कस्बा उन्हें यों पुकारने लगता था–

दिन की आखिरी बस जा रही है
कस्बे में भर गयी है धूल
एक बेहद चिकनी और गाढ़ी धूल
जिसे मैं जानता हूँ
मैं जानता हूँ क्योंकि यह धूल
इस कस्बे की
और पूरे मेरे देश की
सबसे ज़िन्दा और खूबसूरत चीज़ है।

बाजार केदार जी को हरदम नये अर्थ देता रहा है। रोजमर्रा की चीजों से बाजार के सम्बन्ध को बारीकी से समझने में उन्हें विशेष सफलता मिल पायी है। चकिया के पास ही जयप्रकाश नारायण का गाँव है। केदार जी बचपन में अपने पिता के साथ लोकनायक जे. पी. के यहाँ जाते थे। आजादी के चलने वाले आन्दोलन के सिलसिले में उनके पिता का अक्सर जे.पी. के यहाँ आना-जाना होता था। केदार जी उस कच्ची उम्र में जयप्रकाश जी से जिस चीज से बेहद प्रभावित हुए थे वह थी उनकी सादगी। केदार जी को उन दिनों यह देखकर आश्चर्य हुआ करता था कि अखबार आते सबसे ही पहले जयप्रकाश जी उसमें मण्डी के भाव देखते थे कि अनाज के ताजा भाव क्या हैं? अवचेतन मन पर जयप्रकाश जी के व्यक्तित्व की छाप कहीं अब भी विद्यमान है। गहरे अर्थ में केदार जी की लिखी कविताएँ जयप्रकाश जी की मानसिकता से मेल खाती लगेंगी।

नदी

चकिया में एक पतली सी नदी है। उसे गाँव के लोग 'भागड़' कहते हैं। मगर नदी का कोई नाम नहीं है जो बार-बार उनकी कविताओं में अपनी उपस्थिति दर्ज कराती रहती है—

मेरे गाँव को चीरती हुई
पहले आदमी से भी बहुत पहले से
चुपचाप बह रही है वह पतली-सी नदी
जिसका कोई नाम नहीं
तुमने कभी देखा है
कैसी लगती है बिना नाम की नदी।

खेत-खलिहान

केदार जी की अपने गाँव चकिया में ज़मीन है। पहले इन पर खेती होती थी। बाद में जब पिता वृद्धावस्था के कारण केदार जी के पास दिल्ली आ गये तो खेत अधिया पर दे दिये गये। लेकिन फिर व्यवस्था में गड़बड़ी होने पर मालगुजारी पर दे दी गयी। इधर कुछ ज़मीन बेच भी दी है।

उनके घर के ठीक सामने मवेशियों के बाँधने के लिए बड़ा ओसारा है। यहाँ अपने मवेशी नहीं हैं। पट्टीदार अपने मवेशी बाँधने लगे थे। परिवार के लोगों को इसको लेकर रोष था। मगर केदार जी मना करने नहीं देते थे। अब वहाँ केदार जी ने एक छोटा कमरा, छोटा बरामदा और लैट्रिन बाथरूम बनवाया है लेकिन उसमें रहना शुरू नहीं किये हैं। खेत-खलिहान और मवेशियों पर उनकी कई कविताएँ हैं—

हम मण्डी नहीं जाएँगे
खलिहान से उठते हुए
कहते हैं दाने
जाएँगे तो फिर लौट कर नहीं आएँगे
जाते-जाते
कहते जाते हैं दाने।

बनारस

केदार जी की प्राथमिक को छोड़कर पूरी शिक्षा बनारस में हुई। कुछ समय तक यहाँ अध्यापन भी किया। पडरौना आवास के दौरान वे बराबर बनारस आते रहे। यहीं मकान बनवाने के लिए ज़मीन भी खरीदी। बनारस पर भी उन्होंने कविता लिखी है। बनारस पर कविता लिखते वक्त उनकी कलम रचनात्मक

कसौटी पर थी। कहना अतिशयोक्ति न होगी कि उन्होंने बनारस पर दुर्लभ कविता लिखी।

पडरौना

केदार जी की कविताओं में करुणा और गौतम बुद्ध का प्रभाव स्पष्ट परिलक्षित है। उनकी कई कविताओं में बुद्ध व उनके जीवन से जुड़े स्थानों और प्रसंगों की चर्चा है। उनके आलेख में भी है। वे काफी दिनों तक पडरौना में रहे जो बुद्ध प्रभावित कस्बा रहा है। यह स्थान कुशीनगर से कुछ दूरी पर है जहाँ बुद्ध का दाह संस्कार हुआ था। बुद्ध के प्रति झुकाव का एक और परोक्ष कारण दिखाई देता है। स्वयं उन्हीं के शब्दों में—"मेरे एक चाचा बर्मा में रह चुके थे। मैं उनसे महाभारत की कहानियाँ सुना करता था। उन्हें सारा महाभारत कण्ठस्थ था। वे बर्मा की कहानियाँ भी सुनाते थे। मैं उनसे अंग्रेज़ी भी पढ़ता था। उन्होंने ही बताया था कि हम गौतम क्षत्रिय होने के नाते बुद्ध के वंशज हैं। हमारे परिवार में यह विश्वास है कि हमारा खानदान गौतम बुद्ध से जुड़ा है। यह गलत हो तो भी भीतर बैठा हुआ है।" पडरौना से लगाव इस कदर था कि वे दिल्ली जाने का एक प्रस्ताव टाल चुके थे। दुबारा जब जवाहरलाल नेहरू विश्वविद्यालय में बात बनी तो पडरौना छूटा। वे कहते हैं—"शुरू में दिल्ली जाने से मुझे डर लगता था। मैं एक छोटे से कस्बे के कालेज में पढ़ाता था। गोरखपुर के पास पडरौना नाम का शहर है। बुद्ध के आकर्षण से ही वहाँ रुका होऊँगा। 1967 में भी दिल्ली जाने का मौका मिला था। तब खालसा कालेज के कवि प्रो. हरभजन सिंह हिन्दी विभाग में थे। हिन्दी विभाग में ही मुझे प्रवक्ता के रूप में निमन्त्रण मिला था। पर उस समय मैं नहीं आया।"

दिल्ली

केदार जी महानगर दिल्ली में 1976 से लगातार रह रहे हैं। महानगरीय परिवेश की भयावहता, क्रूरता, हृदयहीनता, अजनबीपन से वे आक्रान्त दिखाई देते हैं। भयावहता के बारे में वे इस प्रकार सोचते हैं—

मेरे शहर के लोगो
यह कितना भयानक है
कि शहर की सारी सीढ़ियाँ मिलकर
जिस महान ऊँचाई तक जाती हैं
वहाँ कोई नहीं रहता।

महानगरीय जीवन के बीच भी उन्हें गाँव-जवार, प्रकृति हमेशा लुभाती रहती है और उनमें ताजगी का संचार करती है। मैंने कभी उन्हें जोर-जोर से बोलते,

किसी को डाँटते या गुस्सा होते हुए नहीं पाया। दिल्ली जैसे तमतमाये हुए शहर में यह एक विलक्षण बात है। अपनी रचनाशीलता में दिल्ली के अवदान को वे खुले मन से स्वीकार करते हैं—"दिल्ली ने मुझे एक अखिल भारतीय परिप्रेक्ष्य दिया जिसके चलते अन्य भारतीय भाषाओं के लेखकों के साथ सम्पर्क को मैं सबसे बड़ी देन मानता हूँ। सबसे मिलकर विभिन्न भारतीय भाषाओं में बिखरी अपनी साहित्यिक सम्पदा को पाकर मैं बड़ा समृद्ध होता हूँ।"

नास्टेल्जिया

खुले कछार, मक्का के खेत और दूर-दूर फैली पगडण्डियों की छाप आज मेरे मन पर उतनी ही स्पष्ट है जितनी उस दिन थी। जब मैं पहली बार देहात के ठेठ वातावरण से शहर के धुमैले और क्रमशः खण्डित आकाश के नीचे आया। इस प्रकार केदार जी की कविताएँ अपने इर्द-गिर्द के परिवेश से इस कदर जुड़ी हुई हैं कि उनसे अलग करके विचार करना न सिर्फ आधा-अधूरा रहेगा, बल्कि असम्भव भी हो जाएगा। उनका पारिवारिक सन्दर्भ, उनसे जुड़े लोग, उनके जीवन की घटनाएँ, उनके सम्पर्क, बाहरी परिवेश में परिवर्तन, उनके साहित्यिक कर्मक्षेत्र से बहुत गहरे तक जुड़ा हुआ है।

केदार के शब्दों में बिम्ब अधिक से अधिक कवि के रागात्मक अनुभवों पर आधारित होने के कारण अपने साथ एक व्यापक सन्दर्भ लिए होता है। उसके तल तक पहुँचने के लिए उस सन्दर्भ का ज्ञान अत्यन्त आवश्यक है। लेकिन इतना भर ही नहीं है। निजी सन्दर्भों को सार्वजनिक में बदलने का जैसा कौशल केदार जी ने अर्जित किया है वह अपने आप में दिलचस्प है। वे अपनी पीढ़ी के कई नये कवियों की तरह स्वयं को लेकर ही कविता नहीं लिखते रहे। उनका स्व इतना व्यापक है कि उसकी परिधि में गाँव-जवार, कस्बे, महानगर, छोटे-बड़े लोग, पारम्परिक एवं युगीन आदर्श, पशु-पक्षी, प्राकृतिक आनन्द व विपदाएँ, भूखण्ड, कोई टीला, कोई पुल, कोई अधबनी इमारत सब कुछ आ जाता है और वह उनका निजी सन्दर्भ बन जाता है। केदार जी की निजता का अनन्त फैलाव ही इनकी कविता का फैलाव है। अपनी तमाम विशेषताओं के कारण वे एक सच्चे, आत्मीय और भरोसेमन्द और विस्तृत अर्थों में भारतीय कवि के रूप में हमारे सामने उपस्थित होते हैं। हालाँकि परमानन्द श्रीवास्तव उनके नास्टेल्जिया को यूटोपिया कहना पसन्द करते हैं। उन्होंने इसके तर्क भी दिये हैं। वे कहते हैं—"हिन्दी के समकालीन काव्य परिदृश्य में केदारनाथ सिंह जैसे कवि जो बार-बार गाँव की ओर जाकर कविता का नया मुहावरा, कविता के लिए नयी ऊर्जा प्राप्त करना चाहते हैं वह संहार और विनाश की

ताकतों के विरुद्ध एक स्पष्ट साहसिक काव्यात्मक निर्णय है। यह रोमन या नास्टेल्जिया नहीं है—वह सकारात्मक यूटोपिया है जिसे प्रतिरोध चेतना का समशील कहा जा सकता है।"

उनकी कविता अपने समय, अपने इतिहास और अपने समस्त जातीय बोध के गौरव और उसकी समग्र पीड़ा को सम्बोधित करते हुए चेतना के एकान्त को निनादित करती रहती है—

सन्देशवाहक मैं तुम्हारी चुप्पियों का हूँ
तुमने जो कहा नहीं
उस पर्वत शब्द को
अनन्त तक गुँजा दूँगा।

मैंने केदारनाथ सिंह को देखा है

—राजेश मल्ल

मेरे ऊपर कविवर, गुरु, अभिभावक केदारनाथ सिंह का विगत 30 वर्षों से अधिक की अवधि से अविरल स्नेह और आशीर्वाद की छाया रही है। ढेरों यात्राएँ, गाँव, घर दुआर, पडरौना, चकिया, गोरखपुर, जेएनयू, साकेत, गोष्ठी, सेमीनार, बैठकी, प्रेमचन्द साहित्य संस्थान, 'साखी', कविता, शायरी, डाँट-फटकार, प्रेम-स्नेह, न जाने क्या-क्या और कहाँ-कहाँ। इन्हें समेटना कहना-लिखना मेरे वश का नहीं है। मेरे जीवन के प्रत्येक अच्छे-बुरे दृश्य चित्रों में केदारनाथ सिंह मौजूद हैं। इसमें से चुनकर कुछ पेश करूँ, वह पठनीय हो और कवि और उनकी कविता को देखने-जानने का कोई नया द्वार बन सके, ऐसी शक्ति-सामर्थ्य-दृष्टि मेरे पास नहीं है, किन्तु बन्धुवर, कामेश्वर प्रसाद सिंह का आदेश...। बस कुछ पंक्तियाँ।

मेरा अब तक का अनुभव रहा है, केदार जी अपने बारे में और अपनी कविताओं के बारे में चर्चा करना, बात करना बिल्कुल पसन्द नहीं करते। इस सन्दर्भ में वे बेहद कंजूस हैं। जो हमें पता है, वही सबको पता है। वह तालस्ताय, रवीन्द्रनाथ टैगोर, रसूल हमज़ातोव, ग़ालिब, दाग़, त्रिलोचन, निराला की यात्राओं-बैठकों में खूब चर्चा करते हैं, जैसे ही उनकी कोई काव्य पंक्ति की बात करे, उद्धृत करे तो सख्ती से या मौन से तत्काल निपटा देते हैं। आप खड़े रहेंगे और कवि अपनी चातुर्य से विलग हो जाएगा। यह चकिया हो या जेएनयू, बनारस हो या बलिया, यह पडरौना हो या गोरखपुर। कोई नहीं जान पाएगा कि महाराज जब आप यू.पी. कालेज में थे तो वहाँ से सेण्ट एण्ड्रूज कालेज कैसे आये। फिर वहाँ से पडरौना कैसे पहुँचे। गोरखपुर वि.वि. में साक्षात्कार देकर एक बार नहीं बार-बार लौटे तो कैसा लगा होगा? ये लम्बे अर्से तक पडरौना में और जेएनयू दिल्ली आने से पहले के जीवन के कटु-तिक्त, विष-अमृत क्या-क्या मिला। निषाद जी के साथ कब्रिस्तान में पंचायत के अलावा क्या था। जिसने आपको जीवित रखा। बाँधे रखा। टूटने नहीं दिया। छोटे-छोटे बच्चों के धीरे-धीरे बड़े होने के साथ पत्नी

विहीन जीवन कैसा था। कोई नहीं जान पाएगा। कभी पूछो तो वही चातुर्य (मौन)। इस मौन और काव्य पंक्तियों के बीच आप कुछ पढ़ सके, जान सके तो आपकी महानता। वही एक राग। बच्चा होनहार है, आगे पढ़ाओ। बनारस आया, यू.पी. कालेज तो मार्कण्डेय सिंह मिले, त्रिलोचन मिले और फिर लिखने का क्रम जारी हुआ और धीरे-धीरे साहित्य संस्कार बन गया। कोई पूछे कि आजकल क्या लिखा जा रहा है, तो वही राग, बहुत अच्छा लिखा जा रहा है। युवा पीढ़ी की कविताएँ एक नये अन्दाज में रची जा रही हैं। कोई पूछे कि सर जी साइकिल के ट्यूब से कम हवा में कैसे जिया जाएगा (बाघ) या वह क्या था जो टूटने से पहले किसी कुम्हार की आँखों में (बाघ)। वह कौन-सी स्त्री है जिससे आप प्यार करते हैं। जो रहती एक शहर में और हर शहर में दिखती है। बस कोई मुझसे कह सकता कि तुम्हीं पूछ लेते तो भाई मेरे, मेरी औकात होती तो पूछ न लेता और जैसे पूछता तो बता ही देते कविवर। जो लोग साक्षात्कार लेने के लिए गये वही जानते होंगे, क्या-क्या पापड़ बेलने पड़ते हैं। पकड़ में कविवर आ गये तो बातों में छूट जाएँगे। मन कुरेदने का हौसला हल्की-सी मुस्कान से पस्त कर मुक्त। और मौन या कभी और... यह कभी फिर नहीं आएगा। इसीलिए मैंने शीर्षक ही रखा है, हालाँकि यह फ़िराक़ का मिसरा है फिर भी देखा है, जानते आप हो तो आपका सौभाग्य मुझ अकिंचन को जो हाथ लगा, वह फरमा रहा हूँ। मैं सिर्फ निवेदन करना चाहता हूँ कि 'दुःखों को तमगों' की तरह पहन कर टहलना केदारनाथ सिंह की फितरत नहीं है। घर की बात घर में भी नहीं। और मन की बात...कभी नहीं...। कविताओं से होकर एक पगडण्डी जाती तो है मन तक लेकिन वह राह भी मौन से घिरी हुई है।

वैसे मैंने गुस्सा करते भी देखा है और दुःख के आवर्त से फुसफुसाती आवाज भी सुनी है, लेकिन ये क्षण विरल हैं। मैं थोड़े शब्दों में इसकी चर्चा करना चाहता हूँ। वाकया चकिया जमालपुर का है। तय हुआ था कि कुछ दिन चकिया में प्रवास होगा। प्रश्न मेरे से था। कोई खास काम तो नहीं...दिक्कत तो कोई नहीं है। मैं सान्निध्य सुख को कहाँ छोड़ने जा रहा था। बलिया से रात आठ बजे के आस-पास चकिया पहुँच गया। दाना-पानी, भोजन के बाद। जल्दी सो जाओ, सुबह यहाँ जल्दी उठा जाता है लेकिन मेरी नींद तो नींद ठहरी...देर हो ही गयी। चाय का कप लिए बाहर आया तो कविवर को अपने मित्रों के साथ एक-दूसरे को ज्यादा बूढ़े होने पर बहस करते पाया। लुंगी-बनियाइन में कविवर चहक रहे थे। ठेठ भोजपुरिया धज। देखते ही कहा। आओ मिलो इस केदारनाथ सिंह से। हमने कहा, सभी जानते हैं, इस केदारनाथ सिंह को, बेनाम

नदी के किनारे वाले। जो आपकी कविताओं को जानता है, वह इस ठेठ किसान कवि को भी जानता है। ...फिर अपने मित्रों की लानत-मलानत में मशगूल। कहो केदार। ...सुदिष्ट बाबा का मेला...चलना है। घोषणा हुई राजेश तैयार हो जाओ मेला चलते हैं...। सुदिष्ट बाबा का थान। मेला। फिरकी, पिपिहरी, रीबन, न जाने क्या-क्या और बहुत सारा। जिलेबी नहीं जिलेब्बा वह भी सब्जी के साथ। गोबिन्द प्रसाद जी ने लिखा है कि केदारनाथ की कविताओं में धूल बार-बार दिखाई पड़ती है। गोबिन्द भाई यह धूल ठेठ दोआबा की है, सुदिष्ट बाबा के थान की।

एक वाकया और। मेरा पूरा गुरुकुल सहयात्री था। साहित्य अकादेमी के पुरस्कारों का 'सेमसन' कम्पनी का फाइनेन्स करने का प्रस्ताव था। आदरणीय विश्वनाथ जी से पूछताछ चल रही थी। विश्वनाथ जी अकेले पड़ जाने, किसी और के न बोलने की बात कह रहे थे। अचानक कविवर तमतमाये, कोई बोले न बोले आप बोलिए। ऐसे भी कितनी हालत खराब है एकेडमी की। अब कारपोरेट कम्पनियाँ चलाएँगी। हद हो गयी। चेहरा लाल...यह क्रोध का भभका बिजली की कौंध की तरह आया था। सब लोग स्तब्ध...।

एक और विरल सन्दर्भ। गुरुवर रामदेव शुक्ल जी का बरहज देवरिया (मेरे गाँव से करीब का कस्बा) में सम्मान समारोह था। राजनीतिक कार्यकर्ता के रूप में बरहज के स्कूल, कालेज, गाँव पहले घूमा हुआ था। घर है तो वैसे भी आना-जाना था ही। लेकिन किसी साहित्यिक आयोजन में जाना पहली बार हो रहा था। गुरुवर चितरंजन जी, रामदेव जी सभी लोग थे। दिनेश कुशवाहा का भी घर वहीं है तेलिया में, वह भी आये थे। आयोजन भव्य था। कार्यक्रम के बाद हम लोग विद्यालय के प्रबन्धक जायसवाल जी के घर पहुँचे। गुरुदेव ने हाथ पकड़ा और पूछा, यहाँ से घाट (नदी तट) कितनी दूर है, मैंने कहा—यही कोई दो सौ मीटर। कहा, ले चलो। सहज ही मैंने कहा, चलिए...। हम लोग सरयू किनारे पहुँचे...। कहा, पानी तक चलो। घाट पक्का है। सरयू सिमट गयी थीं। पानी का सोता थोड़ा दूर था...। बालू पर चलते हुए पानी के सोते तक पहुँचे। थोड़ा अँजुरी में जल लिया और ढलते सूर्य की ओर देखते रहे...। पानी थोड़ा गिर गया...। मैं बहुत कुछ से अनजान चुप... अवाक् देख रहा था। बरहज के सरयू के तट पर...। कविवर को जल-मिट्टी आसमान में ढलते सूर्य को अर्घ्य देते। हाथ जोड़े खड़े रहे थोड़ी देर। लौटे जैसे पूरी तरह थक गये हों...शक्ति जैसे निचुड़ गयी हो...। हाथ पकड़ा तो निःशब्द थरथराहट मेरे रोएँ-रोएँ को कँपा गयी... मुझे अचानक भीतर से रुलाई फूट गयी...। क्या करूँ...क्या हो गया...। धीरे...धीरे...सड़क तक आये फिर चलने...लगे। कुछ

शब्द कहीं गहरे कुएँ से होंठों पर...बत्तीस वर्ष बाद यहाँ आया हूँ...उस स्मृति को प्रणाम। मेरे पास न सन्दर्भ था न प्रसंग। छूछा... बस नम आँखों और काँपती हथेलियों को समेटे लौटा। रामदेव जी ने डाँटा, कहा, चले गये थे लेकर केदार जी को...मेरे रुआँसे चेहरे पर उनकी नजर टिकी...बोले, कुछ बोलते क्यों नहीं। मैंने कहा, घाट तक चले गये थे। ओह! पडरौना से पत्नी को लेकर यहीं तो आये थे न...दाह संस्कार के लिए। मैं अब सन्न खड़ा रह गया। फिर एक बार वही काँपते हाथों से गिरता जल, नम आँखें, सरयू का चौड़ा पाट। सब कुछ तेजी से घूम गया। मैं धीरे से आकर कविवर के बगल में खड़ा हो गया। मौन...

एक छोटी-सी स्मृति

—सदानन्द शाही

प्रेमचन्द साहित्य संस्थान के एक आयोजन के सिलसिले में प्रो. केदारनाथ सिंह गोरखपुर में थे। मैं था ही। 'बुद्ध के बढ़ते कदम' किताब के यशस्वी लेखक श्री शैलेन्द्र प्रताप सिंह इन दिनों गोरखपुर में पुलिस ट्रेनिंग के उप महानिरीक्षक पद पर तैनात हैं। केदार जी उन्हीं के यहाँ ठहरे थे। आयोजन के बाद भी एक-दो दिन हम लोग गोरखपुर में ही थे। शैलेन्द्र प्रताप सिंह ने केदार जी और मुझसे प्रशिक्षु पुलिसकर्मियों के बीच 'पुलिस और समाज' विषय पर बोलने के लिए कहा। केदार जी ने हामी भर दी थी। बाद में पला चला कि जिस दिन यह कार्यक्रम है, उसी दिन पुलिस ट्रेनिंग के महानिदेशक का दौरा है। अनेक कार्यक्रमों के साथ वे व्याख्यान सत्र की अध्यक्षता भी करेंगे। केदार जी और मैं बहुत दिन बाद गोरखपुर में थे, इसलिए लोगों से मिलने-जुलने और घूमने का विकल्प ज्यादा आकर्षक लग रहा था। व्याख्यान का औपचारिक कार्यक्रम स्वीकार करके केदार जी कुछ-न-कुछ पछता रहे थे। खास तौर से यह जानने के बाद कि डी.जी. महोदय भी उपस्थित रहेंगे और उनकी वजह से तामझाम और बढ़ जाएगा। पर कार्यक्रम तो तय हो चुका था। इसलिए मन मार कर हम लोग नियत समय पर शैलेन्द्र सिंह के कार्यालय में पहुँच गये। शैलेन्द्र सिंह काफी खुशमिजाज आदमी हैं, शेरो-शायरी के शौकीन। अपने अन्दाज में उन्होंने हमारा स्वागत किया और अपने कार्यालय में बिठाकर अपने डी.जी. की अगवानी के लिए निकल गये। थोड़ी ही देर में वे डी.जी. के साथ कार्यालय में दाखिल हुए। डी.जी. से केदार जी का परिचय कराया। डी.जी. महोदय केदार जी के पास आये और बिना कुछ कहे-सुने उन्हें आफिस के बाहर खुले मैदान में ले आये। उनके पीछे-पीछे सभी लोग बाहर आ गये। बाहर डी.जी. साहब की अगवानी के लिए हजारों की संख्या में पुलिसकर्मी/अफसर मौजूद थे। हमारे समझ में नहीं आ रहा था कि डी.जी. महोदय केदार जी को लेकर बाहर क्यों आ रहे हैं। केदार जी को लेकर वे वहाँ पहुँचे जहाँ से परिसर में मौजूद सभी

पुलिसकर्मी उन्हें देख सकें और तब डी.जी. ने केदार जी के चरण छुए। फिर अपना नाम बताया 'सौमित्र शंकर बनर्जी'। और फिर कहा कि मैंने आपके चरण इसलिए छुए कि मेरे पिता भी अध्यापक थे। अध्यापकों के लिए मेरे मन में बहुत सम्मान है। यू.पी. पुलिस का एक अदना मुलाजिम भी कब किसे बेइज्जत कर दे, यह आशंका लगातार बनी रहती है। ऐसे में प्रदेश पुलिस का सबसे आला अधिकारी ऐसी विनम्रता दिखा रहा था तो सहसा यकीन नहीं हुआ। सौमित्र शंकर बनर्जी बन्द कमरे में भी केदार जी का चरण स्पर्श कर सकते थे; परन्तु खुले परिसर में सबके सामने एक कवि और अध्यापक का चरण छूकर शायद वे बिना कुछ कहे अपने सहकर्मियों और प्रशिक्षणार्थियों को कोई सन्देश दे रहे थे। अब वे हम लोगों को लेकर भीतर गये और पैर छूने का दूसरा कारण बताया। उन्होंने केदार जी से कहा कि जब मैं इण्टरमीडिएट का विद्यार्थी था, उस समय किसी पत्रिका का एक अंक मेरे हाथ लगा। उसमें आपकी एक कविता छपी थी 'रचना की आधी रात'। वह मुझे इतनी अच्छी लगी कि याद हो गयी 'अन्धकार! अन्धकार! अन्धकार आती हैं।/कानों में/ फिर भी कुछ आवाजें...।' केदार जी और मैं आश्चर्यचकित। लगभग 45 साल पहले पढ़ी गयी कविता—वह भी नयी कविता किसी को याद रह सकती है। और वह भी पुलिस की नौकरी की आपाधापी में। खैर चाय-नाश्ते के बाद हम लोग उस सभागार में गये जहाँ कार्यक्रम होना था। पुलिस की नयी-नयी वर्दी में लगभग तीन सौ जवान एकदम सावधान की मुद्रा में बैठे हुए थे। हम लोग मंचासीन हुए। एस.पी., डी.आई.जी. हमारा स्वागत कर रहे थे। डी.जी. हमारे बगल में बैठे हुए थे, फिर भी सिपाहियों की उपस्थिति बचपन में घुस आये डर की याद दिला रही थी। मैं आठ-दस साल का रहा होऊँगा। गर्मी की छुट्टियाँ चल रही थीं। मेरी दादी मिट्टी के बड़े मर्तबान में शहद रखती थीं। जाने मेरे मन में क्या आया—मैंने शहद की चोरी की। एक छोटे डिब्बे को शहद के मर्तबान में डुबोया। शहद भर लिया और सीढ़ियों के नीचे ले जाकर रख दिया। इसके बाद चुपचाप सोने चला गया। अब मुझे क्या मालूम कि डिब्बे के साथ शहद रास्ते भर टपकता जाएगा और एक घण्टे बाद हजारों चींटियाँ मेरे विरुद्ध गवाही देने को तैयार हो जाएँगी। मेरी चोरी पकड़ ली गयी। मेरे बाबा ने मुझे डाँटते हुए कहा कि अभी सिपाही बुलाते हैं और तुम्हें थाने भेजते हैं। इत्तफाक से उसी समय दो सिपाही घूमते हुए आ पहुँचे। मुझे लगा कि बाबा ने सचमुच सिपाही बुला लिया है। डर के मारे मैं तख्त के नीचे छुप गया। सिपाहियों के बात करने की आवाज जब तक सुनाई देती रही, मैं तख्त के नीचे दुबका भय से काँपता रहा। वह भय मन में आज भी बना हुआ है। इतने सारे सिपाहियों

को अपने सामने उत्सुक सावधान बैठा देखकर मुझे बड़ा विचित्र लग रहा था।

खैर आयोजन शुरू हुआ। बन्धुवर शैलेन्द्र सिंह संचालन कर रहे थे। उन्होंने सबसे पहले मुझे बोलने के लिए बुलाया। मैं अभी बोलने उठा ही था कि सौमित्र शंकर बनर्जी ने मुझे रोक दिया और स्वयं माइक के सामने खड़े हो गये। उन्होंने कहा कि अध्यक्ष सबसे अन्त में बोलता है, पर परम्परा तोड़कर मैं पहले इसलिए बोल रहा हूँ कि यहाँ हिन्दी के इतने बड़े कवि बैठे हुए हैं—मैंने खुले मैदान में सबके सामने चरण छूकर इनको प्रणाम किया है। क्योंकि कवि समाज का नैतिक प्रहरी होता है—वह समाज को रचता है, दृष्टि देता है। फिर सौमित्र शंकर बनर्जी ने 'रचना की आधी रात' कविता की चर्चा की और पूरी कविता पढ़ गये—

अन्धकार! अन्धकार! अन्धकार!/
आती हैं/कानों में/फिर भी कुछ आवाजें/
कहीं/आहत सन्नाटे में/रह-रह कर/ईंटों पर/
ईंटों के रखने की/फलों के पकने की/
खबरों के छपने की/सोये शहतूतों पर/
रेशम के कीड़ों के/जगने की/बुनने की...
और मुझे लगता है
जुड़ा हुआ इन सारी
नींद हीन ध्वनियों से
खोये इतिहासों के
अनगिनत ध्रुवान्तों पर
मैं भी रचनारत हूँ
झुका हुआ घण्टों से
इस कोरे कागज की भट्ठी पर
लगातार
अन्धकार! अन्धकार! अन्धकार!

हम लोग चकित थे—अवाक्! फिर सौमित्र शंकर बनर्जी ने अपने ढंग से इस कविता की व्याख्या की और बताया कि पुलिस का काम भी रात के आहत सन्नाटे में उठने वाली आवाजों को सुनना है...और समाज के दुखों को दूर करना है आदि-आदि।

यह हमारे लिए विलक्षण अनुभव था। हम लोग जो साहित्य पढ़ते-पढ़ाते हैं, आदर्श और नैतिकता बतियाते हैं, कविताओं की व्याख्या करते हैं, कविताएँ लिखते भी हैं, पर लिखे हुए शब्दों की सामाजिक भूमिका के बारे में प्रायः संशयशील होते हैं, उनके लिए आँख खोलने वाली घटना थी। एक कविता

चालीस-पैंतालीस साल से एक आदमी की स्मृति में टिकी है, उसके जीवन में टिकी है और उसके व्यावसायिक जीवन को प्रभावित कर रही है।

केदार जी की एक कविता है—

मैं पूरी ताकत के साथ
शब्दों को फेंकना चाहता हूँ आदमी की तरफ/
यह जानते हुए कि/
आदमी का कुछ नहीं होगा/
मैं भरी सड़क पर सुनना चाहता हूँ/
वह धमाका जो शब्द और आदमी की/
टक्कर से पैदा होता है।

उस दिन वह शब्द और आदमी के टक्कर से होने वाला धमाका ही था। जो केदार जी ने सुना, मैंने सुना, और सबने सुना। आदमी की ओर पूरी ताकत से फेंके गये शब्द के टक्कर को महसूस किया।

सौमित्र शंकर बनर्जी ने बाद में बताया कि आगे चलकर उन्होंने भी कविताएँ लिखीं। पहले अंग्रेज़ी में, फिर बँगला में। सौमित्र शंकर बनर्जी के भीतर के मनुष्य को बनाये रखने में कविता की क्या भूमिका रही होगी, उनके भीतर की कविता ने रात के अँधेरे में उठने वाली आहत आवाजों को सुनने के लिए कितनों को प्रेरित किया होगा, इसका ठीक-ठाक आकलन करने की हमारे पास कोई तकनीक नहीं है, पर यह महसूस हो रहा था कि हम कविता से जो उम्मीद करते हैं, वह करते रह सकते हैं—बाजारीकरण के इस दौर में भी।

धीमे-धीमे बजते हैं सातों समुद्र

–पंकज पराशर

केदारनाथ सिंह की रचनाओं से मेरा पहला परिचय उनकी 'हाथ' कविता से हुआ था– *'उसका हाथ। अपने हाथ में लेते हुए मैंने सोचा।/दुनिया को/हाथ की तरह गर्म और सुन्दर होना चाहिए...'* पर हमारे कस्बाई माहौल में सुन्दर और गर्म हाथ को अपने हाथ में लेकर केदार जी के काव्य-सत्य को अनुभव के सत्य में बदलकर देखने/महसूस करने की तमन्ना, तब सिर्फ ख़यालों में ही सम्भव था। किताबों को कलेजे से सटाये...नीची नज़र किये हुए सड़क पर कुछ ढूँढ़ती हुई-सी निगाहों वाली सुन्दर और गर्म हाथों वाली बालाओं के लिए कालेज में अलग कॉमन रूम होता और क्लास में भी उनके बैठने की अलग व्यवस्था होती...और इस कालेज तक वही छात्राएँ आ पाती थीं, जिनका किन्हीं वज़हों से महिला कालेज में दाखिला नहीं हो पाता था। इसे संयोग ही कहें या हमारी किस्मत...कि इन बालाओं के बीच सुन्दर और गर्म हाथों को ढूँढ़ना अक्सर जोंक में हड्डी ढूँढ़ने जैसा था। जो थीं, वे पिता या भाई के साथ कालेज आतीं और उन्हीं के साथ घर लौट जातीं। ...और सितम यह कि जब घर जाते समय वे अपनी सखियों से यह कहतीं कि 'जा रही हूँ' तो केदार जी हम काव्य-रसिकों के हृदय पर एक बार फिर 'जाना' कविता से हिय में शूल चुभो देते– *'मैं जा रही हूँ–उसने कहा/जाओ–मैंने उत्तर दिया/यह जानते हुए कि जाना/हिन्दी की सबसे खौफनाक क्रिया है।'* अजीब थे वे दिन! कविता में प्रेमपरक वर्णनों और अनुभूतियों के कारण हम लोग विद्यापति, घनानन्द, शमशेर इत्यादि को अधिक पढ़ते। जब आधुनिक कविता से परिचित हुए और केदार जी की कविताओं से हमारा परिचय हुआ, तो प्रायः हर मौके पर उनकी कविताएँ याद आने लगीं।

एम.ए. करने के लिए पटना विश्वविद्यालय के हिन्दी विभाग में दाखिला लिया, तो सुप्रसिद्ध आलोचक और कविता के रसिक, प्रोफेसर नन्दकिशोर नवल हमें गुरु के रूप में मिले, जिनसे निराला, मुक्तिबोध, धूमिल आदि की

कविताएँ क्लास में पढ़ने का अवसर मिला। नवल जी के साथ रिक्शे में बैठकर घर जाते समय अक्सर केदार जी की कविताओं पर अनौपचारिक बातचीत हुई। वे कविता में, खास तौर पर केदार जी की कविताओं में मेरी रुचि देखकर कहते कि केदार जी के अलावा कालिदास, भवभूति, तुलसीदास, मिर्ज़ा ग़ालिब, फ़ैज़ अहमद फ़ैज़, निराला, मुक्तिबोध, नागार्जुन, रघुवीर सहाय इत्यादि कवियों को ध्यान से पढ़िए, तब केदार जी और अधिक समझ में आएँगे। कोर्स की पढ़ाई के लिहाज से तो केदार जी की कविताओं से विधिवत् परिचय पहले ही हो चुका था, असली परिचय हुआ पटना साइंस कालेज के पास राजकमल प्रकाशन की दुकान में। उन दिनों राजकमल प्रकाशन, पटना में उनके अपने प्रकाशन की किताबों के अलावा अन्य प्रकाशनों की किताबें भी रहती थीं। जिसके कारण राजकमल के साथ-साथ अन्य प्रकाशनों की किताबें और साहित्यिक पत्रिकाएँ एक ही स्थान पर सुगमता से उपलब्ध हो जाती थीं। एक अच्छी बात यह भी थी कि पेपरबैक्स में छपी किताबों की कीमत काफी कम होती थी और उस पर भी मज़ा यह कि हम जैसों की पढ़ने की भूख को देखते हुए लाला जी बेहद आकर्षक छूट पर किताबें देते थे। इसलिए उन्हीं दिनों राजकमल से 'उत्तर कबीर और अन्य कविताएँ' तथा 'बाघ' खरीद ली थी और परमानन्द श्रीवास्तव द्वारा सम्पादित केदार जी की चुनिन्दा कविताओं का संकलन 'प्रतिनिधि कविताएँ' भी।

दिल्ली या अन्य उत्सवधर्मी शहरों की तुलना में तब पटना में साहित्यिक आयोजन कम होते थे और यह भी अजीब संयोग रहा कि ढाई-तीन वर्षों तक जब तक मैं पटना में रहा, उस दौरान केदार जी का पटना आगमन नहीं हो पाया। अगर इस दौरान वे आये भी हों, तो मुझे शायद पता न चला हो। अलबत्ता उन वर्षों में निर्मल वर्मा-अशोक वाजपेयी संवाद, आचार्य नामवर सिंह का 'शताब्दी का संक्रमण' विषय पर बेहद प्रभावी भाषण, आलोकधन्वा के पहले (अब तक यही अन्तिम भी) कविता-संग्रह 'दुनिया रोज़ बनती है' का पटना कालेज, पटना के सभागार में विमोचन और उस पर नवल जी का ओजस्वी भाषण वाले कार्यक्रम में मैं शिरकत कर चुका था। 'बाघ' कविता का यह काव्यांश मुझे बेहद प्रिय है, *'सच्चाई यह है कि हम शक नहीं कर सकते/ बाघ के आने पर/मौसम जैसा है/और हवा जैसी बह रही है/उसमें कभी भी और कहीं से भी आ सकता है बाघ।'* जैसी हवा इस कविता के रचना काल से लेकर आज तक चल रही है, उसमें हमारे समय-समाज पर अनेक प्रकार के बाघों ने आक्रमण किये हैं और कोई भी यह ठीक-ठीक नहीं बता सकता कि सत्ता के बघनखे से आमजन किस तरह निरापद रह सकता है।

जवाहरलाल नेहरू विश्वविद्यालय, नयी दिल्ली में जब मेरा नामांकन हुआ तो केदार जी वहाँ से सेवानिवृत्त हो चुके थे और भारतीय भाषा केन्द्र में बतौर प्रोफेसर एमेरिटस थे। इसलिए सेवानिवृत्ति के बाद वे शोधार्थियों को अपने निर्देशन में शोध करवा सकते थे और चेयरपर्सन यदि उनसे अनुरोध करे तो वे क्लास भी ले सकते थे। कुछ हमारे बैच के विद्यार्थियों ने तब के अध्यक्ष सुप्रसिद्ध आलोचक प्रोफेसर मैनेजर पाण्डेय से यह अनुरोध किया कि हम लोग केदार जी से निराला की कविताएँ पढ़ना चाहते हैं, तो पाण्डेय जी इसके लिए सहर्ष तैयार हो गये। उन्होंने यह व्यवस्था करवा दी कि केदार जी सेंटर आकर हम लोगों को निराला की कविताएँ पढ़ाएँगे। केदार जी आकर हम लोगों को पढ़ाएँगे, अपने अग्रज विद्यार्थियों की तरह हम लोग भी उनकी क्लास में पढ़ पाएँगे और सबसे बड़ी बात यह कि जिनको हम लोग अब तक कोर्स में पढ़ते रहे हैं, उस कवि के अध्यापक रूप से परिचित होंगे—यह समाचार हम लोगों के लिए बहुत आह्लादकारी था। यह जानकर हमारे क्लास के सारे बच्चे बेहद खुश थे और कुछ अन्य बैच के बच्चों ने भी कहा कि वे हमारे साथ क्लास में बैठेंगे। केदार जी से पढ़ने के लिए मैं बेहद उत्सुक था, क्योंकि पटना विश्वविद्यालय में अध्ययन के दौरान कई लोगों के मुँह से यह सुन चुका था कि केदार जी क्लास में कविता बहुत अच्छा पढ़ाते हैं। विशेष रूप से निराला की कविताएँ उनसे पढ़ने में एक अलग ही आनन्द है, क्योंकि निराला की कविताओं के मर्मज्ञ कवि त्रिलोचन शास्त्री से केदार जी का लम्बा जुड़ाव रहा है और निराला के बिम्बों, भाषा-शैली आदि को लेकर उन दोनों के बीच खूब बहसें हुई हैं। सो केदार जी से निराला की कविताएँ पढ़ने को लेकर मेरी उत्सुकता बहुत बढ़ गयी थी।

केदार जी सेण्टर आये। छात्र पहले से ही क्लास में बैठे थे। हम लोग पाण्डेय जी के कमरे में उन्हें बुलाने गये। वे आये और आते ही उन्होंने कहा कि वे हम लोगों को निराला की सुप्रसिद्ध कविता 'राम की शक्तिपूजा' पढ़ाएँगे। हिन्दी के बेहतर कवियों में केदार जी के अलावा बहुत कम कवि ऐसे हैं, जो काव्य-पाठ भी अच्छे करते हों। ख़ैर साहब, केदार जी ने 'राम की शक्तिपूजा' पढ़ना शुरू किया...धीमी आवाज...लेकिन षड्ज से पंचम की ओर जाती हुई। 'भोजपुरी' की तरह *'झरोखे पर रखा शंख यह/जिसमें धीमे-धीमे बजते हैं/ सातों-समुद्र'* की तरह धीरे-धीरे बजते हुए सातों सुर! पूरे क्लास में सन्नाटा... सब मन्त्रमुग्ध होकर सिर्फ कान बने हुए। इस कविता में पूरे अठारह पंक्ति के बाद जाकर पूर्ण विराम आता है और गुरुदेव पूरे अठारह पंक्तियों के बाद जब कुछ पल के लिए रुके और कक्षा की ओर देखा, तो उनके साथ ही पूरी क्लास

ने साँस ली और काव्य-पाठ आगे बढ़ा। महाकवि निराला के ओज और नाद सौन्दर्य को जिस प्रकार केदार जी साकार करते हुए समझा/पढ़ा रहे थे, उस भाव और उस माहौल को आज लगभग पन्द्रह वर्ष बीत चुके हैं और बहुत-सी बातें दिमाग से निकल भी गयी हैं...लेकिन कक्षा का वह माहौल, केदार जी के कविता पाठ करने का अन्दाज आज भी उसी तरह याद है। कविता पढ़ते समय उनका रुकना, स्वर का आरोह-अवरोह, क्षणिक ठहराव और शब्द चाहे संस्कृत के हों या उर्दू-फारसी के, उनका स्पष्ट और सुन्दर उच्चारण सुनकर यह स्पष्ट रूप से पता चल जाता कि कविता में कहाँ अल्प विराम है और कहाँ पूर्ण विराम। माहौल कुछ ऐसा था कि वे जब साँस लेते तो पूरी क्लास भी साँस लेती और जब साँस छोड़ते तो पूरी क्लास साँस छोड़ती—कुछ-कुछ उसी तरह जैसी रीतिसिद्ध कवि बिहारी की नायिका, विरह में साँस लेते समय पीछे और साँस छोड़ते समय आगे की ओर झुक जाती थी। जिसे पढ़कर आचार्य शुक्ल ने उन नायिकाओं को पेण्डुलम कहा था।

उन्होंने जब 'राम की शक्तिपूजा' के इस अंश का पाठ किया—'*है अमानिशा उगलता गगन घन अन्धकार/रहा दिशा का ज्ञान, स्तब्ध है पवन-धारा/अप्रतिहत गरज रहा पीछे अम्बुधि विशाल/भूधर ज्यों ध्यान-मग्न, केवल जलती मशाल।*' तो लगा जैसे महाप्राण निराला ने जिन भावों को अनुस्यूत करते हुए इस कविता को सम्भव किया होगा, वे शायद यही रहे होंगे! निराला, केदार जी के प्रिय कवि हैं और उन्होंने निराला पर एक कविता लिखी है 'निराला को याद करते हुए'। कविता छन्द में है, जिसमें वे लिखते हैं, '*उठता हाहाकार जिधर है/उसी तरफ अपना भी घर है।*' और इसी कविता के अन्त में वे कहते हैं, '*रोज कहीं टाँके पड़ते हैं/रोज उधड़ जाती है सीवन/दुखता रहता है अब जीवन।*' तो साहब, क्लास चलता रहा। कविता आगे बढ़ती रही और उसके साथ समय भी आगे बढ़ता गया और इतना बढ़ा कि ढाई बज गये और सभी छात्रावासों में दो बजे ही लंच का समय समाप्त हो जाता है। उसके बाद खाना नहीं मिलता...और इधर तो ढाई बज चुके थे। यानी कुछ बचा-खुचा पा जाने की सम्भावना भी निःशेष हो चुकी थी। पर अद्भुत यह कि किसी के चेहरे पर भूखे रह जाने का कोई मलाल नहीं। क्योंकि जेएनयू परिसर में ढाबे बहुत हैं, सो खाना तो किसी ढाबे या कैण्टीन में भी खाया जा सकता था, लेकिन केदार जी जिस तन्मयता से पढ़ा रहे थे, पूरी क्लास जिस सम्मोहन में थी, उसे आसानी से तत्काल पाया नहीं जा सकता था। दूसरे विश्वविद्यालयों की तरह वहाँ टन्न...टन्न...घण्टा नहीं बजता और मुझे तो लगता है घण्टे की टन्न-टन्न से केदार जी जैसे अध्यापक का मूड भी खराब हो सकता था। अनुशासन तो

ठीक है, लेकिन बहुत अधिक अनुशासन और ब्यूरोक्रेटिक तरीका रचनात्मकता का शत्रु होता है।

केदार जी आपादमस्तक कवि हैं...कुछ खोये-खोये से चलते हुए सेण्टर आना, किसी शब्द को सुनकर बच्चे की तरह खुश होना, जीवन में ही नहीं कविता में भी उनका स्वभाव है। 'जेएनयू में हिन्दी' नामक कविता में वे लिखते हैं, '*विद्वानों की इस बस्ती में जहाँ फूल भी एक सवाल है/और बिच्छू भी एक सवाल/मैंने एक दिन देखा एक अधेड़-सा आदमी/जिसके कन्धे पर अंगोछा था/और हाथ में एक गठरी/'अंगोछा'—इस शब्द से/लम्बे समय बाद मेरा मिलना हुआ/और वह भी जेएनयू में।*' बकौल नामवर जी, जब वे नये-नये जेएनयू पहुँचे थे तो चारों तरफ सिर्फ अंग्रेज़ी सुनाई देती थी। हम लोग जब जेएनयू में थे, तब भी अंग्रेजी बहुत थी और उस कैम्पस में कवि जब 'अंगोछा' शब्द सुनता है तो लहककर इस शब्द से पहले मिलता है। इस शब्द से मिलकर अंग्रेजीदाँ माहौल में इस शब्द के अंचल को महसूस करता है। इस कविता के अन्त में लेकिन कवि महसूस करता है, '*जिस समय मैं चिल्ला रहा था/असल में मैं चुप था/जैसे सब चुप थे/ और मेरी जगह यह मेरी हिन्दी थी/ जो मेरे परिसर में अकेले चिल्ला रही थी।*' उनके साथ बात करते हुए जब मेरे मुँह से कोई खाँटी देशज शब्द निकल जाता, कोई कहावत या कोई मुहावरा आ जाता, तो केदार जी तत्काल उसका अर्थ और सन्दर्भ पूछते फिर भोजपुरी में या किसी अन्य भाषा में उस तरह का कोई शब्द होता तो वह भी बताते।

'जेएनयू में हिन्दी' कविता के अलावा केदार जी की अन्य कविता में भी यहाँ अंगोछा और तौलिया शब्द आया है, जिसके बहाने वे एक तरह के भाषा-विमर्श में मुब्तिला दिखाई देते हैं, '*मैंने सुना/तौलिया गमछे से कह रहा था/तू हिन्दी में सूख रहा है/सूख/मैं अंग्रेजी में कुछ देर/झपकी ले लेता हूँ।*' केदार जी की इस तरह की अनेक कविताएँ हैं जिसमें भाषा को लेकर संवेदनशीलता और सजगता को लक्षित किया जा सकता है। जिस प्रकार उनके समकालीन रघुवीर सहाय के यहाँ भाषा को लेकर सजगता नजर आती है, 'भाषा ही एक मेरी मुश्किल नहीं' या 'हमारी हिन्दी 'दुहाजू' की नयी बीवी है' उसी तरह केदार जी के यहाँ भाषा को लेकर सजगता-सतर्कता के अतिरिक्त उस भाषा से प्रेम, उसकी मिठास और वैश्विक सन्दर्भ के आने पर भी स्थानीयता पूरी संवेदना और शक्ति के साथ प्रकट होती है, जब 'पुरबिहा का आत्मकथ्य' प्रकट होता है, '*इस समय यहाँ हूँ/पर ठीक समय/बगदाद में जिस दिल को/चीर गयी गोली/वहाँ भी हूँ/हर गिरा खून/अपने अंगोछे से पोंछता/मैं वही पुरबिहा हूँ/जहाँ भी हूँ।*' ज़माने भर के ग़म को अपने सीने से लगाये हुए कवि पुरबिहा

अवश्य है, लेकिन पूरब भर के दायरे में ही कैद नहीं है। उसके अंगोछे में जहाँ एक ओर बगदाद में गिरे खून को पोंछने की संवेदना है, तो दूसरी ओर जेएनयू के अंग्रेजियत के माहौल में अंगोछा शब्द सुनकर अनेक तरह की बातें सोचने वाला निश्छल पुरबिहा किसान-मन भी।

कहते हैं प्रत्यक्षः *किम् प्रमाणम्* और कुछ वर्ष पहले मैंने इस चीज़ को स्वयं महसूस किया। यह बात सन् 2006 की है। मेरे हमनाम पंकज चतुर्वेदी कानपुर से दिल्ली आये थे और दिल्ली में मेरे साथ ठहरे थे। उन्होंने कहा कि आज केदार जी से मिलने चलते हैं। उनकी शायद पहले से केदार जी से कुछ बात हुई थी और वे मुलाकात का समय और स्थान वगैरह तय कर चुके थे। केदार जी साकेत में अनुपम सिनेमा हॉल के पास रहते हैं, जो एन.सी.ई.आर.टी. कैम्पस से दूर नहीं है। एन.सी.ई.आर.टी. कैम्पस में एक गेस्ट हाउस में उदयपुर से आये जेएनयू के पुराने छात्र हिमांशु पण्ड्या और निरंजन सहाय ठहरे हुए थे। मैं और निरन्जन जी रसरंजन के इन्तजाम के लिए ऑटो से तत्काल मुनीरका गये। मेरे लिए आश्चर्य का विषय यह था कि अपने शिष्यों के साथ उनका व्यवहार मित्रवत् और बहुत वात्सल्यपूर्ण था। अपने छात्रों के साथ रसरंजन करने में उन्हें कोई झिझक नहीं थी। हमारे अग्रज बताते कि नामवर जी से जेएनयू परिसर में उनके घर पर मिलना बेहद कठिन था, जबकि केदार जी से उनके घर पर मिलने में उन लोगों को किसी तरह का संकोच नहीं होता। केदार जी का अन्दाज सभी के साथ हमेशा दोस्ताना होता, वह चाहे उनके सहकर्मी हों या कोई छात्र। बकौल फ़िराक़ गोरखपुरी, 'सुलूक जिससे भी किया आशिकाना किया।'

अभी पिछले महीने जब एक अकादमिक कार्यक्रम के सिलसिले में उन्हें मैंने अलीगढ़ बुलाना चाहा, तो इस उम्र में भी गुरुवर ने मेरे आग्रह को मान लिया। उनकी अलीगढ़ आने की सदिच्छा देखकर उनके प्रति मेरी श्रद्धा और बढ़ गयी और यह जानकर खुशी हुई कि आयुजनित समस्याओं के बावजूद मेरे आग्रह को वे टालना नहीं चाहते। एक बार बनारस में जब वे काव्य-पाठ कर रहे थे तो मैंने गुरुदेव से 'बाघ' कविता के एक अंश को पढ़ने का आग्रह किया था। और गुरुदेव ने उस समय भी मेरे आग्रह को स्वीकार किया था। बातचीत के दौरान वे शायद ही कभी उत्तेजित होते हैं और मुझे लगता है उनका बहुत ऊँचा स्वर तो शायद ही कभी किसी ने सुना हो। काव्य-परिदृश्य में कवि तो बहुत हैं, अध्यापक तो बहुत हैं, पर उनके जैसा इंसान बहुत-बहुत कम। उनका 'देश और घर' देखिए, *'हिन्दी मेरा देश है/भोजपुरी मेरा घर/...मैं दोनों को प्यार करता हूँ/और देखिए न मेरी मुश्किल/पिछले साठ बरसों से/दोनों में दोनों को/खोज रहा हूँ।'*

मैं कहाँ और ये बवाल कहाँ

—प्रमोद कुमार तिवारी

तब मैं नया-नया जेएनयू पहुँचा था। नामवर सिंह और केदारनाथ सिंह को लेकर तमाम कथाएँ वहाँ की हवाओं में तैरती रहती थीं। इन कथाओं में कितना हिस्सा वास्तविक था और कितना हमारे अँग्रेजों की कल्पना और खुराफात, यह बताना आज भी मुश्किल है। इन तमाम कथाओं में से एक, जिससे मेरा पहला परिचय हुआ वह गुरुदेव की भुलक्कड़ी से सम्बन्धित था। जेएनयू में ढेर सारे फोलियो पर हस्ताक्षर करवाने होते थे/हैं (जिसे लेकर बाद में एक अमेरिकी छात्र (जो नेता भी था) ने अपनी शिकायत भी दर्ज करायी थी।) ऐसे ही कई फोलियो लेकर एक छात्र केदारनाथ सिंह के पास पहुँचा। कथा के अनुसार उस समय केदार जी चेयरपर्सन थे। और कोर्स कोआर्डिनेटर की अनुपस्थिति में वह जिम्मेदारी भी निभा रहे थे। जिस समय छात्र उनके पास पहुँचा, वे किसी सोच में डूबे हुए थे। छात्र ने उनकी तन्द्रा भंग की और कोर्स कोआर्डिनेटर के स्थान पर उनसे हस्ताक्षर लिया। हस्ताक्षर लेने के बाद भी वह खड़ा रहा तो उन्होंने पूछा, क्या है? उसने कहा, निर्देशक का हस्ताक्षर भी चाहिए। जवाब मिला तो जाकर अपने निर्देशक से लो। उसने संकोच के साथ कहा, सर आप ही हैं। केदार जी ने हस्ताक्षर कर दिये परन्तु छात्र फिर भी नहीं हटा तो वे थोड़ा झल्ला कर पूछे, अब क्या है? जवाब मिला, "सर चेयरपर्सन का हस्ताक्षर? वह भी आप ही हैं।"

केदार जी ने उसी वर्ष अवकाश ग्रहण किया था और प्रोफेसर एमेरिटस बनाये गये थे। जब एक सादे विदाई समारोह में लकड़ी की बनी एक कलाकृति विद्यार्थियों की ओर से उन्हें भेंट की जा रही थी (जिसे गुरुवर ने अपने कमरे में लगा रखा है) तो पिछली कतार में मैं भी शामिल था। केदार जी और नामवर जी को लेकर और भी कई कथाएँ रोज किसी न किसी बहाने टकराती रहती थीं, केदार जी के छायावाद पढ़ाने को लेकर, निराला की व्याख्या को लेकर। या नामवर जी के इतिहास और मार्क्सवादी आलोचना की व्याख्या को

लेकर कि केदार जी ने ऐसा छायावाद पढ़ाया था कि एम.ए. अन्तिम वर्ष के विद्यार्थियों ने यूजीसी की परीक्षा में विशेष पत्र के रूप में छायावाद पर लिखा और लगभग सबका जे.आर.एफ. (यह वह समय था जब नेट होना भी दुर्लभ होता था) हो गया। साथ में अग्रज यह जोड़ना कभी न भूलते कि अब उस तरह से पढ़ानेवाला कोई न रहा। बल्कि यह भी जोड़ना नहीं भूलते कि स्वयं ये दोनों लोग भी आकर पढ़ाएँ तब भी वह बात नहीं आने वाली जो हम लोगों ने पा ली। तुर्रा ये कि जो अंगूर हमने खाये उनका प्रोडक्शन बन्द हो चुका है और अब किसी हालत में तुम लोगों को नहीं मिल सकते।

एम.फिल. में निर्देशक के रूप में किस विद्यार्थी को कौन अध्यापक मिलता है इसे लेकर खासी खींच-तान चलती रहती थी। ये चर्चा भी आम थी कि नामवर जी और केदार जी एकाध अपवादों को छोड़कर अब किसी को शोध छात्र के रूप में नहीं लेते, इसलिए उनसे मिलने का कोई फायदा नहीं। इच्छित विभागीय अध्यापकों से बात बनती न देखकर जब मैं केदार जी से अपना निर्देशक बनने का निवेदन करने के लिए मिला तो अंग्रेज़ी की ऐसी कई कथाएँ मेरे जेहन में तैर रही थीं। एक वरिष्ठ कवि का आभामण्डल भी था जिससे हम जैसे पुरबिया छात्र लगभग डरे रहते थे। मैं एम.फिल. का कोर्स वर्क पूरा कर चुका था और इस बीच उनसे दो-तीन सामान्य मुलाकातें हुई थीं। गुरुवर से मिलने से पहले मैं कई दिनों तक उनके ढेर सारे काल्पनिक सवालों के जवाब तैयार करता रहा। कई सारे विषय भी सोच कर रखे। जब मैंने एम.फिल. का निर्देशक बनने का उनसे निवेदन किया तो वे जिस सरलता से बिना कुछ खास पूछे इसके लिए राजी हो गये, उससे मैं चकित भी हुआ और थोड़ा डरा भी। कहीं ऐसा तो नहीं कि कल को भूल जाएँ और कह दें कि मैं नहीं बनता तुम्हारा गाइड। साथी मित्रों की टिप्पणियाँ "बड़ा लम्बा हाथ मार लिए गुरु" टाइप की रहीं। कुछ दिनों बाद विषय को लेकर सामान्य चर्चा हुई और उन्होंने कुछ किताबें पढ़कर मिलने की बात की। मैंने एक दिन फोन पर (तब तक मोबाइल युग शुरू नहीं हुआ था) बात करते हुए कहा, 'सर! मैं ये-ये पुस्तकें पढ़ लिया हूँ।' छूटते ही सुनने को मिला, 'ऐसी भाषा के साथ काम करना है तो मेरे साथ काम नहीं कर सकते, अपनी भाषा सुधारो और फोन कट।' पहले तो देर तक मेरी समझ में ही नहीं आया कि क्या गलती कर दी। फिर पता चला कि उनका संकेत "मैंने ये-ये पुस्तकें पढ़ ली हैं।" की ओर था।

उन दिनों मैं करीबी मित्रों को 'गुरुवर के बलिया' का संकेत करते हुए अक्सर एक शे'र सुनाया करता था–

"अपने बिहारीपन को छिपाएँ आसमानों में कहाँ,
उसी गली में भी न जब अपना ठिकाना हो सका।"

जल्दी ही मुझे पता चल गया कि भाषा का मामला बहुत महत्त्वपूर्ण है और इसके बगैर केदार जी के साथ काम करना ही नहीं, साहित्य का विद्यार्थी बनना भी सम्भव नहीं है। बाद के दिनों में जब कई बार केदार जी की टिप्पणियों को लिखने का अवसर मिला तो जाना कि वे भाषा पर कितनी मेहनत करते हैं और भाषा उनके लिए केवल माध्यम नहीं, लक्ष्य भी है। किसी भी मुद्दे को लिखित रूप देते हुए कण्टेण्ट और संरचना पर तो जो माथापच्ची होती, सो होती ही अक्सर शब्दों को लेकर कई बातें सुनने को मिलतीं। मसलन ये शब्द थोड़ा हल्का हो गया इसकी जगह कोई और शब्द सोचो...नहीं नहीं यह ज्यादा भारी हो गया। हाँ! ये शब्द ठीक है परन्तु थोड़ा नुकीला है। कई बार ऐसा भी हुआ कि सब कुछ पूरा कर घर आ गया, टाइप कर लिया, फिर अगले दिन फोन आया कि वो तीसरे पेज के दूसरे पैरा की शुरुआत में अमुक शब्द को हटा कर ये लिख दो।

खैर, जो भी हुआ हो परन्तु उन्होंने भाषा को लेकर फिर कभी नहीं डाँटा और बहुत जल्दी ही उनका प्रोफेसर रूप और बड़े कवि का आभामण्डल भी उड़न छू हो गया और मुझे लगा कि मेरे गाँव का कोई अत्याधुनिक पुरनिया मुझे मिल गया है, जिसके पास संस्मरणों का अथाह भण्डार है, जो इतना करीब है कि कई बार गुरु की छवि धुँधली पड़ जाती है और एक ऐसा दोस्त सामने होता है जिससे आप नितान्त व्यक्तिगत बातें भी निःसंकोच बाँटने लगते हैं। इतना मित्रवत् कि अनेक बार धृष्टताएँ भी हुईं। और हर बार बहुत सहज ढंग से वे भूलते चले गये।

अस्सी वर्ष का हो जाने के बावजूद गुरुवर में किसी शिशु जैसी प्रश्नाकुलता और वैसी ही मासूमियत मैंने कई बार देखी है। संगीत से उन्हें बहुत लगाव है, थोड़ी रुचि मेरी भी है। याद आता है कि साल 2004-05 के आस-पास पाकिस्तान से फरीदा ख़ानम दिल्ली आयी थीं, सिरी फोर्ट के सभागार में उनका कार्यक्रम था। किसी कार्यवश गुरुवर का फोन आया तब मैं उन्हें सुनने के लिए सभागार परिसर में पहुँच चुका था। मैंने बताया, वे थोड़ा दुखी हुए कि मुझे नहीं बताया। मैंने कहा, अभी कार्यक्रम शुरू नहीं हुआ है, आप पास में ही हैं, आ जाइए पर वह सम्भव न हो सका। अगले दिन जब मैं घर पहुँचा तो गुरुवर ने कार्यक्रम के बारे में पूछा, मैं उत्साहित होकर बताता गया, 'आज जाने की ज़िद न करो' सुनाया, 'मेरे हमनफस मेरे हमनवा' सुनाया। ये वाला गाया, ये भी सुनाया आदि-आदि। गुरुवर ने लगभग पूरी डूबती आवाज में किसी निराश बच्चे की तरह पूछा—'वे मुझसे हुए हमकलाम, अल्ला अल्ला' तो नहीं गाया होगा। कायदे से मुझे कहना चाहिए था कि नहीं गाया परन्तु

मैंने चहकते हुए लगभग सतानेवाले अन्दाज में कहा, 'क्या ग़ज़ब का गाया, बहुत तालियाँ बजीं।'

इसी तरह एक बार एन.सी.ई.आर.टी. के किसी कार्यक्रम में हम दोनों पटना गये थे। एअरपोर्ट के पास स्थित गेस्टहाउस के बड़े से कमरे में साथ ही ठहरे हुए थे। मैं लैपटॉप पर शायद नूरजहाँ की कोई पुरानी रिकार्डिंग सुना रहा था तभी गुरुवर ने कहा पुराने देवदास (भारत भूषण जिसमें हीरो थे) में क्या गजब के गाने थे। मैंने यूट्यूब की कृपा से लैपटॉप में उन गानों को लगाया पर आवाज इतनी धीमी थी कि सुनी न जा सके। मोबाइल का ईयर फोन लगाया। लैपटॉप में लगनेवाली पिन के कारण वह बहुत छोटा हो गया। हल ये निकला कि लैपटॉप को बिल्कुल चेहरे की ऊँचाई तक उठाया गया। इयरफोन का एक सिरा गुरुवर के दायें कान में और दूसरा सिरा मेरे बायें कान में। ऊपर से नेट धीमा होने के कारण बफरिंग का इन्तजार। इस सबके बावजूद जब–

"नुक़्ताचीं है ग़मे दिल उसको सुनाये न बने
क्या बने बात जहाँ, बात बनाये न बने
मैं बुलाता तो हूँ उसको मगर ऐ जज़्बा-ए-दिल
उसपे बन जाए कुछ ऐसी कि बिन आये न बने"

गीत का दृश्य चलना शुरू हुआ तो गुरुदेव की प्रसन्नता देखते बनती थी और इसी के साथ उनके इण्टर के दिनों की यादें, कई बार इस फिल्म में देखने की यादें और ग़ालिब की बातें। एक क्षण के लिए भी न लगा कि मैं किसी वरिष्ठ कवि के साथ हूँ।

ऐसी ही एक निश्छल घटना तमिलनाडु के मामल्लपुरम् (महाबलीपुरम्) में घटी जब समुद्र तट पर घूमते समय मैंने अपने किसी समवयस्क (जैसा कि अक्सर हम पेड़ों पर चढ़कर या झूल कर फोटो खिंचवाते थे) की तरह उनसे कहा कि सामान्य फोटो में मजा नहीं आ रहा, इस नारियल के पेड़ पर चढ़ते हुए आपका फोटो लेता हूँ और वे डाँटने के बजाय उस पेड़ पर चढ़ने की कोशिश करते हुए फोटो खिंचवा लिए। बाद में उस तस्वीर को देख किसी ने टिप्पणी भी की कि 'ये बच्चों वाली हरकत उनकी गरिमा के प्रतिकूल है।' ऐसी कई घटनाएँ हुईं जिनमें वे सरल हृदयी ग्रामीण नजर आते। मसलन, कई बार (खास तौर से जेएनयू में) कार, आटो छोड़कर बाइक पर ले चलने के लिए जिद करना और मना करने पर कुछ ऐसा बोल देना कि लाजवाब होकर उन्हें हेलमेट पहनाना पड़ता।

मुझे कई बार लगा कि गुरुजी ज्यादातर लोगों के साथ निहायत अनौपचारिक और आत्मीय सम्बन्ध बनाने की क्षमता रखते हैं। लगभग पूरे भारत में उनके

मुरीद हैं और ज्यादातर ने उनसे किसी न किसी समय ऐसी आत्मीयता पायी है जिसे वह कभी भुला नहीं पाया। शिमला से लेकर पटना, जयपुर, चेन्नई तक उनके साथ यात्रा के कई अवसर मिले और हर बार ऐसे लोग भी मिले जिन्होंने साधिकार गुरुवर से अपना मनचाहा करा लिया। कोई उन्हें होटल से उठा कर अपने घर ले गया तो किसी ने निर्धारित कार्यक्रम के इतर तत्काल एक नया कार्यक्रम बना दिया। अभी मैं गुजरात में हूँ और यहाँ ढेर सारे ऐसे लोग मिले जिन्होंने ये जानते ही कि मैंने केदार जी के साथ पीएच.डी. की है, उनसे सम्बन्धित आत्मीय संस्मरणों की झड़ी लगा दी। और भी ढेर सारी बातें जिनको ठेठ 'केदारीय अन्दाज' कहा जा सकता है। और जिसका अनुभव उनके साथ थोड़ा-सा भी समय गुजारे लगभग प्रत्येक व्यक्ति के पास मिल जाएगा। मसलन मेरी मौजूदगी में कभी कोई ऐसी बात कहनी होती जो शिष्य के सामने नहीं कहनी चाहिए तो हँसते हुए कहते, 'सुनो! तुम अपने कान बन्द कर लो, ये तुम्हारे सुनने की चीज नहीं है। गुरु की मर्यादा के खिलाफ है।'

ऐसा लगता कि किसी को ना कहते समय अक्सर उनके भीतर का संकोची ग्रामीण सामने आ जाता है। गुरुवर घनघोर यात्राएँ करते हैं और फ्लैप लिखने के लिए उनके पास ढेर सारी पुस्तकें आयी रहती हैं। निश्चित रूप से ढेर सारी अच्छी यात्राएँ भी होती हैं और कई पुस्तकें भी बेहतरीन होती हैं परन्तु ऐसी यात्राओं और पुस्तकों से कई गुना ज्यादा संख्या उनकी होती है जिन्हें साफ मना किया जा सकता था परन्तु गुरुवर ने ऐसा नहीं किया। हालाँकि हर फ्लैप लिखवाने के बाद वे कहा करते थे अब किसी को हाँ नहीं कहूँगा, परन्तु 'रोज़ तोबा को तोड़ता हूँ मैं, रोज़ नीयत खराब होती है।' वाली स्थिति हमेशा बनी रही। शुरू में एक-दो बार मैंने टोका भी परन्तु उनका जवाब था, 'मेरे या किसी के भी फ्लैप लिखने से क्या होता है, लोग अपने लेखन से ही पहचान पाते हैं परन्तु मैंने महसूस किया है कि मेरे लिखने से लेखक को थोड़ी खुशी और सन्तुष्टि मिल जाती है।'

गुरुवर के व्यक्तित्व और इनकी पूरी रचना प्रक्रिया को समझने का सूत्र स्मृति से जुड़ता है। ये कहने में मुझे कोई संकोच नहीं कि मेरे अग्रज जिस केदार जी को लगभग भुलक्कड़ गुरु कहा करते थे, उनके पास अद्‌भुत स्मृति है। ज्यादातर फोन नम्बर उनको याद रहते और वे कहते कि पहले सब याद थे और डायरी की जरूरत नहीं पड़ती थी। उनके व्यक्तित्व की बड़ी विशेषता है कि कोई बात सुनते हैं तो त्वरित प्रतिक्रिया नहीं देते। ऐसा लगता है कि सुनने के बाद वे उसे पूरा जज़्ब करने की कोशिश करते हैं, उस बात को महसूस करते हैं, उसकी अर्थछवियों, उसके पूरे स्वरूप को पहचानने की कोशिश करते

हैं। कई बार मैं कोई बात कहता और पाता कि प्रतिक्रिया की बजाय वे एक पॉज की मुद्रा में बस सामने देख रहे हैं। कुछ ऐसा मानो किसी बात के तेज प्रकाश के सामान्य होने का इन्तजार कर रहे हों, जब तक आँखें अभ्यस्त न हो जाएँ, वे थोड़ा सहज न हो जाएँ तब तक कोई प्रतिक्रिया नहीं। बल्कि कई बार ऐसा लगा मानो वाक्यों को वे दृश्यों के साथ नजरों के माध्यम से सोख लेते हों या दिमाग की किसी फिल्म में रिकार्ड कर लेते हों। इसका पता तब चलता जब वे कोई 40-50 साल पुरानी बात सुना रहे होते और उस समय का वाक्य उसकी पूरी दृश्यात्मकता के साथ प्रस्तुत कर देते। मसलन जब वे फ़ैज़ अहमद फ़ैज़ से मिले थे तो वे किस ओर मुँह कर कैसे बैठे थे और उन्होंने कौन-सा वाक्य कितना धीमा या तेज बोला था।

स्मृतियों का ऐसा दुर्लभ उपयोग केदार जी को केवल व्यक्ति के रूप में ही नहीं बल्कि रचनाकार के रूप में भी विशेष बनाता है। वे चाहे कविताएँ हों, 'कब्रिस्तान में पंचायत' का अपूर्व गद्य हो या फिर इनके व्याख्यान हों। स्मृति को खींच कर केदार जी बहुत दूर तक ले जाते हैं, लगभग विस्मृति की सीमा तक। गौर से देखें तो पाएँगे कि ये सब कुछ को उतना ही भूल बैठे हैं जितना सब कुछ को याद किये रहते हैं। एक संक्रान्ति का निर्माण। निश्चित रूप से स्मृति और विस्मृति में बहुत गहरा रिश्ता है और ये एक-दूसरे की पूरक हैं। परन्तु उन पर ऐसा नियन्त्रण कि किसे याद रखना है और किसे भूलना है, ये हम तय करें और वैसा हो भी जाए यह दुर्लभ है। हम सब जानते हैं कि भूलने के कई रिकार्ड केदार जी के पास हैं। हजारों रुपये के चेक इसलिए खराब हो गये कि जेब या बिस्तर के नीचे पड़े-पड़े उनकी तिथि निकल गयी। दो बार तो मेरे सामने ही ऐसा हुआ कि सारी तैयारी कर स्टेशन पहुँच गये, ट्रेन में बैठ भी गये फिर पता चला कि टिकट तो घर पर छूट गया। एक बार तो स्टेशन मास्टर से मिलकर मैं जल्दी से टिकट बनवा लाया था परन्तु कई बार जाना ही रद्द करना पड़ा। बावजूद इसके मैं जोर देकर कहना चाहता हूँ कि ये बहुत ही हसीन विस्मृतियाँ हैं जिन पर कुर्बान होने को जी चाहता है। बल्कि कहूँ कि पूरा हिन्दी जगत् ऐसी विस्मृतियों का ऋणी है, तो गलत न होगा। ये वही विस्मृतियाँ हैं जिनके बल पर केदार जी वे तमाम बातें, चित्र और सन्दर्भ याद रख पाते हैं जिनकी हम कल्पना भी नहीं कर पाते। इन्हीं के बल पर वे चीजों को उनके परिचित अर्थ और सन्दर्भ से मुक्त कर देते हैं और छोटी-सी बात की स्मृति को ऐसे सन्दर्भों के बीच लाकर रख देते हैं कि वह बिल्कुल भिन्न अर्थ छाया से भर जाता है और ढेर सारे नये अर्थों से जगमगा उठता है। कई बार की जानी-पहचानी बात में एक नयी आभा आ जाती है।

रोज का देखा हुआ पिंजरा और घोंसला सिर्फ एक पंक्ति से कि 'बाजार में घोंसले नहीं सिर्फ पिंजरे मिलते हैं।' बड़ी ही खामोशी के साथ वह कह जाता है जिसे पूँजीवाद के विरोध में लिखा गया लम्बा लेख, पूरी आक्रामकता के बावजूद नहीं कह पाता।

मैंने पाया कि बाहर से भरपूर बिखराव और बावजूद भीतर से निहायत सहज और सचेत हैं केदार जी। घर में उनकी ही लिखी हुई किताब ढूँढ़नी मुश्किल, कई बार हुआ कि कहीं काव्यपाठ करने जाना है और संग्रह मिलने का नाम ही नहीं ले रहा। गुरुवर का फोन आता, 'सुनो, वो 'टालस्टाय और साइकिल' संग्रह तुम्हारे पास है न। जरा पहुँचा दो।' या बैंक की ढेर सारी पुरानी चेकबुक मिल जातीं पर 'नयी' नहीं मिलती। ये सारे बाह्य बिखराव अपनी जगह परन्तु क्या मजाल कि किसी शे'र की एक क्रिया भी इधर-उधर हो जाए। अक्सर ऐसे मौकों पर एक शे'र उनकी ज़बान पर आ जाता–'मैं कहाँ और ये बवाल कहाँ।'

केदारनाथ सिंह के साथ नवाबों के शहर में

—उमेश चौहान

लगभग चौबीस घण्टे के लखनऊ प्रवास के बाद वापसी के लिए घर से बाहर निकलते ही हमेशा की तरह हमें विदा करने के लिए सोनू गेट की बगल में आ खड़ा हुआ था। लगभग तीन-चार साल का प्यारा-सा बच्चा। उसे देखते ही प्यार उमड़ता था। हर बार की तरह उसे सामने पाते ही मेरा हाथ अपने आप जेब में चला गया और मैंने सौ रुपये का नोट निकालकर उसके हाथ में थमाना चाहा कि अचानक केदारनाथ सिंह जी ने मेरा हाथ पकड़ लिया और बोले—"नहीं यह मेरी तरफ से होगा।" उन्होंने अपने कुर्ते की जेब से सौ का नोट निकालकर बड़े वात्सल्य के साथ सोनू को पकड़ाया। सोनू मन्द-मन्द मुस्कराता हुआ उन्हें देख रहा था। केदार जी की आँखों में आनन्द तैर रहा था उस समय। हम सब केदार जी के इस वात्सल्य-भाव से अभिभूत थे। यह हमारे लिए उनके विशाल कवि-हृदय में छिपे हुए एक ओर विकार-केन्द्र के यकायक उद्‌घाटित होने जैसा था। मुझे ध्यान आया कि जब आज सुबह-सुबह सोनू घर के भीतर डाइनिंग टेबिल की कुर्सी पर बैठा बीकानेरी भुजिया खा रहा था, तब भी केदार जी उसे बड़ी प्यार भरी नज़रों से देख रहे थे। मैंने उस समय सोनू की दो प्यारी-सी तस्वीरें भी अपने कैमरे में कैद कर ली थीं और सोचा था कि उन्हें प्रिण्ट कराकर केदार जी को भेंट करूँगा। सोनू मेरे घर की छत पर बने कमरे में रहने वाले बिजली विभाग के जूनियर इंजीनियर सत्यनारायण थारू का बेटा था। पिछले करीब एक दशक से मेरे लखनऊ के मकान की देख-रेख सत्यनारायण के ही जिम्मे है। केदार जी की लखनऊ से विदाई की इस वेला में सत्यनारायण का पूरा परिवार आनन्द-विभोर होकर मेरे साथ गेट के पास आ जुटा था।

हिन्दी के वयोवृद्ध कवि केदारनाथ सिंह के साथ लखनऊ की यात्रा करने के आनन्द की अनुभूति तो दिल्ली से चलने के पहले से ही होने लगी थी। जैसे ही केदार जी ने लखनऊ में मेरे नये कविता-संग्रह 'जनतन्त्र का अभिमन्यु'

का लोकार्पण करने को हामी भरी और उसकी तारीख़ पक्की की, कविमित्र मिथिलेश श्रीवास्तव भी स्वतःस्फूर्त उत्साह के साथ उसमें सम्मिलित होने के लिए चलने को तैयार हो गये। अगले ही दिन शिल्पायन प्रकाशन के ललित शर्मा ने भी पुष्टि कर दी कि वे भी लोकार्पण के अवसर पर लखनऊ पहुँचेंगे। राजकमल प्रकाशन में कार्यरत मित्र सुशील सिद्धार्थ पहले से ही लखनऊ पहुँचे हुए थे। मेरे लिए इतना सब काफी था। कथाकार डॉ. अनुज ने स्नेहवश बिना मेरे कुछ कहे ही लखनऊ जाने की घोषणा कर दी। मैं कहता ही रह गया कि उन्हें इस यात्रा में कष्ट होगा। रेल टिकट भी पता नहीं कन्फर्म होगा या नहीं। पर उन्होंने खुद ही टिकट कराकर अपना जाना सुनिश्चित कर लिया। मैंने भी सोचा कि चलो ये सब मित्र वहाँ पहुँचेंगे तो केदार जी को बोरियत नहीं होगी, क्योंकि यदि मैं कार्यक्रम की तैयारियों के चक्कर में कुछ व्यस्त भी हो गया तो ये लोग वहाँ के प्रवास में उनका साथ देंगे। तब तक मुझे यह अन्दाजा नहीं था कि केदार जी लखनऊ जा रहे हैं तो उनसे मिलने वाराणसी, गोरखपुर, देवरिया, बाराबंकी, कानपुर आदि अनेक जगहों से उन्हें चाहने वाले आएँगे ही और वहाँ उनके बोर होने का कोई सवाल ही नहीं था। बल्कि सभी मुलाकातियों के लिए समय का समायोजन करने के लिए ही बाद में वापसी की यात्रा का कार्यक्रम अगले दिन सुबह के बजाय दोपहर के बाद रखना पड़ा।

यह तो दिल्ली से चलने के पहले ही तय हो गया था कि केदार जी लखनऊ में मेरे खाली पड़े घर में रुकेंगे। जब उन्होंने मुझे यह बताया कि उनसे मिलने दो लोग बाहर से आएँगे, जिन्हें उनके साथ ही रुकना होगा तो मैंने कहा कि वे भी मेरे घर पर ही रुक जाएँगे, क्योंकि पूरा घर ही खाली है। रुकने के लिए मेरा घर सबसे उपयुक्त स्थान था, क्योंकि लोकार्पण का कार्यक्रम गोमती नगर स्थित उत्तर प्रदेश संगीत नाटक अकादमी के सभागार में था और किसी गेस्ट हाउस की तुलना में मेरा घर वहाँ से पास में ही था। बाद में केदार जी से बातचीत में पता चला कि घर पर रुकने वाले मेहमानों में देवरिया के सुप्रसिद्ध गीतकार गिरिधर करुण जी तथा गोरखपुर निवासी केदार जी के पुराने मित्र स्वर्गीय श्री हरिहर सिंह के बेटे अजीत सिंह होंगे। चूँकि घर बन्द पड़ा रहता है इसलिए एकबारगी तो यह संकोच हुआ कि पता नहीं उसकी हालत इन मेहमानों को टिकाने लायक होगी या नहीं। लेकिन फिर सोचा कि देखा जाएगा, घर पर जैसे चाहेंगे वैसे उठने-बैठने की सुविधा तो होगी। वहाँ पहुँचकर बिस्तर वगैरह ठीक-ठाक करके उन्हें किसी तरह वहीं सुलाने की व्यवस्था कर ली जाएगी। चिन्ता बस एक ही बात की थी कि जाड़े के दिन होने की वजह से जरूरत भर की कम्बल या रजाइयाँ वहाँ न मिलीं तो

क्या होगा! घर लम्बे समय तक बन्द पड़े रहने के कारण यह ध्यान ही नहीं रहता था कि वहाँ कौन-सा सामान है, कौन सा नहीं और कौन सा सामान कहाँ रखा है। ललित शर्मा व डॉ. अनुज रात की ट्रेन से दिल्ली से चलकर सुबह ही लखनऊ पहुँच गये थे। मिथिलेश श्रीवास्तव को दोपहर को पहुँचना था। उनके लिए गेस्ट हाउस में कमरे आरक्षित थे इसलिए चिन्ता नहीं थी। दोपहर होते-होते हम भी वहाँ पहुँच गये क्योंकि कार्यक्रम अपराह्न तीन बजे से था।

घर पहुँचकर मुझे लगा कि केदार जी अपने अतिथियों के रुकने की व्यवस्था को लेकर थोड़ा चिन्तित थे। उनकी चिन्ता देखकर मुझे अच्छा भी लगा, क्योंकि अपने से ज्यादा मित्रों या मेहमानों की चिन्ता होना व्यक्ति के एक दुर्लभ सद्गुण को दर्शाता है, जो उनमें परिलक्षित हो रहा था। मैंने केदार जी को सीधे ड्राइंग रूम में बिठाकर उन्हें चाय पिलवाने की व्यवस्था की। साथ ही साथ मैंने घर के दोनों कमरे साफ करवाये, बिस्तर ठीक-ठाक किये तथा अलमारियाँ खोल-खालकर खोजबीन की तो जरूरत भर के कम्बल व रजाइयाँ भी वहाँ मिल गये। सब कुछ व्यवस्थित हो जाने तक केदार जी चाय-पान कर चुके थे। इसी बीच मेरी पुस्तक के प्रकाशक भारतीय ज्ञानपीठ के साथ मिलकर लखनऊ में लोकार्पण-कार्यक्रम का आयोजन कर रही संस्था 'माध्यम' के मुख्य संयोजक व मेरे मित्र अनूप श्रीवास्तव जी आकर केदार जी से मिल चुके थे। कुछ समय के अन्तराल के कार्यक्रम की आयोजन-समिति के अध्यक्ष एवं मेरे बड़े भाई शैलेन्द्र चौहान भी, जो स्वयं देश के एक जाने-माने नवगीतकार हैं, केदार जी से मिलने आये। यह शैलेन्द्र भैया की आयोजन-क्षमता एवं लखनऊ के साहित्यिक जगत् में उनकी पैठ का ही परिणाम था कि मुझे कार्यक्रम के आयोजन के सम्बन्ध में कभी कुछ सोचने की जरूरत ही नहीं पड़ी थी और यह सुनिश्चित था कि वहाँ का वह बृहत् सभागार आसपास के जिलों के मेरे साहित्यिक व पारिवारिक मित्रों तथा लखनऊ के शहरी व मेरे गाँव के आसपास के ग्रामीण क्षेत्र के साहित्य-प्रेमियों से भरा होगा। अब केदार जी को प्रतीक्षा थी अपने मेहमानों के पहुँचने की। उन्हें इस बात की भी चिन्ता थी कि लखनऊ पहुँचकर भी अब तक ललित शर्मा वहाँ क्यों नहीं पहुँचे। मैंने फोन किया तो पता चला कि ललित तो सुबह-सुबह ही नहा-धोकर शहर में अपना प्रकाशक-धर्म निभाने निकल गये थे। उस समय वे दूर कहीं चारबाग की तरफ थे। खैर, मेरा फोन मिलते ही वे घर की तरफ पलटे। तभी गिरिधर करुण जी व अजीत सिंह भी वहाँ आ पहुँचे।

गिरिधर जी के वहाँ पहुँचते ही घर का माहौल ही बदल गया। अकाल का सारस ('अकाल में सारस' केदार जी की मशहूर कविता है) जैसे एकाएक

सावन की रिम-झिम में मयूर की तरह मस्त हो गया हो! पुराने मित्र के साथ केदार जी की भोजपुरी में जो चुहलबाजियाँ उस समय शुरू हुईं, वे अगले दिन गिरिधर जी के वहाँ से प्रस्थान करने तक वैसे ही जारी रहीं। धीरे-धीरे जमावड़ा बढ़ रहा था। ललित तथा अनुज भी आ गये थे। साहित्यकार अनिल त्रिपाठी तथा कवि मित्र सर्वेन्द्र विक्रम सिंह भी वहाँ आ जुटे। घर पर कोई रहता नहीं था, सो खाना बाहर से ही आया। बातचीत करते-करते ही हम सबने खाना खाया। मदद के लिए मित्र अरुण भदौरिया तथा घरेलू सहायक श्याम सिंह व सत्यनारायण मौजूद ही थे। हम लोग भोज आदि से निबटे ही थे कि दिल्ली से कविमित्र मिथिलेश श्रीवास्तव भी आ पहुँचे। रोटियाँ भले ही ठण्डी पड़ चुकी थीं लेकिन मिथिलेश जी ने उनका स्वागत किया। चूँकि कार्यक्रम का दूल्हा वे लोग मुझे ही मान रहे थे, सो ढाई बजे के करीब मुझे कार्यक्रम-स्थल की ओर रवाना कर दिया गया। केदार जी को साथ लाने के लिए शेष लोग वहाँ थे ही। कार्यक्रम की अध्यक्षता करने के लिए सुप्रसिद्ध व्यंग्य-लेखक व उत्तर प्रदेश भाषा संस्थान के पूर्व अध्यक्ष श्री गोपाल चतुर्वेदी तथा उसमें भाषण देने के लिए आमन्त्रित वरिष्ठ कवि श्री नरेश सक्सेना, कथाकार एवं 'तद्भव' पत्रिका के सम्पादक श्री अखिलेश एवं उत्तर प्रदेश हिन्दी संस्थान के निदेशक एवं लेखक श्री सुधाकर अदीब भी वहाँ समय से ही पहुँच गये। श्रोताओं के बीच ग्रामीण तथा शहरी क्षेत्रों में पधारे तमाम साहित्य-प्रेमी इष्टमित्रों के साथ-साथ उत्तर प्रदेश शासन के प्रमुख सचिव डॉ. हरशरण दास व विशेष सचिव श्री विशाल चौहान जैसे भारतीय प्रशासनिक सेवा के मित्रों को भी पाकर मन प्रसन्न हो गया। इसी बीच केदार जी भी पूरी मित्र-मण्डली के साथ आ पहुँचे।

कार्यक्रम के आयोजक कई बार अतिथियों को साँसत में डाल देते हैं। परम्पराओं के निर्वाह के चक्कर में कुछ ऐसा ही यहाँ भी हुआ। पहले दीप-प्रज्वलन, फिर देवी सरस्वती की प्रतिमा का माल्यार्पण। रही-सही कसर अतिथियों के सम्मान में उनके माथे पर लाल टीका लगाकर पूरी कर दी गयी। अब वामपन्थी विचारधारा वाले अतिथियों को इस सबमें कोई रुचि तो थी नहीं। लेकिन मरता क्या न करता। भरी महफिल में कोई असहज स्थिति भी तो पैदा नहीं की जा सकती थी। संकोच से भरे केदार जी, नरेश जी व अखिलेश आदि ने वे सभी औपचारिकताएँ निभायीं जो आयोजकों ने उनसे चाहीं। केदार जी का सम्मान करने के बाद शीघ्र ही कविता-संग्रह का लोकार्पण भी सम्पन्न हो गया। सभी के वापस सीटों पर बैठते ही मुझे लगा कि केदार जी माथे के टीके को लेकर कुछ असहज हो रहे थे। मैं उठकर उनके पास गया तो वे बोले कि यह एलर्जी पैदा कर देता है। मैंने अपने रूमाल से उसे साफ कर

दिया। अब टीका नहीं दिख रहा था और वे सहज हो चुके थे। मैंने सोचा कि उनकी त्वचा में तो टीके का द्रव्य प्रविष्ट हो ही चुका होगा। अब एलर्जी होगी तो देखा जाएगा। खैर, उन्हें एलर्जी जैसा कुछ नहीं हुआ तो राहत मिली। मैं मन ही मन समझ रहा था कि वे किस एलर्जी की तरफ इशारा कर रहे थे।

केदार जी ने समारोह में बतौर मुख्य अतिथि बोलते हुए एक अनूठे काव्य-विमर्श को जन्म दिया—"किसी शब्द की कोई नयी परिभाषा एक तरह के अन्तर्विरोध से ही पैदा होती है। सही परिभाषा वही होती है जो किसी तरह से चीज को आपके सामने प्रकट कर सके, परिभाषित कर सके, आप तक पहुँचा सके या पूरी तरह समेट सके अपने आप में। जो वास्तविकता न प्रकट करे वह परिभाषा नहीं होती। वह या तो एक अतिशयोक्ति होगी या मात्र एक कथन भर रह जाएगी। छायावाद शब्द के प्रणेता रायगढ़ निवासी श्री मुकुटधर पाण्डेय द्वारा लिखी गयी कविता की एक परिभाषा मैंने पचास-साठ साल पहले एक पत्रिका में पढ़ी थी, 'कविता आसन्न जीवन की पुकार का जवाब है।' यह पुरानी परिभाषा है। आज भी मुझे याद रहती है। कविता के माध्यम से मैं आज भी आसन्न जीवन की पुकार का जवाब ही तो दे रहा हूँ।"

सभी जानते हैं कि केदारनाथ सिंह छन्द के प्रेमी हैं। वे आधुनिक हिन्दी कविता के एक प्रमुख हस्ताक्षर हैं, किन्तु उन्होंने तमाम नवगीत भी लिखे हैं। गीत और गीतकार उन्हें आज भी प्रिय हैं। वे अन्य बड़े कवियों तथा आलोचकों की तरह छन्दमय कविता को तथा गीतकारों को खारिज नहीं करते। गिरिधर करुण जी से उनकी दोस्ती का मर्म भी यही है। वे गिरिधर जी के देवरिया से पहुँचने के पहले ही मुझसे कई बार उनके गीतों की प्रशंसा कर चुके थे। हिन्दी के जाने-माने गीतकार तथा लखनऊ के हमारे पारिवारिक मित्र डॉ. सुरेश केदार जी से मिलने मेरे घर आये तो वे उनसे बड़े प्रेम से मिले तथा उनके तीन गीत सुने बिना उन्हें छोड़ा नहीं। डॉ. सुरेश ने उन्हें अपने सर्वाधिक लोकप्रिय गीत 'सैकड़ों सुइयाँ चुभाता है समय', 'सोने के दिन, चाँदी के दिन' तथा 'इस नगर हैं, उस नगर हैं' सुनाये। लखनऊ प्रवास के दौरान ही नहीं, दिल्ली लौटने के बाद भी केदार जी मुझसे डॉ. सुरेश के गीतों का जिक्र करना नहीं भूले। तो जब ऐसे छन्द-प्रेमी केदार जी को वहाँ लोकार्पण-समारोह में बोलना था तब वे छन्दोबद्ध कविता न बोलते, यह असम्भव था। वे गम्भीरता से बोले—"छन्द का विद्यार्थी मैं भी रहा हूँ और अभी भी छन्द का मोह या आकर्षण या उसकी ताकत मुझे आकृष्ट करती है। छन्द में बड़ी से बड़ी बातें कही गयी हैं। जिसमें तुलसीदास या वाल्मीकि लिख सकते हैं और बड़ी-से-बड़ी बात कह सकते हैं, उस छन्द को एकदम नकार देना वैसे ही है, जैसे कि आदमी एक पैर पर

चलने की कोशिश करे। मेरा मानना है कि कविता को छन्द और बेछन्द दोनों का इस्तेमाल करना चाहिए। जब उमेश आल्हा पढ़ रहे थे तो उसमें जो ताकत दिखाई पड़ रही थी, वह जिस तरह से सम्प्रेषित हो रहा था वह अद्‌भुत था। यह सोचना पड़ता कि आल्हा और हिन्दी का क्या सम्बन्ध है। बहुत कम ही ध्यान जाता है ऐसी बातों पर हमारा। हमारी खड़ी बोली का जो सबसे-प्रसिद्ध काव्य है—'कामायनी', उसका पहला छन्द, 'हिमगिरि के उत्तुंग शिखर पर बैठ शिला की शीतल छाँह' आल्हा छन्द ही है। यह आल्हा छन्द कितना लोकप्रिय है और कितनी ज्यादा गहराई तक पैठा हुआ है, इस पर हम ज्यादा गौर भी नहीं करते। 'झाँसी की रानी' को छोड़ दीजिए, वह तो है ही, कभी निराला की प्रसिद्ध कविता 'यमुना' की तरफ ध्यान दीजिए वह पूरी कविता आल्हा छन्द में है। इसमें वे यमुना के तट का वर्णन करते हैं। आल्हा छन्द में हिन्दी में अनेक कवियों ने लगातार कविताएँ लिखी हैं। हिन्दी का यह अपना मौलिक छन्द बहुत ही प्यारा छन्द है। इस छन्द को पुनर्जीवित किया है उमेश चौहान ने। यह उनका अवदान है, जिसको हिन्दी याद रखेगी।"

केदारनाथ सिंह मूलतः भोजपुरी क्षेत्र के बलिया जिले से आते हैं और वे भोजपुरी बोली के अनन्य प्रेमी हैं। मैंने देख ही रखा था कि जब गिरिधर जी लखनऊ पहुँचे थे, वे उनसे लगातार भोजपुरी में गपियाये जा रहे थे। पुरानी बातें, देवरिया-गोरखपुर की बातें, भोजपुरी लोकगीतों की बातें आदि-आदि। अपने भाषण में मेरी अवधी कविताओं पर टिप्पणी भी उन्होंने भोजपुरी से जोड़कर ही की—"भोजपुरी के एक बड़े लोक-कलाकार हुए हैं, भिखारी ठाकुर। एक बार नयी कविता पर एक गोष्ठी हो रही थी बिहार में कहीं पर। संयोग से मैं भी उसमें था। बहुत से नामी-गरामी लोग बैठे हुए थे वहाँ। राजकमल चौधरी सहित सारे लोग थे। सामने श्रोताओं में एक वृद्धजन बैठे हुए थे। वे भिखारी ठाकुर थे। उस समय तक नाच-गाना छोड़ चुके थे वे। जीवन से लगभग विरक्त। पता नहीं कहाँ से उनको पता चला कि कुछ हो रहा है, सुनने आ गये थे। उनको पकड़कर मंच पर लाया गया। मैं कार्यक्रम की अध्यक्षता कर रहा था सो राजकमल से मैंने कहा कि भाई, माइक इनको दे दो! अब नयी कविता नहीं चलेगी। जब भिखारी ठाकुर को माइक दे दिया गया तो उसके बाद सारी नयी कविताएँ धरी-की-धरी रह गयीं। वे भोजपुरी में संवाद कर रहे थे, "देखिए, मैं तो ठहरा जाति का नाई, दाढ़ी-मूँछ बनाने वाला। लेकिन जब मैंने नाचना-गाना शुरू किया तो मेरे साथ एक घटना हुई और मैंने एक कविता लिखी।" उन्होंने उस कविता की एक प्यार भरी छोटी-सी लाइन सुनायी। उस लाइन में शब्द आते थे 'छुरा छूटल'। उनका मतलब था कि उन्होंने नाचना-गाना

शुरू किया और उनका छुरा छूट गया। कितनी संवेदना भरी थी उनकी छुरा छूट जाने का वर्णन करने वाली उन पंक्तियों में। कला और छुरा दोनों साथ में नहीं रह सकते। वे इस पर देर रात तक बोलते रहे थे भोजपुरी में और लोग मन्त्रमुग्ध से सुनते रहे थे। भिखारी ने उस दिन बिहार की गोष्ठी में जो प्रभाव डाला था, लगभग उसी तरह का प्रभाव था जब उमेश चौहान ने दिल्ली से आल्हा पढ़ा था। मुझे लगता है कि हमारा समय, खासतौर से आज का समय, भाषाओं के जागरण का समय है। वह बोलियाँ जो सोयी हुई थीं, दबी हुई थीं, उनमें जागृति आयी हुई है।" श्रोताओं के बीच बैठे रहे ललित शर्मा ने मुझे बाद में बताया कि जब केदार जी ऐसा बोल रहे थे तो पीछे से कुछ श्रोताओं ने टिप्पणी की थी, "पता नहीं ऐसे समारोहों में लोग क्या-क्या बोलने लगते हैं, यह हुई न कोई पते की बात।" तो इन पते की बातों को अगले दिन अखबारों की सुर्खियाँ बनना ही था। उन्होंने छापा–'वर्तमान समय लोक भाषाओं के जागरण का है : केदारनाथ' (राष्ट्रीय सहारा), 'छन्द बिना कवि और कविता एक पैर का घोड़ा' (अमर उजाला), आदि-आदि।

अपनी मातृ-बोली में रचना करने का जो आनन्द होता है, जो आत्म-तुष्टि होती है, उसका जिक्र भी केदार जी ने अपने भाषण में एक पुराना वाकया सुनाकर किया–"काफी पहले जब फ़ैज़ अहमद फ़ैज़ अन्तिम बार दिल्ली आये थे तो उनको मैं जवाहरलाल नेहरू विश्वविद्यालय में ले गया था। रास्ते में बातचीत के सिलसिले में उन्होंने कहा, "मेरी ग़ज़लों व नज़्मों के बारे में चारों तरफ बातें हो रही हैं, लेकिन देखो, इस शब्द को जो छिपा है मन में! एक कसक है मेरे दिल में, और यह कसक यह है कि मैंने उर्दू में तो इतना लिखा है, लोग तारीफ भी करते हैं, लेकिन मेरी जो ठेठ पश्चिमी पंजाबी है, वह पंजाबी जो मेरी माँ बोलती है, अब मैं उसमें कुछ लिखना चाहता हूँ।" 'वह बोली जो मेरी माँ बोलती थी' कहने में बड़ी कसक थी। यह प्रत्यावर्तन की, लौटकर अपनी भाषा के मूल में जाने की, जड़ों में जाने की जो कसक होती है, वह बड़ी अजीब होती है। मैंने कई जगह कलाकारों को कुछ विदेशी लेखकों के बारे में ऐसा ही कहते हुए सुना है। अफ्रीका के कई ऐसे बड़े लेखक हैं, जो अंग्रेज़ी में लिखने के साथ-साथ, अपनी बोली, जिसकी अभी तक ठीक से लिपि भी नहीं बनी है, में भी लिखते हैं। नागार्जुन और राजकमल दोनों इसी प्रकार के द्विभाषी कवि थे और खड़ी बोली तथा अपनी मातृ बोली दोनों में लगातार लिखते थे। हालाँकि हिन्दी में पिछले बीस-पच्चीस वर्षों में पहली बार इस प्रवृत्ति को सक्षम मन से साधा है उमेश चौहान ने और उनके इस पक्ष पर लोगों द्वारा ध्यान दिया जाना चाहिए।"

केदार जी ने लखनऊ पहुँचने के पहले ही मुझसे कहा था कि इस संग्रह में एक बहुत ही अलग तरह की कविता है—'मच्छरों के बीच', उस पर वे जरूर बोलेंगे। मैं सोचता ही रह गया कि उस पर वे क्या बोलेंगे, क्योंकि उसे तो एक हल्की-फुल्की कविता मानकर पहले तो मैं इस संग्रह में ही नहीं रखना चाहता था। लेकिन जब एक दिन पटना की एक पत्रिका में भेजने के लिए दूरदर्शन के डॉ. अमरनाथ 'अमर' ने मेरी कुछ कविताओं को उलट-पलट कर इस कविता को छाँटा तो मुझे लगा कि हो सकता है दूसरों की नजर में इस कविता में कोई विशेष बात हो और मैंने उसे संग्रह में रख लिया था। खैर, उस कविता पर बोलते-बोलते केदार जी ने अपने भाषण में कुछ बड़े ही रोचक प्रसंग जोड़े—"उमेश की एक कविता है, 'मच्छरों के बीच।' क्या मच्छर पर भी कोई कविता हो सकती है? मच्छर भी कोई विषय हो सकता है? मुझे यह विषय अपने आप में बहुत दिलचस्प लगा। इसे पढ़कर मुझे एक वाकया याद आ गया। शरतचन्द्र चट्टोपाध्याय बंगाली भाषा के महान् कथाकार थे। एक दिन उनके पास एक डाकिया आया। उसने कहा, "इस पते पर एक चिट्ठी आयी है श्री मच्छर के नाम से। पता नहीं किसकी है!" शरतचन्द्र जी ने चिट्ठी देखी तो बोले, "अरे, यह तो मेरी चिट्ठी है।" डाकिया बोला, "आप शरतचन्द्र चट्टोपाध्याय हैं, आप मच्छर कैसे हो सकते हैं?" वे कहने लगे, "देखो भैया, मज़ाक़ किया है। उपाधि सहित मेरा पहला नाम लिखते हैं, 'श्रीमत् शरद।' इसे एक में मिला देने पर बन गया श्रीमच्छरद'।" यह तो मज़ाक़ की बात थी। मच्छर पर मेरी भी दो कविताएँ हैं। जब मैं उमेश की 'मच्छरों के बीच' कविता पढ़ रहा था, तो मुझे एक और प्रसंग याद आया। मच्छरों पर एक कविता दुनिया के मशहूर नाटककार और महाकवि ब्रेख्त ने भी लिखी है। यहाँ मच्छर एक समस्या थे। हुआ यह कि एक बार स्टेम्पोल के मजदूरों ने लेनिन डे मनाने का फैसला किया। आयोजन के लिए एक बैठक हुई, जिसमें विचार-विमर्श किया गया कि लेनिन की जयन्ती पारम्परिक रूप से न मनाकर कुछ नये तरीके से मनायी जाय, कुछ विशिष्ट किया जाय। कई सारे प्रस्ताव आये—लेनिन की एक बहुत अच्छी प्रतिमा लगायी जाय, फलाँ धातु की हो, ऐसी हो, वैसी हो, अच्छी-अच्छी कविताएँ लिखी जाएँ, आदि-आदि। तभी एक मजदूर ने उठकर प्रस्ताव रखा कि लेनिन मजदूरों, दुःखी व दलित लोगों के जननायक थे, अतः अच्छा यही होगा कि उस दिन लोगों के भले का कुछ काम किया जाय। इलाके में मच्छर बहुत हो गये हैं, इसलिए मच्छरों को मारने की दवा का छिड़काव किया जाय ताकि मजदूरों को उनसे मुक्ति मिले और उन्हें मलेरिया न हो। अन्त में लेनिन की प्रतिमा वगैरह लगाने के विचारों को छोड़कर मच्छरों को

मारने की दवा मँगायी गयी और पूरे इलाके में उसका छिड़काव किया गया। यह ब्रेख्त की एक विशिष्ट कविता थी। उसमें तो मच्छरों को मारने की बात थी। लेकिन उमेश क्या करते हैं? वह ब्रेख्त का समय था। आज पर्यावरण के साथ दोस्ती का समय है।"

कार्यक्रम के बाद हम घर लौटे, फिर थोड़ी ही देर में गोपाल चतुर्वेदी जी के घर की ओर प्रस्थान कर गये। वहाँ थोड़ी देर पुरानी यादों को ताजा करने के उपरान्त हम बाहर निकले और फिर डिनर करके ही घर वापस लौटे। उस दिन शहर में कहीं जाकर कुछ देखने का समय ही नहीं बचा था। रात को लौटकर जब केदार जी और गिरिधर जी अपनी गप-शप में मस्त हो गये तो मैंने चुपचाप ड्राइंग रूप में एक फोल्डिंग खाट लगायी और उस पर अपना बिस्तर जमा लिया। केदार जी ने शाम को ही मुझसे दो-तीन बार पूछा था कि मैं कहाँ सोऊँगा, क्योंकि उन्हें पता था कि मैंने दोनों ही बेडरूम मेहमानों के सोने के लिए निर्धारित कर रखे थे। उस समय मैंने यह कहकर टाल दिया था कि मैं ऊपर के किसी कमरे में जाकर सोऊँगा। मैंने उन्हें बता रखा था कि मेरे घर के प्रथम तल पर भी दो कमरे हैं। लेकिन वे कमरे फनिंश्ड नहीं थे। अतः मैंने ऊपर जाने के बजाय मन ही मन में यही सोचा था कि नीचे ड्राइंग में ही फोल्डिंग खाट डाल लेना ठीक रहेगा। इससे मैं मेहमानों का ख़याल रख सकता था। मुझे पता था कि केदार जी देखेंगे तो उन्हें अच्छा नहीं लगेगा। सो मैं खाट लगाते ही बीच का पर्दा खींच, रूम की बत्ती बुझाकर, वहाँ अँधेरा कर लेट गया ताकि उन्हें लगे कि मैं सो गया हूँ। सोने का समय भी हो ही गया था। सोचा था कि सुबह जल्दी उठकर फोल्डिंग खाट वगैरह समेटकर लैपटॉप पर कुछ काम कर लूँगा। इस प्रकार उन्हें पता भी नहीं चलेगा कि मैं कहाँ सोया था।

रात के करीब तीन बजे ही नींद खुल गयी। पहले तो लगा कि फोल्डिंग खाट पर सोने के कारण ही नींद जल्दी खुल गयी होगी। लेकिन तभी लगा कि शायद ऐसा नहीं है। देखा कि गिरिधर जी के कमरे की लाइट जल रही है और भीतर से कुछ आवाज भी आ रही है। मैं उठकर बैठ गया। फिर धीरे से टॉयलेट गया। तभी यह अहसास हुआ कि वह आवाज़ कुछ और नहीं, गिरिधर जी के गुनगुनाने की आवाज़ थी। वे शायद कोई भजन गुनगुना रहे थे। या फिर शायद किसी गीत का रियाज़ कर रहे थे। मैंने ड्राइंग रूम की लाइट जला ली और लैपटॉप खोलकर उसमें पिछले दिन के कार्यक्रम में खींचे गये फोटो देखने लगा। सोचा लोकार्पण की एक फोटो छाँटकर सुबह होने के पहले ही फेसबुक पर लगा दूँगा। तब तक गिरिधर जी कमरे से निकलकर टॉयलेट में घुस चुके

थे। वहाँ से लगातार नल से पानी गिरने तथा बाल्टी आदि भरने की आवाज़ें आती रहीं, जिससे लग रहा था कि वे नहा रहे हैं। मैंने सोचा कि शायद किसी असुविधा के कारण वे ठीक से सो नहीं पाये होंगे और इसीलिए उन्होंने जल्दी उठकर प्रातःक्रिया व स्नान आदि करने का फैसला किया होगा। खैर, मैं लैपटॉप पर अपना समय काटने लगा, क्योंकि अब मुझे फिर से नींद नहीं आनी थी। लगभग चार बजे नहा-धोकर गिरिधर जी बाहर निकले और फिर थोड़ी ही देर में वे केदार जी के कमरे के दरवाजे पर पहुँचकर उसे थपथपाने लगे। लेकिन कई बार थपथपाने के बाद भी केदार जी ने दरवाजा नहीं खोला। शायद वे गहरी नींद में थे। जब मैंने यह देखा, तो मैं उठकर उधर गया और गिरिधर जी को आग्रहपूर्वक ड्राइंग रूम में बुला लाया। उनके बताने पर ही मुझे पता चला कि यह नियमित रूप से उनके उठने का समय था। हम दोनों घण्टे-डेढ़ घण्टे गीत-साहित्य, नव गीतों के विकास तथा गीतकारों के बारे में बातें करते रहे। इसी बीच सत्यनारायण ने आकर हमें चाय भी पिला दी।

बातचीत के इस सिलसिले में गिरिधर जी ने केदार जी से जुड़ा हुआ एक बड़ा ही रोचक प्रसंग सुनाया। हुआ यूँ कि देवरिया के रसूलपुर कस्बे में गिरिधर जी का सम्मिलित परिवार एक छोटे से मकान में रहता है, जिसमें एक ही टॉयलेट था। तभी केदार जी ने उन्हें सूचित किया कि वे एक कार्यक्रम के सिलसिले में गोरखपुर आ रहे हैं तथा उनसे मिलने रसूलपुर भी आएँगे और एक रात वहीं रुकेंगे। दस-पन्द्रह दिन का समय बाकी था सो गिरिधर जी ने तय किया कि केदार जी के आने पर एक टॉयलेट से काम तो चलना नहीं, अतः उनके आने से पहले ही घर के बाहर सटी हुई ज़मीन पर एक नया टॉयलेट बनवा दिया जाय। बस फिर क्या था आनन-फानन में मिस्त्री बुलवाया गया। वेस्टर्न कमोड लाया गया। सोक पिट बना और फिर एक सप्ताह में ही टॉयलेट का निर्माण पूरा करा लिया गया। इस काम के हो जाते ही इसकी सूचना केदार जी को भी दे दी गयी। अब गिरिधर जी को बेसब्री से अपने मित्र के आने की प्रतीक्षा थी। केदार जी गोरखपुर आये और वहीं से उन्होंने गिरिधर जी को फोन करके वहाँ आने का आग्रह किया। गिरिधर जी ने कहा कि हम लोग तो तरह-तरह के पकवान बनाकर आपके रसूलपुर आने की प्रतीक्षा कर रहे हैं। अभी-अभी बनाया गया टॉयलेट भी आपके इन्तजार में है। अतः आपको यहाँ जरूर आना चाहिए। केदार जी बोले कि उसी टायॅलेट की वजह से तो वे वहाँ नहीं आ रहे। अगर वे आये तो उसमें जाना ही पड़ेगा, और जब वे उसमें जाएँगे तो कहा जाएगा कि केदार जी ने उसका उद्‌घाटन किया। अखबारों में भी खबर छाप दी जाएगी कि केदारनाथ सिंह ने रसूलपुर

में गिरिधर करुण के घर पर नवनिर्मित टॉयलेट का उद्‌घाटन किया। भले ही उन्होंने यह बात मज़ाक़ के तौर पर कही हो लेकिन वे नया टॉयलेट बनवाने के कारण ही वहाँ नहीं आये। गिरिधर जी द्वारा सुबह-सुबह सुनाया गया यह वाकया वाकई मज़ेदार था। सुबह के लगभग साढ़े पाँच बंजे केदार जी भी अपने कमरे से उठकर बाहर आ गये। शायद हम लोगों की बातचीत ने उन्हें डिस्टर्ब किया होगा। लेकिन वे चिर-परिचित मुस्कराहट के साथ ड्राईंग रूम में घुसे और गिरिधर जी से भोजपुरी में कुशल पूछी। तभी अजीत सिंह भी उठ गये। चाय का एक दौर फिर से चला। अब प्रातःकालीन महफ़िल जम चुकी थी। केदार जी ने आग्रह किया तो गिरिधर जी ने सूरदास के एक पद का सस्वर गायन किया। फिर अपना एक गीत भी तरन्नुम में सुनाया। उनकी धीर-गम्भीर संगीतमय आवाज़ देर तक हमारे मन में गूँजती रही।

चाय की चुस्कियों के बीच चली गप-शप के बाद हम सब नहा-धोकर फारिग हो गये। नौ बजे तक नाश्ता-पानी भी निबट चुका था। गिरिधर जी का मन हुआ कि थोड़ा बाहर निकलकर मोहल्ले में घूमा जाय। जब केदार जी भी चलने को तैयार हो गये तो मैंने प्रस्तावित किया कि पैदल टहलने के बजाय गाड़ी से चला जाय और थोड़ा लम्बा चक्कर लगाकर लखनऊ के बदलते चेहरे का कुछ जायज़ा लिया जाय। बस हम तीनों ही निकल पड़े। पहले हम अम्बेडकर स्मारक के ऊपर गोमती नदी के तट पर बने बाँध वाली सड़क पर पहुँचे। वहाँ से स्तूपनुमा अम्बेडकर स्मारक तथा उसी से सटकर निर्मित दो पंक्तियों में खड़े पत्थर के एक सौ आठ हाथियों वाले शोध संस्थान के परिसर का विहंगम दृश्य दिखता है। हमने बाँध के किनारे-किनारे टहलकर उसका नज़ारा लिया। तटबन्ध की सड़क के बीचोबीच में स्थापित बुद्ध की संगमरमर की बनी चतुर्मुखी प्रतिमा का दृश्य भी काफी आकर्षक था। उसके बाद हम सामाजिक परिवर्तन स्थल की तरफ आये। वहाँ हमने पुल के एक तरफ स्थापित कांशीराम जी व मायावती की प्रतिमाओं का अवलोकन किया। फिर पुल के दूसरी तरफ स्थापित डॉ. अम्बेडकर व रमाबाई जी की प्रतिमाओं को भी देखा। हमने सभी जगह फोटो भी खींचे और फिर हम वहाँ से चल पड़े। अब बारी थी हजरतगंज बाज़ार के बदले हुए स्वरूप को देखने की। राज्य की पिछली सरकार ने हजरतगंज का पुनरुद्धार कराते हुए उसको अंग्रेजों के ज़माने के पुराने स्वरूप में लाने का कार्य कराया था। उसके तहत वहाँ से अवैध कब्ज़े हटाकर भवनों के प्राचीन स्वरूप को संरक्षित किया गया। इसी के साथ-साथ दुकानों व व्यावसायिक प्रतिष्ठानों के सारे बोर्ड सफेद पट्टी पर काले अक्षरों में लिखकर एक ही शैली में लगवाये गये। इससे बाजार का स्वरूप काफी

बदला-बदला-सा लगता है। सुबह के वक्त गंजिंग करने का लुत्फ तो उठाया नहीं जा सकता था, सो हम वहाँ से गुजरते हुए राणा प्रताप मार्ग की तरफ मुड़ गये और फिर छतरमंजिल तथा मोतीमहल पर गाड़ी से ही एक निगाह डालते हुए हम लोहिया पार्क पहुँचे।

लोहिया पार्क समाजवादी पार्टी की सरकार द्वारा अम्बेडकर स्मारक की प्रतिस्पर्धा में बनवाया गया पार्क है, जिसके भीतर डॉ. राम मनोहर लोहिया जी का स्मारक है तथा एक घड़ी वाला स्तम्भ भी है। हमने पार्क के भीतर जाकर स्मारक का जायज़ा लिया। पार्क में उस समय सन्नाटा था। इक्का-दुक्का जोड़ों के अलावा उस समय केवल माली व अन्य कर्मचारी ही थे। सुबह टहलने के लिए आने वाले लोगों का हुजूम वहाँ से जा चुका था। घड़ी वाले स्तम्भ के पास सफाई चल रही थी। वहाँ के सफाई कर्मचारियों की सुपरवाइजर एक महिला थी। स्तम्भ की घड़ी न जाने कब से निश्चल पड़ी थी। मैंने उस महिला से पूछा—"यह घड़ी चलती क्यों नहीं? क्या इसकी मरम्मत का जिम्मा तुम्हारा नहीं है?" उसने कहा—"नहीं, इसकी मरम्मत मेरे जिम्मे नहीं। इसके बारे में तो विकास प्राधिकरण वाले ही कुछ बता सकते हैं।" गिरिधर जी ने कहा—"यही तो समस्या है इस देश की। बन तो बहुत कुछ जाता है पर सही-सलामत नहीं रहता।" हम थोड़ी दूर तक टहलते हुए लोहिया पार्क की एक वीथिका से गुजरे। गिरिधर जी ने कहा—"बड़ी शान्ति है यहाँ।" केदार जी ने हँसकर पूछा—"किधर है शान्ति?" उनकी बात में छिपे विनोद को समझते ही हम सब ठठाकर हँस पड़े। तभी गिरिधर जी ने भोजपुरी में कोई पंक्ति गुनगुनायी। केदार जी उसके रस में डूब गये। फिर हम शादी के मौकों पर गायी जाने वाली गालियों से सराबोर उन लोक-गीतों की बातें करने लगे, जिन्हें लड़की के परिवार की औरतें बरातियों के द्वार-चार के समय अथवा उन्हें खाना खिलाने के वक्त सुना-सुनाकर पूरे वर-पक्ष को शर्मशार कर देती हैं। बातचीत के बीच मैंने इन गउनइयों की उत्पत्ति के बारे में अपने विचार रखे। मेरा मानना है कि इस परम्परा का जन्म इसलिए हुआ होगा क्योंकि हमारे यहाँ पारम्परिक रूप से लड़के वाले अपने को लड़की वालों से श्रेष्ठ मानते हैं तथा उन पर अपना रोब झाड़ते हैं। इसीलिए शादी के वक्त वधू-पक्ष की औरतों द्वारा वर-पक्ष के पुरुषों व स्त्रियों को इन गउनइयों के माध्यम से शर्मशार करने की यह रस्म बनी ताकि वर-पक्ष को यह अहसास दिलाया जा सके कि वे श्रेष्ठ नहीं हैं, बराबर के ही हैं और अपने भीतर फालतू का कोई अहंभाव न पालें। हम इसी प्रकार की रोचक बातें करते हुए घर वापस आ गये।

इस यादगार यात्रा के बाद वापस दिल्ली पहुँचने पर अगले दिन मैंने केदार

जी से फोन पर कहा–"आपका लखनऊ चलना और मेरे घर पर रुकना मेरे लिए बड़े सौभाग्य की बात थी। यह यात्रा मुझे लम्बे समय तक याद रहेगी।" वे बोले–"मेरे लिए भी यह एक यादगार यात्रा रहेगी। मुझे लखनऊ का बदला हुआ स्वरूप भी बहुत अच्छा लगा। इस परिर्वतन के लिए लोग लम्बे समय तक मायावती को याद रखेंगे।" मैंने शंका भरा समर्थन किया–"हाँ, यह तो है, लोग यही कहते हैं कि मायावती ने लखनऊ का चेहरा बदल दिया। भले ही इन सब निर्माण कार्यों के पीछे उनके कुछ निहित स्वार्थ भी रहे हों।" वे तपाक से बोले–"तो क्या हुआ? स्वार्थवश ही तो ताजमहल भी बनवाया गया था!" लगा सही ही कहा केदार जी ने स्वार्थवश ही तो ताजमहल बनवाया होगा बादशाह शाहजहाँ ने, जिसे आज पूरी दुनिया देखने आती है। लगा स्वार्थवश ही तो मैं भी गया था केदार जी को लखनऊ लेकर, लेकिन वहाँ उनके द्वारा कही गयी बातों को लखनऊ वाले लम्बे समय तक याद रखेंगे। एक तरह से देखा जाय तो सत्य यही है कि दुनिया में आज तक हर बड़ा काम किसी न किसी स्वार्थवश ही होता आया है। तो क्या साहित्य-सृजन भी यूँ ही स्वार्थवश हो जाता है? क्या स्वार्थवश ही लोग बड़ी-बड़ी बातें बोल जाते हैं या लिख डालते हैं? कभी-कभी मुझे अपना यह विचार सन्दिग्ध लगता है कि साहित्य-सृजन एक ऐसी क्रिया है जो स्वैच्छिक होती है, आन्तरिक अनुभूति और भीतरी आवाज़ पर निर्भर होती है, केवल स्वार्थवश नहीं हो सकती। अब इस संस्मरण को ही लीजिए, केदारनाथ सिंह जी के साथ की गयी लखनऊ की इस चिरस्मरणीय लघुयात्रा की याद में रचा गया यह शाब्दिक ताजमहल मैं उनके प्रति अपने मन में विद्यमान श्रद्धा व प्रेम के स्वार्थवश ही आपके सामने प्रस्तुत कर रहा हूँ। किन्तु यदि यह आपको भा जाए और कुछ लाभ पहुँचाए तो इसे सोने पे सुहागा ही माना जाएगा।

स्मृतियों में जीवित कालखण्ड

—करुणा गुप्ता

सूरदास के कृष्ण का ऊधौ से यह कन्फेशन कि "ऊधौ मोहे ब्रज बिसरत नाहीं"—ही सनातन सत्य है स्मृतियों के सन्दर्भ में। स्मृतियाँ नाम हैं मन के अनाम से कोने में गुदे हुए एक मनोहारी से गुदने का, मन के झरोखे से झाँकते मनभावन से सावन का जो तभी विस्मृत होती हैं, जब हमारे नाम के आगे संयुक्त हो जाता है शब्द—'स्मृति शेष'। सौभाग्यशाली हूँ मैं जो मुझे अपने गुरु से जुड़ी स्मृतियों को साझा करने का सुअवसर मिला। जी हाँ। सही समझा आपने मैं गुरुवर श्री केदारनाथ सिंह की बात कर रही हूँ और यह कथा शुरू होती है बीते अतीत अर्थात् 'फ्लैशबैक' से।

आर.के. नारायण की 'मालगुडी' सा मेरा 'पडरौना' मेरा गाँव, मेरा घर, मेरे लिए मेरा देश जिसकी 'हॉट एण्ड हैपनिंग' राजधानी—वहाँ का दुर्गा मन्दिर—समस्त गतिविधियों का एकमात्र सम्मानित एवं सक्रिय केन्द्र। मैंने बी.ए. में प्रवेश लिया ही था कि एक दिन डॉ. पी.सी. सिंह की मुनादी हुई कि—'हमारे कालेज़ के भूतपूर्व प्राचार्य डॉ. केदारनाथ सिंह, जो अब जवाहरलाल नेहरू विश्वविद्यालय, दिल्ली में हैं, पडरौना आ रहे हैं। नगरवासी उन्हें सम्मानित करेंगे। दुर्गा मन्दिर प्रांगण में कार्यक्रम का आयोजन किया गया है। आप सभी वहाँ आइए, उनसे मिलिए एवं उनका व्याख्यान सुनिये।' मेरे घर से महज सौ मीटर के फासले पर दुर्गा मन्दिर। बहत्तर गुणा दो के रेट से चलता मेरा पल्स रेट। कारण उनसे मिलने की व्यग्रता और मन में यह ऊहापोह कि मैं उनसे क्या बात करूँगी। सम्मान के विधान में उन्हें उत्तरीय उढ़ाना। तत्पश्चात् आज की भाषा में कहें तो 'मैंगोमैन' के लिए दिया गया उनका कविता पर उद्‌बोधन जिसकी कुछ कालजयी पंक्तियों की मुहर मेरे मन मस्तिष्क पर आज भी टटकी है कि "कविता माँ की गोद है। बीमार बच्चे को दवा के साथ जब माँ की गोद मिलती है तो वह और भी जल्दी स्वस्थ हो जाता है।" कविता की एक नयी परिभाषा से साक्षात्कार

हुआ था। मैं उनसे मिली और अपने हाथ से बनाया हुआ एक 'बुकमार्क' उन्हें दिया। कौतूहल के साथ उन्होंने उस चार इंच के कागज के टुकड़े को देखा, जिस पर एक गुड़िया अंकित थी और फिर मुझसे उसकी उपयोगिता जानने का प्रयास किया, "यह क्या है? मैं इसका क्या करूँगा?" मैंने उन्हें बताया यह 'बुकमार्क' है। मैंने इसे स्वयं बनाया है; "अच्छा...अच्छा ये तुमने बनाया है; अच्छी बात है," यह कहकर उसे अपनी जवाहर जैकेट की जेब में डाल लिया। मैं रोमांचित थी। मुझे मिलकर अच्छा लगा था। साथ ही कविता के बारे में एक नयी बात पता चली थी। एम.ए. के बाद मैंने पीएच.डी. का मन बनाया। मुझे लगा जब घर से बाहर जाना है तो जेएनयू क्यों नहीं? फिर भी कई विश्वविद्यालय में पत्र लिखा कहीं से जवाब नहीं आया। जेएनयू से एक प्रिंटेड पोस्टकार्ड प्राप्त हुआ जिस पर प्रवेश से सम्बन्धित सभी सूचनाएँ अंकित थीं। प्रवेश परीक्षा के लिए मैंने कड़ी मेहनत की। मौखिक परीक्षा में डॉ. नामवर सिंह जी ने कई प्रश्न पूछे। जिसमें एक प्रश्न के बारे में मैं सोचती हूँ तो आज भी मुझे हँसी आती है। मौखिक परीक्षा में हमें शोध हेतु एक सिनॉपसिस प्रस्तुत करना था। सीमित साधन तथा सीमित ज्ञान के आधार पर मैंने एक सिनापसिस तैयार की थी। विषय था, 'सूफी काव्य में लोकतत्त्व।' शोधकार्य हेतु मैंने दस-बारह सूफी काव्य संग्रहों का नाम लिखा था। नामवर जी ने सिनॉपसिस देखकर पूछा—आपने इसमें से कितनी किताबें देखी हैं? (न कि पढ़ी हैं) मैं घबरायी नहीं, मैंने उत्तर दिया—सिर्फ एक 'पद्मावत'। मुझे प्रवेश मिल गया था। मेरा आत्मविश्वास दृढ़ था, अंग्रेजियत के वातावरण में मैं अकेली हिन्दी बोलने वाली थी। विश्वविद्यालय परिसर में सहज-सरल केदार जी से मुलाकात हुई। मिलकर अपनापन महसूस हुआ। उन्होंने कहा, 'घर आना घर पर सभी लोग हैं।' फिर घर जाने का सिलसिला कब शुरू हुआ, याद नहीं पर विराम इस पर जेएनयू छोड़ने के बाद ही लगा।

घर पर रोली (केदार जी की छोटी बेटी), गुड़िया (बहन की बेटी) से मेरी मित्रता हो गयी। धीरे-धीरे ईआ और बाबा के भी मैं बहुत करीब आ गयी। केदार जी ज्यादातर अपने कमरे में ही रहते। चाय पीने या किसी काम से बाहर निकलते तो छिट-पुट बातें होतीं। कभी पडरौना की बात करते तो कभी मेरे हॉस्टल के बारे में पूछते। मैं जब भी उन्हें देखती मुझे लगता कि उनकी अपनी एक दुनिया है। उसमें ही वे खोये रहते हैं। उनके व्यक्तित्व को देखकर सहज ही अनुमान लगाया जा सकता था कि वह एक सहज-सरल कवि हृदय हैं। उनकी मुस्कराहट और चुप्पी उनके चेहरे पर

प्रेम और रूमानियत का जो भाव अंकित करती है, मिलने वाले को अत्यन्त सहज महसूस होने लगता था। उनके कम शब्दों में भी आत्मीयता झलकती थी। मैंने कभी उन्हें क्रोधित होते हुए नहीं देखा। जब कभी गुस्सा होते तो उनकी आवाज में कुछ क्षण के लिए दृढ़ता और थोड़ी कठोरता आ जाती थी। केदार जी एम. फिल. में हमें तुलनात्मक साहित्य पढ़ाते थे। मैं उनके निर्देश में शोध प्रबन्ध लिखना चाहती थी। मैं चाहती थी कि कोई ऐसा विषय लूँ जिसमें दो देशों के साहित्यकारों का तुलनात्मक अध्ययन कर सकूँ। पढ़ाई के साथ-साथ विदेश यात्रा भी कर सकूँ। पर मेरा दुर्भाग्य ही था; जिस मीटिंग में छात्र-छात्राओं के शोध निर्देशकों का निर्णय होनेवाला था, मैं अनुपस्थित थी। अतः मुझे डॉ. चिन्तामणि जी के निर्देशन में शोधकार्य करने के लिए नामांकित कर दिया गया। मैं बहुत दुखी थी और यह बात मैंने डॉ. चिन्तामणि जी से स्पष्ट रूप से बोल दी कि "मैं केदार जी के साथ कार्य करना चाहती हूँ।" उन्होंने केदार जी को बुलवाया और एक बुजुर्ग की भाँति उन्हें निर्देश देते हुए कहा कि—"हाँ भाई केदार, यह तुम्हारे साथ काम करना चाहती है, मैं इसका ऑफिशियल गाइड रहूँगा तुम ही इसे गाइड करना।" केदार जी ने चुपचाप मुस्कराते हुए स्वीकार कर लिया और मुझसे इतना ही कहा कि तुम्हें मीटिंग में रहना चाहिए था। मेरे मन में एक टीस बनी रही खैर यह बात धीरे-धीरे पन्द्रह-बीस दिन में मैं भूल गयी। केदार जी के निर्देशन में मैंने कार्य आरम्भ कर दिया। शोध प्रबन्ध के विषय पर एक छोटा-सा व्याख्यान देकर उन्होंने मुझे लिख कर लाने का निर्देश दिया। दो-तीन दिन बाद मैं सिनॉपसिस तैयार कर ले गयी। डर तो लग ही रहा था कि पता नहीं मैंने कैसा बनाया है। एक नज़र उन्होंने मेरी सिनॉपसिस पर डाला फिर दृढ़ता के साथ डाँटते हुए अपने कमरे में आने के लिए कहा। पेन लेकर उन्होंने पूरी सिनॉपसिस काट दी। मेरे पैर के नीचे से ज़मीन खिसक गयी और बोलती बन्द। फिर थोड़ा समझाकर पुनः अपने सामने ही बनाने के लिए कहा। मैंने लिखना शुरू किया और उन्हें बताती गयी जहाँ ठीक नहीं लगा। उन्होंने ठीक किया। शोध का काम चलता रहा और इस बीच मैं भूल गयी कि डॉ. चिन्तामणि जी मेरे गाइड हैं जब वो पूछते तो मुझे याद आता। जब शोध (लघु) जमा करने का समय आया एक अत्यन्त दुखद घटना हुई। डॉ. चिन्तामणि जी को दिल का दौरा पड़ा। उन्हें 'एम्स' में भर्ती कराया गया। मैं उन्हें देखने गयी, उन्होंने पूछा, "टाइप करवा लिया", मैंने कहा, हाँ, कल बाइण्ड करवाऊँगी; उन्होंने कहा, "बाइण्ड करवाने के पहले जिस पेज पर मुझे सिग्नेचर करना है वो पेज ले आना, अभी पता नहीं

कितने दिन यहाँ रहना पड़ेगा।" दूसरे ही दिन उनके हस्ताक्षर करवाकर मैंने बाइण्ड करने को दे दिया। उसी दिन शाम को पता चला, डॉ. चिन्तामणि जी नहीं रहे। मुझे गहरा आघात लगा। फिर एक लम्बी प्रक्रिया के बाद उनके शोधार्थियों को दूसरे प्रोफेसरों के अण्डर शिफ्ट किया गया। अब केदार जी मेरे ऑफिशियल गाइड भी थे। आज भी जब शोध प्रबन्ध पर डॉ. चिन्तामणि जी के हस्ताक्षर देखती हूँ पूरा घटनाक्रम मेरी आँखों के सामने घूम जाता है। एम.फिल. में कक्षाएँ ज्यादा नहीं होती थीं।

विषय सभी के लिए नया था। किसी को बहुत ज्यादा जानकारी नहीं थी। पर केदार जी के मधुर एवं शान्त स्वभाव के कारण कोई तनाव में नहीं था। सेमीनार प्रस्तुतीकरण में कुछ छात्रों से उनके आलेख से सम्बन्धित प्रश्न पूछने के बाद यदि छात्र उत्तर देने में असमर्थ होता तो केदार जी स्वयं ही सभी को समझाते हुए उत्तर दे दिया करते थे। पीएच.डी. मैंने उनके सुझाये हुए विषय 'स्वातन्त्र्योत्तर हिन्दी कविता के विकास में सप्तक परम्परा का योगदान' पर किया। जब भी लिखने के बाद उन्हें दिखाने जाती, मन डरता रहता। रोली और गुड़िया मेरी स्थिति देखकर खूब हँसतीं। कई-कई दिन बीत जाते, उन्हें समय ही नहीं मिलता मेरा कार्य देखने के लिए। रोली कई बार मुझसे मज़ाक़ करती "लाइए करुना दी, मैं ही चैक कर दूँ।" मैं विश्वविद्यालय के बजाय घर पर ही उनसे पूछती या लिखकर दिखाती। घर पर उनकी लाइब्रेरी में जो किताबें थीं जरूरत पड़ने पर मैं बेहिचक उनका प्रयोग करती। सच पूछा जाए तो मैंने कभी सोचा ही नहीं कि केदार जी का घर या उस घर की सुविधाएँ मेरे लिए नहीं हैं। सचमुच मुझे वहाँ सब कुछ मिला। अब कभी सोचती हूँ तो लगता है मैं केदार जी के परिवार की सदस्या की तरह जेएनयू में थी। एक-दो दिन अगर मैं घर पर नहीं जाती ईआ बेचैन हो जाती और मिलते ही प्रश्नों की झड़ी लगा देती, "ए करुना, कहाँ रहलू दू दिन, कहीं गयी रहलू का, रोली से पूछली त ओकरो नाहीं पता रहे, एइजा रहलू कि कहीं गइल रहलू, तबेत ठीक बा तोहार...।" फिर मैं नहीं आने का कारण विस्तार से बताती। कभी-कभी ईआ बात करते-करते बहुत भावुक हो जातीं और सुनील तथा रोली के बचपन की बात बताने लगतीं, उन्हें कई बार ऐसा महसूस होता था कि माँ की कमी को कोई पूरा नहीं कर सकता है। मुझे लगता था ईआ मेरे आने से खुश होती हैं, उनका मन लग जाता है। रोली, गुड़िया घर पर नहीं होतीं तो भी मैं ईआ के पास जाती। उनके साथ बैठकर टी.वी. देखती, चाय पीती, दो-चार बातें करती। बातों-बातों में ईआ बतातीं, "बबुआ पूछत रहलें पडरौना वाली लड़की क का हाल बा? इनवरसीटी नाहीं जालू का।" "पढ़ाई खत्म हो गइल बा,

अब बस लिखला क काम बा।" मेरे उत्तर से सन्तुष्ट हो जातीं, फिर पूछतीं, "तोहर लिखल का बबुआ चैक करिहें? लिखत हउ की खाली घुमाई हो ता।" और फिर हँसने लगतीं। केदार जी मुझे पडरौना वाली लड़की ही कहते थे, मेरा नाम उन्हें कभी याद नहीं रहता था। बाबा संवेदनशील और खुशमिजाज स्वभाव के थे। हम सब बाबा से बाबा की तरह नहीं अपितु दोस्त की तरह बात करते। हँसी-मजाक हम उनके ही कमरे में करते, बाबा भी पोपली हँसी हँस कर हमारा साथ देते।

केदार जी के घर का वातावरण अत्यन्त शान्त था, जो चीजें जहाँ रखी रहती थीं लम्बे समय तक पड़ी रहती थीं। बाबा चुपचाप अपने बिस्तर पर लेटे रहते। रेडियो सुनते या अखबार पढ़ते रहते। ईआ को साईटिका का दर्द होता था। छोटे कद की ईआ हल्के प्रिण्ट की सफेद साड़ी पहने चश्मा लगाये घर में धीरे-धीरे घूमती रहतीं। चेहरे पर चिन्ता और पीड़ा का मिला-जुला भाव रहता। पैर उनका ठीक रहे इसके लिए वह निश्चित रूप से टहलतीं। साँवली-सी ऊँचे दाँत वाली बंगालन मेड मधु घर आती खाने के बारे में रोली या ईआ से एक-दो बात करती, खाना बनाती, फिर चली जाती। केदार जी के लिए लौकी की सब्जी लगभग रोज बनती। कई बार दो-तीन दिन लगातार मधु खाने में मिर्च ज्यादा डाल देती, फिर केदार जी से उसे डाँट पड़ती। कहीं न कहीं घर में रौनक की कमी थी। मेरे अपने घर का वातावरण बिल्कुल भिन्न था। प्रतिदिन के कार्य के साथ नित नयी गतिविधियाँ होती रहती थीं। घर में एकरसता और उदासीनता का वातावरण ही मैंने नहीं देखा था। केदार जी के यहाँ इसका अभाव था। ईआ बूढ़ी हो गयी थीं और घर में केदार जी की पत्नी का न होना सचमुच खटकता था। एक बार मैंने और रोली ने मिलकर नीबू का अचार डाला, ईआ बहुत खुश थीं, बहुत दिनों बाद घर पर अचार डाला गया था। जब हमने गुझिया और नमकीन बनायी तो भी वह बहुत खुश और उत्साहित थीं। रोली, गुड़िया, बाबा, ईआ, गीता (नामवर जी की पुत्री) पप्पू भइया, हम सभी कई बार साथ-साथ चाय पीते। कई बार निर्मला दी का परिवार भी साथ होता।

समय कभी एक-सा नहीं रहता। गुंजन के आने से घर में रौनक लौट आयी थी। ड्राइंग रूम और बगल वाले कमरे के बीच एक दरवाजा था जो काफी समय से बन्द था, खोल दिया गया था। घर की साज-सज्जा बदल गयी थी। घर उत्साह एवं उमंग से भर गया था। जवाहरलाल नेहरू विश्वविद्यालय में बिताये दिन जब याद करती हूँ तो लगता है केदार जी वहाँ मेरे लोकल गार्जियन की तरह थे। कभी बुलाकर कहते, रात में पूर्वांचल जाने की जरूरत

नहीं है। कभी कोई अच्छी फिल्म देखने की सलाह देते। 'गॉन विद द विण्ड' हम सब उनके ही कहने पर देखने गये थे। सीमॉन की पुस्तक 'द सेकेण्ड सेक्स' का हिन्दी अनुवाद 'स्त्री उपेक्षिता' उन्होंने ही पढ़ने के लिए दी थी।

जब भी कोई पूछता किसके निर्देशन में पीएच.डी. कर रही हो, मेरे उत्तर देने पर एक ही प्रतिक्रिया मिलती "वो तो लीविंग लीजेण्ड हैं।" मैं बहुत खुश होती। आज भी जब मिलते हैं, गहरी आत्मीयता से मिलते हैं।

पता नहीं अब कौन रहता है सोलह दक्षिणापुरम् में तथा गोदावरी हॉस्टल के कमरा नं. 222 में। मुझे लग रहा है रोली पीछे से आवाज दे रही है "करुना दी, जल्दी आइए आपका फोन है" और मैं जल्दी-जल्दी हॉस्टल की सीढ़ियाँ उतर रही हूँ, सोलह दक्षिणापुरम् पहुँचने के लिए।

चकिया के केदार

–रामजी तिवारी

"ऐसा लगता है कि यहाँ मास्को में खाना पकाने के लिए आग नहीं जलायी जाती, क्योंकि यहाँ मुझे अपने घरों के दीवारों पर उपले पाथने वाली औरतें दिखाई नहीं देतीं, घरों की छतों पर अबूतालिब की बड़ी टोपी जैसा धुआँ नहीं दिखाई देता। छत को समतल करने के लिए रोलर भी नहीं नजर आते। मास्कोवासी अपनी छतों पर घास सुखाते हों, ऐसा भी नहीं लगता। पर यदि वे घास नहीं सुखाते, तो अपनी गायों को क्या खिलाते हैं? सूखी टहनियों या घास का गट्ठा उठाये एक भी औरत कहीं नजर नहीं आयी। न तो कभी जुरने की झनक और न खँजड़ी की ढमक ही सुनाई दी। ऐसा लगता है कि जवान लोग यहाँ शादियाँ ही नहीं करते और ब्याह का धूम-धड़ाका ही नहीं होता। इस अजीब शहर की गलियों, सड़कों पर मैंने कितने भी चक्कर क्यों न लगाये, कभी एक बार भी कोई भेड़ नजर नहीं आयी। तो सवाल पैदा होता है कि जब कोई मेहमान आता है, तो मास्को वाले क्या जिबह करते हैं? अगर भेड़ को जिबह करते नहीं, तो यार दोस्त के आने पर कैसे उसकी खातिरदारी करते हैं? नहीं, ऐसी ज़िन्दगी मुझे नहीं चाहिए। मैं तो अपने 'त्सादा' गाँव में ही रहना चाहता हूँ, जहाँ बीवी से यह कहकर कि वह कुछ ज्यादा लहसुन डालकर खीनकाल बनाए, उन्हें जी भरकर खाया जा सकता है...।"

....(मेरा दागिस्तान : रसूल हमजातोव)

यह उस खत का अंश है, जो 'रसूल हमजातोव' के पिता ने पहली बार मास्को जाने पर अपने बेटे 'रसूल' को लिखा था। जाहिर है कि इस खत का लहज़ा काफी मजाकिया था। लेकिन यह भी उतना ही बड़ा सच है कि रसूल के पिता ने बड़े शहर मास्को के मुकाबले अपने जन्म-गाँव 'त्सादा' को तरजीह दी थी। वे अपने 'त्सादा' को प्यार करते थे और उसके मुकाबले में दुनिया की सभी राजधानियों को ठुकरा सकते थे। यह दृष्टान्त सिर्फ 'त्सादा' के 'हमजात' के लिए ही नहीं है, वरन दुनिया के सभी बड़े और महान् लेखकों के

बारे में दिया जा सकता है। हम जो सामान्यतया उनके लेखन के बड़ेपन को तो देखते हैं, लेकिन उनकी जड़ों को नजरअन्दाज कर देते हैं। उन जड़ों को, जहाँ से उन्हें खाद-पानी मिलता है, कि जहाँ से उनका लेखन पूरी दुनिया में छितराता है। आप दुनिया के किसी भी महान् लेखक को देखिए, वह अपनी जड़ों में गहरा धँसा नजर आएगा।

इस लेख में हम एक ऐसे ही साहित्यकार के बनने की प्रक्रिया को समझने की कोशिश करेंगे, जिसे दुनिया 'केदारनाथ सिंह' के नाम से जानती है। हालाँकि हम उन कविताओं से अपना मोह हटाकर उनके लिखने वाले मन-मस्तिष्क को पढ़ने का प्रयास करेंगे। इस बात को जानते हुए कि, आठ संग्रहों में पाँच सौ से अधिक कविताएँ लिखने वाले किसी कवि के बारे में बिना कविता के बात करना कितना कठिन है। जिनकी कविताएँ आज हर साहित्य प्रेमी की ज़ुबान पर हैं, उन्हें किनारे करने का प्रयास कितना दुष्कर है, हम इसे भी जानते हैं। लेकिन हम समझते हैं कि उनके गाँव-जवारी होने के नाते हमें उनकी जड़ों पर बात करने की जिम्मेदारी लेनी चाहिए और कविताओं पर बात करने का काम अन्य मित्रों पर छोड़ देना चाहिए।

'केदार जी' की जिन कविताओं पर दुनिया मुग्ध रहती है, वे कविताएँ उनके गाँव और ज़मीन से जुड़कर ही आकार लेती हैं। जिस 'बिम्ब विधान' पर आज दुनिया इतराती है, और जिसको स्थापित करने का श्रेय 'केदार जी' को ही जाता है, वे सारे बिम्ब उसी गाँव-ज़मीन से पैदा होते हैं। उनके अर्थ चाहे कितने भी वैश्विक क्यों न हों, उनका कथ्य चाहे कितना भी भूमण्डलीकृत क्यों न हो, पैदा तो उन्हें उनके गाँव 'चकिया' से ही होना होता है। यह देशज और ज़मीनी जुड़ाव ही है, जो उन्हें 'केदारनाथ सिंह' बनाता है। आप उनके आठों कविता संग्रहों को पढ़ जाइए, हर दूसरी कविता में उनका गाँव-जवार, उसकी भाषा-बोली, उसके लोग, उसके पशु-पक्षी, उसकी फसल-नदी, उसका हाट-बाजार, उसका तालाब-त्योहार, उसके किसान-कामगार अपने पूरे वजूद के साथ दिखाई देंगे। वे इनमें इस कदर गुँथे मिलेंगे, कि कोई भी भौतिक या रासायनिक प्रक्रिया उन्हें अलग नहीं कर सकती। जैसे कि कविता नहीं, वरन उस देश-गाँव को ही लिखा जा रहा है, और हम उसे कविता के तौर पर पढ़ रहे हैं। जैसे कि कोई अपनी कहानी सुना रहा है, और हम उसे जगबीती की तरह से सुन रहे हैं। जैसे कि दुनिया की तमाम कालजयी 'आत्मकथाएँ' अपनी गाथा कहते हुए भी दुनिया की गाथा बन जाती हैं। हिन्दी कविता में यह दुर्लभ प्रयोग 'केदार जी' ने किया है। उनकी कविताएँ इस बात का प्रमाण हैं कि देशज बिम्बों से भी कविता का 'वैश्विक फलक' तैयार हो सकता है, और

इन दोनों में कोई विरोधाभास नहीं है।

यह सच है कि जीवन के नौवें दशक में प्रवेश करने वाले 'केदार जी' मुश्किल से दो-ढाई दशक तक ही नियमित रूप से अपने गाँव में रहे हैं। और जिस पीढ़ी का वे प्रतिनिधित्व करते हैं, उस पीढ़ी में तीन दशक पहले तक अमूमन ही लोगों का गाँव से रिश्ता रहा है। चाहे जहाँ रहते हुए, या चाहे जहाँ बार-बार आते-जाते हुए। लेकिन केदार जी का जुड़ाव यहीं पर अपनी पीढ़ी में विशिष्ट बनता है, कि वे गाँव से रोजी-रोटी की तलाश में शहर तो आते हैं, लेकिन उनका मन गाँव के साथ ही रह जाता है। वह कभी भी उस 'चकिया' को नहीं छोड़ पाता। शहर उन्हें बेशक दुनिया जहान के बारे में जानने का अवसर देता है, दुनिया के विविध नजारों से समृद्ध करता है, उसे समझने में मदद करता है। लेकिन उसे व्यक्त करने का तरीका, उसे कह पाने का सलीका गाँव और उसकी ज़मीन से ही मिलता है। क्योंकि वे एक-दूसरे को सबसे बेहतर तरीके से जानते हैं। विगत पाँच दशकों से वे अपने शहरी प्रवास के बीच से बार-बार 'चकिया' लौटते हैं। वर्ष में तीन-चार बार उसका सान्निध्य चाहते हैं, तो इसलिए कि वह उन्हें सहज रूप से बुलाता है, आकर्षित करता है और समृद्ध भी। अस्सी साल की इस उम्र में आप उन्हें गर्मी के महीने में बिना बिजली की सुविधा के गाँव में आराम से एक महीने रहते हुए पा सकते हैं। जाड़े और बरसात के महीनों में कम से कमतर भौतिक सुविधाओं में प्रसन्नतापूर्वक चौपाल लगाते हुए देख सकते हैं। यहाँ उन्हें न तो बिजली की अनुपलब्धता से परेशानी होती है, और न तमाम आधुनिक साधनों की गैर-मौजूदगी से।

जिस दौर में लोग-बाग़ त्योहारों और शादी-विवाहों तक में गाँव आने से कतराने लगे हों, उस दौर में 'केदार जी' का यह जुड़ाव बहुत कुछ स्वतः ही बयान करता है। यदि यह जुड़ाव बाहर से आरोपित होता, तो ऐसी तमाम परिस्थितियाँ उनके सामने भी थीं, जिनमें वे यहाँ आने से कतरा सकते थे, और उसे सही भी ठहरा सकते थे। आज उनका परिवार पूरी तरह से 'शहराती' हो चुका है। पहले पत्नी और अब माँ के चले जाने के बाद यहाँ आने पर किसी का साथ भी नहीं होता। अब उन्हें अकेले आना होता है, और अपने पुराने संयुक्त परिवार के भरोसे उस समय को जीना। घर के तमाम बँटवारे के बीच उन्होंने अपने लिए कुछ नहीं माँगा है। सिवाय इसके कि कोने में थोड़ी बची हुई ज़मीन, जिस पर एक-छोटा सा कमरा बन सके, जो उनके होने पर गुलज़ार रहता है।

उत्तर प्रदेश के धुर पूर्व में स्थित इस पिछड़े जिले बलिया की भौगोलिक

स्थिति वैसे ही देश के मानचित्र पर एक लुटे-पिटे और भुक्खड़ समाज के रूप में बनती है। उसमें भी उनका गाँव जहाँ से 35-40 किलोमीटर दूर एक ऐसे दोआब में स्थित है, जहाँ एक तरफ से घाघरा का ताण्डव है तो दूसरी तरफ से गंगा का। यहाँ जाने के लिए मुख्य सड़क आपको बैरिया छोड़ देती है, जहाँ से तीन किलोमीटर उत्तर की तरफ रानीगंज बाजार आता है। जबकि ट्रेन से पहुँचने के लिए आपको सुरेमनपुर स्टेशन पर उतरना होता है, जहाँ से तीन किलोमीटर दक्षिण की तरफ रानीगंज बाजार है। इसी रानीगंज बाजार से केदार जी के गाँव 'चकिया' के लिए रास्ता मुड़ता है। लगभग दो-तीन किलोमीटर लम्बे इस रास्ते पर पिच तो डाल दी गयी है, लेकिन वह उतनी ही चिकनी है, जितनी कि पूर्वांचल के गाँवों की सड़कें सामान्यतया हुआ करती हैं। पिच पर चलते हुए आप सामने देखने का जोखिम नहीं उठा सकते। हर समय आपको सड़क पर ही निगाह जमाये रखनी पड़ती है, क्योंकि हर अगले उठे हुए कदम के लिए गड्ढा इन्तजार कर रहा होता है। यदि आप अपने साधन से नहीं हैं तो जिला मुख्यालय 'बलिया' से 35-40 किलोमीटर दूर इस गाँव तक पहुँचने में तीन से चार घण्टे तक का समय लग सकता है।

हम इसी रास्ते से होते हुए रानीगंज बाजार से 'चकिया' के लिए मुड़ते हैं, जहाँ हमारी मुलाक़ात उस मोड़ पर अशोक 'पान-वाले' से होती है। हम उससे केदार जी के बारे में जानना चाहते हैं। 'अरे हाँ...आप कवि जी की बात कर रहे हैं न। वे जब भी गाँव आते हैं, शाम को यहाँ जरूर आते हैं।' हम आगे बढ़ते हैं। उनका गाँव अभी ढाई किलोमीटर है। चार-पाँच युवक आते हुए दिखाई देते हैं। मन में जिज्ञासा उठती है कि आज के लड़के 'केदार जी' के बारे में क्या सोचते हैं, जरा इसकी थाह ली जाय। दो लड़के उनके बारे में पूछे गये सवाल पर चुप रहते हैं। लेकिन बाकी के तीन उनके गाँव लगातार आने, युवाओं से मिलने, बात करने और सलाह देने की बात को सहर्ष बयान करने लगते हैं। हम अब गाँव के मुहाने पर पहुँच गये हैं। उनके दरवाजे पर जाने वाला रास्ता बेहद सँकरी गलियों से होकर गुजरता है, जहाँ 'केदार जी' गाँव के अपने ठेठ देहाती मित्रों के बीच बैठे हुए हैं। मई का मौसम है, और सूरज दिन को तपाने के लिए बेकरार है। बिजली की स्थिति अप्रैल से ही लखनऊ, इटावा, मैनपुरी, आजमगढ़ और रामपुर के अलावा उत्तर प्रदेश के गाँवों के लिए 'गूलर की फूल' बनी हुई है। वे हमारी अगवानी में बाहर उठकर आते हैं। गाँव तक पहुँचने में हुई असुविधा के लिए खेद व्यक्त करते हैं। फिर अपने कमरे से पेड़ा ले आते हैं। यदि आप उन्हें नहीं जानते हैं कि यह व्यक्ति हिन्दी ही नहीं वरन दुनिया के शीर्षस्थ कवियों में से एक

है, तो उनके बातचीत के तौर-तरीके को देखकर उन्हें चकिया के किसी आम गँवई-देहाती से अलगा पाना असम्भव है। अंग्रेजी तो भूल ही जाइए, उनकी बातचीत में हिन्दी तक का कोई एक शब्द भी मुश्किल से ही आता है। पूरी बातचीत 'भोजपुरी' में चल रही होती है।

केदार जी कोई अधिकारी या नेता नहीं हैं। वे कोई उद्योगपति या व्यापारी भी नहीं हैं, कि उनके पास किसी को भौतिक रूप से लाभ पहुँचाने का कोई संसाधन उपलब्ध हो। वे बस आपको कुछ सिखा सकते हैं। भाषा और बोली को बरतने का नुस्खा दे सकते हैं। जीवन और समाज को समझने में मदद कर सकते हैं। और वही वे करते भी हैं। लेकिन फिर भी केदार जी को उनके गाँव-जवार के लोग जानते हैं। उनसे प्यार करते हैं, उनका सान्निध्य चाहते हैं। और यह सब इसलिए है कि केदार जी उस जुड़ाव को न सिर्फ 'रिसीव' करते हैं, वरन बदले में उससे कई गुना अपने गाँव-जवार में लौटाते भी हैं।

हम उन्हें पिछले दस दिन का जनसत्ता समाचार-पत्र भेंट करते हैं। उन्हें लगता है कि जैसे हमने कोई बड़ा उपहार दे दिया हो। वे दुखी मन से कहते हैं कि हिन्दी के समाचार-पत्रों का यह पतन बेहद चिन्ताजनक है। देखते हैं कि 'जनसत्ता' कब तक टिका रहता है। हमारी यह मुलाक़ात पिछली गर्मियों की है, जब उन्हें ज्ञानपीठ पुरस्कार देने की घोषणा अभी नहीं हुई थी। हाँ ...उनके निकटवर्ती मित्र 'गुलज़ार' को दादा साहेब फाल्के पुरस्कार से जरूर नवाजा गया था। तो बात 'गुलज़ार' से ही शुरू होती है, और दुनिया जहान की कविता से होते हुए हिन्दी की युवा कविता तक पहुँच जाती है। उनके पिटारे में मौजूद किस्सों को देखकर लगता है कि उन्हें कथा लेखन भी करना चाहिए था। हम उनसे जोर देकर आग्रह करते हैं कि "अब उन्हें अपनी जीवन यात्रा को मुड़कर जरूर देखना चाहिए। आखिर हम पाठकों का भी कुछ हक़ बनता है। हम केदारनाथ सिंह की कविता से तो समृद्ध हैं, लेकिन हमारी इस इच्छा का भी अब सम्मान होना ही चाहिए कि उस केदारनाथ सिंह के बनने की प्रक्रिया को समझें और जानें।"

'चकिया' गाँव भी उसी तरह से गझिन और गुँथा हुआ है, जिस तरह से कि आज हमारे समाज की मानसिकता। उसमें भी उतनी ही कम जगह बची है, जितनी कि हमारे मन में। इसलिए हमारे लिए यह आश्चर्य का विषय बनता है कि तमाम भौतिक सुख-सुविधाओं को छोड़कर कोई दिल्लीवासी इस वंचित इलाके का साथ कैसे चुनता है। जहाँ आने वाली एक बड़ी आँधी पूरे क्षेत्र की बिजली व्यवस्था को एक महीने के लिए ध्वस्त कर देती हो, जहाँ एक बड़ी बारिश में एक सप्ताह के लिए आना-जाना दूभर हो जाता हो, जहाँ

कौन-सी प्रेरणा है जो वे बार-बार लौटते हैं। उस दिल्ली को छोड़कर, जिसमें सारी सुख-सुविधाएँ, जिसमें सारा ग्लेयर और ग्लैमर मौजूद है।

हम उनसे बार-बार कुरेदते हैं कि आपको इन कठिन परिस्थितियों में रहते हुए अजीब नहीं लगता है। वे मुस्कुराते हुए कहते हैं कि "यदि 'चकिया' नहीं होती, तो 'केदार' भी नहीं होता। जानते हैं...हम कवियों का एक दुःख यह भी होता है कि हमारी प्रत्येक बात में लक्षणा और व्यंजना ही तलाशी जाने लगती है। लेकिन मैं इस बात को पूरी अभिधा में कहना चाहता हूँ कि मेरे लिए 'चकिया' से बेहतर जगह इस दुनिया में कोई नहीं है। 'चकिया' के बिना मैं एक कविता क्या, एक पंक्ति नहीं लिख पाऊँगा। मैं यहाँ बार-बार सीखने आता हूँ कि शब्दों को कैसे बरता जाय। उन्हें वाक्यों में कैसे पिरोया जाय। और कैसे उनसे कविता जैसी विधा को निभाया जाय। मैं नहीं जानता, कि मैं इसमें कितना सफल हो पाया हूँ और कितना नहीं। लेकिन मैं इतना जरूर जानता हूँ कि मैं उस कविता को अभी नहीं लिख पाया हूँ, जो यहाँ के आम लोग अपने जीवन में प्रतिदिन बोलते हैं, प्रतिदित गाते हैं।"

तीन-चार घण्टे बाद अब हम लोग चलने को तैयार हैं, कि वे एक बार फिर बिठा लेते हैं। कहते हैं, "दिल्ली में कभी इस तरह से बैठकर कोई बात नहीं करता। और कोई क्या, मैं ही कहाँ कर पाता हूँ। दो महीने बाद मुझे पटना आना है। उम्मीद करता हूँ कि 'गाँव' भी जरूर आऊँगा। और फिर आप लोगों से जरूर मुलाक़ात होगी।" वे हमें बाहर छोड़ने के लिए आते हैं। एक बार फिर पेड़ा खिलाते हैं। हम उनसे विदा लेते हैं। इस आश्वासन के साथ कि अगली बार जल्दी ही फिर उनसे मुलाक़ात होगी।

सच...कविता के आठ-दस संग्रहों के होने से ही कोई केदारनाथ सिंह नहीं बन सकता। न ही कुछ 'गँवई' शब्दों के सहारे वह जादुई देशज 'बिम्ब-विधान' पाया जा सकता है। उसके पीछे एक लम्बी जीवन यात्रा और संघर्ष की कहानी होती है, जो सिर्फ और सिर्फ जी कर, भोग कर और सहन कर ही सीखी जा सकती है। यहाँ कविता और जीवन में उतनी ही कम फाँक है, जितनी एक आदमी के तौर पर होनी चाहिए। उतनी अधिक नहीं, जितनी इस समय आमतौर पर पायी जाती है।

केदारनाथ सिंह की कविताओं में उनका जनपद

—अजय कुमार पाण्डेय

वरिष्ठ कवि केदारनाथ सिंह की निर्मिति बलिया, बनारस, गोरखपुर और कुशीनगर (पडरौना) की आबोहवा में हुई है और उनका ढाँचागत विकास बलिया की मिट्टी से हुआ है। इसका अन्दाज हमें उनकी कविताओं के शिल्प को देखने पर होता है। उनकी कविताओं में एक खास तरह का संवाद देखने को मिलता है—और कवि का यह संवाद अपने अन्तर्जगत् से भी है और बाह्य जगत् से भी। संवाद की यह गुंजाइश कथाओं में ज्यादा होती है—कथाओं में एक कथा सुनाने वाला होता है, दूसरा सुनने वाला और एक तीसरा, वे कथा के पात्र होते हैं, जो कथा के केन्द्र में होते हैं जिन पर कथा रची होती है। केदारनाथ सिंह की कविताओं में ये तीनों ही एक साथ शामिल होते हैं। उनकी कविताओं में कथा, कथा कहने वाला और कथा का श्रोता तीनों समान रूप से मौजूद रहते हैं। कथा कहने वाला कवि स्वयं होता, कथा का श्रोता उनकी कविता का पाठक तथा उनकी कविताओं के चरित्र एक कथा का सृजन करते हैं। इन अर्थों में केदारनाथ सिंह की कविताएँ अनेक कथाओं की काव्यात्मक विस्तार हैं। उनकी कविताएँ कथा और संवाद के बगैर पूरी नहीं होतीं चूँकि कथा और संवाद के लिए किसी न किसी चरित्र (पात्र) का होना आवश्यक है, इसलिए केदारनाथ सिंह की कविताएँ किसी पात्र के जरिये कथा के रूप में आगे बढ़ती हैं और कविताएँ अपने गन्तव्य तक पहुँचती हैं। उनकी कविताओं के पात्र पशु भी हो सकते हैं और व्यक्ति भी—इसके लिए हम उनकी लम्बी प्रसिद्ध कविता 'बाघ' के बाघ तथा 'बिना नाम की नदी' के केन्द्रीय पात्र झुम्मन मियाँ, के जरिये इसकी पुष्टि कर सकते हैं। यही वजह है कि केदारनाथ सिंह के यहाँ शायद ही कोई रचना हो जिसमें किसी चरित्र का अभाव दिखे और अमूर्तता मिले। इस तरह से केदारनाथ सिंह कथा और संवाद के सहारे कविता रचने वाले हिन्दी के अद्वितीय कवि हैं और इसी आधार पर उन्होंने अपनी कविताओं का शिल्पगत विकास किया है।

उपर्युक्त पंक्तियों में से ऊपर की एक पंक्ति में बलिया की माटी से अनेक ढाँचागत विकास की बात कही गयी है। यहाँ ढाँचागत विकास से तात्पर्य केदारनाथ सिंह की कविताओं के शिल्पगत विकास से है। दरअसल, वह शिल्प ही है जिसके आधार पर कविता अपना बाह्य आकार ग्रहण करती है और कथ्य पाठकों तक सम्प्रेष्य हो पाता है। इन अर्थों में केदारनाथ सिंह ने अपना शिल्पगत विकास बलिया की माटी से किया है।

वास्तव में एक रचनाकार के बचपन के बीते हुए दिनों, उनका रचनाकार के ऊपर पड़ा प्रभाव और संस्कारों का रचनाकार के रचनात्मक विकास में गहरा प्रभाव पड़ता है। केदारनाथ सिंह जिस गँवई मिट्टी में पले-बढ़े उसका समूचा सामाजिक परिवेश एवं उसकी संरचना एक समृद्ध लोक सांस्कृतिक आधार पर रची थी। उनके बचपन के दौर में गाँवों में लोक-संस्कृति की एक जीवन्त परम्परा कायम थी—लोकगीतों और लोककथाओं का एक सहज साम्राज्य-सा था। घर और अन्दर दोनों जगह कथा कहने वाले और सुनने वाले मौजूद थे। लोग गाँव की चौपाल में कौड़े तापते हुए रात-रात भर कथाएँ कहते और सुनते।

गाँव के कुछ लोगों के दरवाजे के कौड़े तो कथा कहने और सुनाने वालों के जुटान के लिए जाने जाते थे। घर की माँएँ, दादा-दादियाँ कथाएँ बच्चों को सुलाने के लिए सुनातीं और बच्चे कथाएँ सुनते-सुनते सो जाते। एक तरह से बच्चों के सामाजिक संवाद की शुरुआत भी लोककथाओं से होती। उन लोककथाओं में राजा-रानी, सामान्य लोग, पशु-पक्षी, बाग-बगीचे, कुत्ते, बिल्ली, फूल, पेड़, खेत-बथार, गौरैया, शेर, हंस, बढ़ई, तालाब, समुद्र आदि एक व्यापक दुनिया शामिल होती थी। लोककथाओं में आये अनबोलता जीव पशु-पक्षी सिर्फ आपस में ही नहीं, बल्कि मनुष्यों से भी बात करते थे। इस सन्दर्भ में हम भोजपुरी की वह प्रसिद्ध कथा देख सकते हैं जिसमें दाना चुगते समय पायी गयी एक गौरैया की दाल खूँटे पर बैठकर खाते समय फँस गयी। खूँटे को चीर कर दाल निकलवाने के लिए बढ़ई के इनकार कर देने पर उसे एक-एक कर कई लोगों के पास जाना पड़ा और अन्ततः राजा के आदेश पर बढ़ई ने खूँटे को चीर गौरैया की दाल निकाल दी। इस कथा में वह आग, पानी, लाठी, समुद्र, साँप, बढ़ई, राजा आदि के यहाँ गयी और सबसे संवाद करते हुए अपनी दाल निकालने के लिए कहती रही। इसी तरह की गँवई संस्कृति से सम्पन्न परिवेश का केदारनाथ सिंह के बचपन पर गहरा प्रभाव पड़ा और बचपन की उस संवेदना एवं सांस्कृतिक संस्कारों से उन्होंने आगे चलकर अपना रचनात्मक विकास किया। उन लोक-कथाओं से ही केदारनाथ सिंह ने अपनी कविताओं के शिल्प का विस्तार किया। इसका सघन और स्पष्ट प्रभाव

उनकी कविताओं के शिल्प में देखा जा सकता है। यही वजह है कि केदारनाथ सिंह की कविताओं में कथा और संवाद की मौजूदगी एक साथ मिलेगी। इन दो रूपों में केदारनाथ सिंह की कविताओं में शिल्प के स्तर पर उनके अपने जनपद की उपस्थिति है। सिर्फ शिल्प के स्तर पर ही नहीं बल्कि भाषा, चरित्र और बिम्ब के स्तर पर भी इसे देखा जा सकता है।

केदारनाथ सिंह की कविताओं की विषय-वस्तु चाहे जो हो उनके बिम्ब पूरी तरह से मौलिक और देशज होते हैं, जो पहली और अन्तिम बार सिर्फ उन्हीं के यहाँ मिलते हैं। सिर्फ और सिर्फ उन्हीं के यहाँ मिलेंगे। इसके लिए हम उनकी एक कविता 'महानगर में कवि' को देख सकते हैं जिसकी शुरू की पंक्तियाँ–*"इस इतने बड़े शहर में/कहीं रहता है एक कवि/वह रहता है जैसे कुएँ में रहती है चुप्पी"* (प्रतिनिधि कविताएँ, पृष्ठ 13) इस तरह के बिम्ब सिर्फ केदारनाथ सिंह के यहाँ मिलेंगे, कहीं और नहीं; यहाँ तक कि कुएँ पर लिखी किसी कवि की कविता में भी इस तरह का बिम्ब नहीं मिल पाता है। इसी तरह के एक अनोखे और देशज बिम्ब की एक और चर्चा की जा सकती है–*"सूखी जलघासों के इर्द-गिर्द/हल्दी के पानी-सी हँसी वह फैल गयी"* (प्रतिनिधि कविताएँ–जल हँसी, पृ. 81) इसी तरह से उनकी कविता 'जनहित का काम' की कुछ पंक्तियों को देख सकते हैं–*"वह एक अद्भुत दृश्य था/मेह बरसकर खुल चुका था/खेत जुतने को तैयार थे/एक टूटा हुआ हल मेड़ पर पड़ा था/ और एक चिड़िया बारबार उसे अपनी चोंच से/उठाने की कोशिश कर रही थी"* (केदारनाथ सिंह : प्रतिनिधि कविताएँ, पृष्ठ-64)। इस तरह के तमाम बिम्ब उनकी कविताओं में मिलेंगे जो उन्हें देशज बिम्बधर्मी कवि बनाते हैं।

केदारनाथ सिंह की कविताओं में किसी-न-किसी चरित्र का होना तो आम बात है लेकिन उन चरित्रों में ढेर सारे उनके अपने जनपदीय हैं। ये चरित्र नदी, नाले, पेड़-पौधे, जन, परिजन, गाँव, खेत-खलिहान, पशु-पक्षी और यहाँ तक कि सड़क और पुल, यानि केदारनाथ सिंह का उनका जनपद उनकी कविताओं में कई रूपों में आता है। ये चरित्र उनकी कविताओं में जड़ और चेतन रूप में आते हैं। उनकी कविताओं के उनके अपने जनपदीय इन चरित्रों की पहचान कुछ की तो बहुत साफ तौर पर की जा सकती है। केदारनाथ सिंह के ये जनपदीय चरित्र उनसे प्रायः शहरों में भी साथ-साथ रहते हैं, मिलते हैं। वे जनपदीयता का साथ कभी नहीं छोड़ते। उनकी अपनी जनपदीयता उनकी कविताओं की केन्द्रीयता है। बहरहाल, जहाँ तक उनकी कविताओं के चरित्रों की बात है, वे शहरों की भीड़ में भी मिलते हैं। केदारनाथ सिंह की खासियत

है कि वे अपनी बानी-पानी और अपने जनपद के चेहरों को नहीं भूलते, इसके लिए हम उनकी एक कविता 'गड़रिये का चेहरा' की कुछ पंक्तियाँ देख सकते हैं—*"फिर भेड़ें रह गयीं वहीं/और न जाने कैसे/मेरे संग-संग चला आया/पानी और कीचड़-समेट वह जिन्दा चेहरा जिससे इतने बरस बाद भी/मेरे अन्दर बूँदें टपक रही हैं"* और अन्तिम पंक्तियाँ हैं—*"मेरे दोस्त, कितना मुश्किल है। भरी सड़क पर/एक पत्ते की तरह उड़ना/इस शहर दिल्ली में। सुबह से शाम तक/अपनी चेतना के अन्दर/एक बूढ़े उदास गड़रिये का चेहरा/लिए-लिए फिरना?"* (केदारनाथ सिंह : प्रतिनिधि कविताएँ, पृष्ठ 72)। केदारनाथ सिंह दिल्ली जैसे शहर में जाकर वहाँ की भीड़ में खोने वाले नहीं बल्कि वे अपने सिर पर अपने लोक को लेकर ढोने वाले कवि हैं। यही वजह है उनके अपने गाँव के अनेक चरित्र उनकी कविताओं में सीधे आते हैं, जिन्हें मैं केदारनाथ सिंह के जनपद का होने के नाते पहचानता हूँ। ऐसे ही उनकी एक कविता बिना नाम की नदी के एक चरित्र 'बिना नाम की नदी' और 'झुम्मन मियाँ' हैं। ये झुम्मन मियाँ 'बिना नाम की नदी' जो केदारनाथ सिंह के गाँव वालों के घर के दरवाजे से होकर बहती है जिसका सचमुच कोई नाम नहीं है, जिसमें मछली मारते (पकड़ते) हुए मिल जाते हैं।

केदारनाथ सिंह की एक कविता है 'बढ़ई और चिड़िया'। दरअसल, यह कविता भोजपुरी की एक लोककथा का काव्यात्मक रूपान्तरण है, जिसका जिक्र इस लेख में ऊपर की पंक्तियों में केदारनाथ सिंह के गाँव के सांस्कृतिक परिवेश की चर्चा के क्रम में आया है।

केदारनाथ सिंह को न तो कोई महानगर पचा पाता है और न ही वे महानगर को पचा पाये। उनके ऊपर उनके अपने जनपद का इतना प्रभाव है और उस पर इतना भरोसा है कि किसी समाधान के लिए भी वहीं पहुँचते हैं। उन्हें मालूम है कि रास्ता अन्ततः वहीं से निकलता है—*"हम तीन जन सोचते रहे/खड़े/परेशान कि हमें दूर दिखाई पड़ा/डूबते हुए सूरज के आस-पास। ××× एक बूढ़ा किसान/ हम तीन जन उसके पास गये/पूछा—'दादा, रास्ता किधर है?' बूढ़ा कुछ नहीं बोला/वह कुछ देर हमें यों ही देखता रहा/फिर नीचे से/उसने एक ढेला उठाया/और उस तरफ फेंका। जिधर झुकी हुई चर रही थी/एक काली गाय/अब गाय चलने लगी। पत्ते बजने लगे। और हमने देखा/जिधर खेत के बीचोबीच/ज्वार की लटकी हुई थैलियों को चीरती/चली जा रही थी गाय। उधर रास्ता था/उधर घास में धँसे हुए खुर-सा/चमक रहा था रास्ता/अब दृश्य बिल्कुल साफ था/अब हमारे सामने/गाय थी किसान था/रास्ता था। सिर्फ हमीं भूल गये थे/जाना किधर है!"* केदारनाथ सिंह अपनी कविताओं में

जनपद का प्रयोग टेक्नीक के रूप में नहीं करते हैं बल्कि वे ताकत के रूप में जनपद को पहचानते हैं। उन्हें मालूम है कि किसी समस्या का मुकम्मल समाधान वहीं पड़ा है। रास्ता वहीं से होकर जाता है।

केदारनाथ सिंह पर जनपदीयता इस कदर प्रभावी है कि उसके दायरे में उनका पूरा गाँव तक आ जाता है। इसे पहचानने के लिए महज आवश्यकता है उनके जनपदीय परिवेश से परिचित होने भर की। किसी-किसी कविता में तो पूरा गाँव शामिल हुआ है; उनकी एक कविता है 'माँझी का पुल'। माँझी उत्तर प्रदेश और बिहार की सीमा पर स्थित एक गाँव है, जहाँ घाघरा नदी पर रेलवे का पुल बना है। इस पुल के निर्माण-काल को लेकर केदारनाथ सिंह के गाँव के लोगों की तमाम तरह की धारणाएँ हैं, मान्यताएँ हैं और उसके बारे में लोग कई तरह के अनुमान करते हैं– *"वह कब बना था/कोई नहीं जानता/किसने बनाया था माँझी का पुल/यह सवाल मेरी बस्ती के लोगों को/अब भी परेशान करता है। 'तुम्हारे जन्म से पहले'–कहती थी दादी। 'जब दिन में रात हुई थी/उससे भी पहले'–कहता है गाँव का बूढ़ा चौकीदार।"* इसी तरह के अन्य अनुमान के क्रम में बंसी मल्लाह, झपसी भेड़िहार, जगदीश, समझू हजाम और उनका हलवाहा लालमोहर जैसे चरित्र इस कविता में आते हैं जो समूचे गाँव का प्रतिनिधित्व करते हैं और इस कविता में केदारनाथ सिंह ने 'माँझी के पुल' को अपनी नजर से नहीं बल्कि अपने गाँव के लोगों की नजर से देखा है। तथा इस कविता में उनका पूरा गाँव समा गया है।

अभी हाल में प्रकाशित उनकी कविता की किताब 'सृष्टि पर पहरा' में उनका अपना जनपद संश्लिष्ट और स्पष्ट रूप में उभरा है। इस संग्रह की कविताओं में उनके अपने जनपद को एक बड़ा आयाम मिला है, जिसके आधार पर हम उनके इस जनपदीय को बलियाटिकरण कहते हैं। इस किताब को उन्होंने अपने गाँव के लोगों को यह कहते हुए समर्पित किया है कि, "जिन तक यह किताब कभी नहीं पहुँचेगी।" इस कविता-संग्रह के कवि का संग्रह भले ही उसके गाँव के लोगों तक न पहुँच पाए पर कवि का अपने गाँव पहुँचना अभी तक जारी है। वे हर साल गर्मियों में मई के महीने में अपने गाँव चकिया आते हैं और कुछ दिन रहने के बाद अपने गाँव की फेफड़े भर हवा लेकर दिल्ली लौट जाते हैं। केदारनाथ सिंह का अपने गाँव के साथ जीवन्त सम्बन्ध बना हुआ है और उसके प्रति संजीदे हैं। गाँव उनकी नजर में महानगर की धुन्ध में धुँधला नहीं पाया है। वे अपनी कविताओं में उसे बड़ी संजीदगी से याद करते हैं। उनकी कविताओं में उनका गाँव कभी समग्र रूप से आता है, तो कभी कहीं-कहीं अंश रूप में लेकिन उनके गाँव की छोटी से छोटी चीज

भी ओझल नहीं हो पाती है उनकी आँखों से—'सूर्य : 2011' अपनी कविता में उन्हें अपने गाँव के 'भागड़नाला की जलमुर्गियाँ' याद आती हैं, तो अपनी कविता 'घर में प्रवास' में वे अपने पैतृक घर को कबूतरों को सौंप देने की बात स्वीकारते हैं। वे 'समय से पहली मुलाकात' के सवाल पर अपनी पहली पाठशाला के अध्यापक मुंशी हुलास राम की स्मृति हो आती है जो कहते थे— *''बच्चो, कुएँ के पास जाओ/और जाकर देख आओ/दुपहर के फूल अभी खिले कि नहीं/छुट्टी बारह बजे होती थी। और उनका विश्वास था/दुपहर के फूल ठीक बारह बजे खिलते हैं।''* इसी तरह से केदारनाथ सिंह के बचपन के दिनों में हरवाह रह चुके लालमोहर की मृत्यु पर लिखी कविता 'कन्धे की मृत्यु' में रिश्ते की सघन संवेदनशीलता एवं उसकी ताप को महसूस किया जा सकता है। केदारनाथ सिंह का उनके गाँव के साथ इतना गहरा रिश्ता है कि वे दुनिया की ढेर सारी व्यवस्थाओं से उनकी असहमति है और वे ईश्वर से बदल देने को कहते हैं किन्तु इस उलटफेर में वे एक चीज सिर्फ नहीं चाहते हैं— *''इन उलटफेर में बस इतना ध्यान रहे/मेरा छोटा-गाँव/कहीं उजड़ न जाय/और दलपतपुर-चट्टी की बुढ़िया की बकरी लौट आएँ/घर''* (सृष्टि पर पहरा, ईश्वर को एक भारतीय नागरिक के कुछ सुझाव, पृष्ठ 48)।

केदारनाथ सिंह की कविताओं में एक-एक करके ढेर सारे लोग आते हैं और उनके साथ धीरे-धीरे उनका पूरा चकिया गाँव समग्र रूप से उपस्थित होता जाता है। अपनी कविताओं में वे अपने गाँव को 'कृतज्ञता के साथ याद करते हैं। वहाँ की माटी, आबोहवा और वहाँ के लोगों के प्रति उनके मन में गहरा कृतज्ञताबोध है। वे आज भी इस बात को नहीं भुला पाये हैं कि पहली बार महानगर में बैरिया बाजार से एक जोड़ी खरीदी हुई चप्पल और गाँव के एक बूढ़े दर्जी का सिला हुआ कुर्ता और उस सफेद कुर्ते पर एक काली सदरी पहनकर आये थे लेकिन उन्हें इस बात का गहरा अफसोस है कि वे लाख कोशिश के बावजूद अपनी वह देशज पहचान बचा नहीं सके और उनकी पहचान '88/3 दिल्ली' हो गयी फिर भी वे प्रतिबद्धता के साथ कहते हैं— *"पर सुनो। ओ उस सुदूर कस्बे के लोगो/तुम्हारी धूल तो बचा न सका मैं/पर महानगर को लगे चाहे जितना अटपटा/एक दिन वह काली सदरी/जो अब हो चुकी जर्जर/पहनकर जरूर आऊँगा"*। एक कवि का अपने गाँव-जवार के प्रति कितना असीम सम्मान, संवेदना, आसक्ति और कृतज्ञता बोध कि जिसने अपने व्यक्तिगत जीवन में और रचनाओं के स्तर पर अपने गाँव-जवार को एक क्षण के लिए भी विसारा नहीं, उसके मन में एक गहरी आशंका हैं कि वहाँ के लोग जितने के हकदार थे, कवि की तरफ से उतना हो नहीं पाया और कुछ ओज रह गया। आखिर

एक कवि से इससे ज्यादा उम्मीद क्या की जा सकती है लेकिन केदारनाथ सिंह के मन में एक संकोच-सा है। ऊपर की कविता की पंक्तियों में–*"एक दिन वह काली सदरी/जो अब हो चुकी जर्जर/पहनकर जरूर आऊँगा"* जैसी वचनबद्धता के चलते ही केदारनाथ सिंह गाँव आने की मोहासक्ति से नहीं बच पाये हैं। और हर साल मई महीने की किसी भी तारीख को अपने गाँव चकिया जरूर आ धमकते हैं। दरअसल, केदारनाथ सिंह ने जिस ज़मीन पर डग भरना सीखा; उसी ज़मीन और उनके बीच वात्सल्य रिश्ता कायम है। यह रिश्ता ही उनको महानगर की भीड़ से बार-बार खींच लाता है, जिसे हम जड़ों की तरफ लौटना कह सकते हैं। उन्होंने बहुत पहले 'आवाज़' शीर्षक कविता में कहा था–*"यह दोपहर का समय था और शब्द पौधों की जड़ों में सो रहे थे/खुशबू यहीं से आ रही थी–मैंने कहा/यहीं-यहीं-शब्द हो सकता है जड़ों में"*। वास्तव में वे जड़ों में सम्भावना तलाश करने वाले कवि हैं; उन्हें मालूम है कि अपनी जड़ों से जुड़कर ही मजबूती से खड़ा रहा जा सकता है और जड़ों की मजबूती का स्रोत होता है–अपनी ज़मीन। इसलिए वे अपनी ज़मीन को नहीं छोड़ते और अगर कभी कहीं रहना भी पड़ जाए तो वे बहुत साफ शब्दों में कहते हैं–*"हर गिरा खून/अपने अंगोछे से पोंछता/मैं वही पुरबिहा हूँ/जहाँ भी हूँ।"* (सृष्टि पर पहरा, 'एक पुरबिहा की आत्मकथ्य', पृष्ठ 27)

भाषा के लिहाज से कहा जाय तो केदारनाथ सिंह ने इस पहलू पर कई कविताओं में अपनी मंशा जाहिर की है! इस सन्दर्भ में कुछ कविताओं की चर्चा की जा सकती है–जिसमें खास तौर से प्रो. के. सच्चिदानन्दन के लिए लिखी गयी कविता 'हिन्दी', 'भोजपुरी' तथा 'देश और घर' जैसी कविताओं में उनकी भाषा सम्बन्धी अवधारणा को समझा जा सकता है; यह उनकी आकांक्षा है कि दुनिया के सारे लोग एक बस में बैठे यात्रियों की तरह हिन्दी में बोलें और वह राजभाषा नहीं बल्कि भाषा बनकर रहे। लेकिन वे सिर्फ हिन्दी तक ही सीमित नहीं हैं बल्कि भोजपुरिहा संस्कार के हिन्दी के कवि हैं और उनका साफ कहना है–*"कभी आना मेरे घर/तुम्हें सुनाऊँगा/मेरे झरोखे पर रखा एक शंख है वह/जिसमें धीमे-धीमे बजते हैं/सातों समुद्र।"* ('सृष्टि पर पहरा', 'भोजपुरी', पृष्ठ 91)। हिन्दी और भोजपुरी के अन्तःसम्बन्ध और अपनी स्थिति स्पष्ट करते हुए वे भोजपुरी को अपना घर मानते हैं और हिन्दी को अपना देश। इन सारी बातों से एक बात सीधे तौर पर समझ में आती है कि केदारनाथ सिंह जनपदीय संस्कारों के लोकपक्ष में खड़े जनपक्षधर रचनाकार हैं और उनकी यह जनपदीयता सीधे उनके अपने जनपद के ज्यादा करीब है। केदारनाथ सिंह की कविताओं में शिल्प, भाषा, चरित्र और बिम्ब के स्तर पर

उनका अपना जनपद साफ तौर पर सघन और अविच्छिन्न रूप से उपस्थित है जो उन्हें 'बलियाटिक' बनाता है।

एक बार बातचीत के क्रम में उनकी कविताओं में प्रगाढ़ रूप से उनके जनपद की उपस्थिति रहने के बारे में पूछे जाने पर कहा कि इसके पीछे उनके गुरु हज़ारी प्रसाद द्विवेदी की प्रेरणा रहती है। अपने जीवन के अन्तिम दिनों में द्विवेदी जी ने उनसे कहीं भी रहो परन्तु अपने गाँव-जवार को न भूलने के लिए कहा था और स्वयं भी द्विवेदी जी ने केदार जी के गाँव के पास सुदिष्ट बाबा के मेले की जलेबी खाने की इच्छा जतायी थी। केदार जी कहते हैं कि इतनी बड़ी दुनिया में हमेशा अपने गाँव-जवार को कविताओं की विषय-वस्तु नहीं बनाया जा सकता परन्तु शिल्प, भाषा और बिम्ब के स्तर पर अपने गाँव-जवार के साथ हर जगह उपस्थित तो रहा ही जा सकता है, सो केदारनाथ सिंह बखूबी अभी तक कर रहे हैं।

डॉ. केदारनाथ सिंह और उदय प्रताप कालेज

–रामसुधार सिंह

गाँव के अभाव, संघर्ष और प्राकृतिक सहजता के साथ राजनीतिक चेतना का बीज लेकर बालक केदार 1944 में पाँचवीं कक्षा में पढ़ने बनारस आता है। कालेज के परिवेश एवं श्रेष्ठ गुरुओं के मार्गदर्शन ने छात्र केदार को उस उम्र में ढालना शुरू किया जिसके लिए वह निर्मित किया गया था। इस सम्बन्ध में उनका स्वयं का कहना है–''उदय प्रताप कालेज में मैं पिछली सदी के पाँचवें दशक के आरम्भ में कभी आया था और सम्भवतः पाँचवीं कक्षा में प्रवेश किया था। तब से लेकर 1952 ई. तक का समय मैंने वहाँ शिक्षार्जन में बिताया है। मैं इस पूरे कालखण्ड को भावी विकास की नींव के रूप में देखता हूँ। यहीं पहली बार साहित्य से मेरा परिचय हुआ। उसके दो स्रोत थे–एक ठा. मार्कण्डेय सिंह, जिनसे हाईस्कूल में पढ़ा और इण्टरमीडिएट में भी। वे एक विलक्षण अध्यापक थे, जिनसे पहली बार यह सीखने का अवसर मिला कि अच्छा साहित्यकार क्या होता है और वह क्या होता है जो अच्छा साहित्य नहीं होता। दूसरा स्रोत था–विद्यालय का साहित्यिक परिवेश, जिसमें अन्त्याक्षरी होती थी, कविता प्रतियोगिता होती थी और प्रायः किसी बड़े विद्वान का भाषण या महत्त्वपूर्ण कवि सम्मेलन भी होते रहते थे। यहीं मैंने पहली बार निराला जी को देखा और अगर भूलता नहीं तो अज्ञेय को भी, एक छोटे-से आयोजन में उस समय के इलाहाबाद के कुछ युवा साहित्यकार जैसे–धर्मवीर भारती, जगदीश गुप्त और कुछ अन्य साहित्यकारों से भी मिलने का अवसर यहीं मिला था।''

ठा. मार्कण्डेय सिंह सचमुच एक विलक्षण अध्यापक थे। वे अपनी पारखी नजरों से प्रतिभावान विद्यार्थियों को भाँप जाते थे और उनके संवर्द्धन में लग जाते थे। ऐसे विद्यार्थियों को साथ लेकर वे काशी के प्रसिद्ध साहित्यकारों के पास जाते थे और उनसे इन विद्यार्थियों को आशीर्वाद दिलाते थे। कहानी प्रतियोगिता के निर्णायक के रूप में प्रेमचन्द जी आये थे। उस समय के प्रायः सभी प्रतिष्ठित साहित्यकार कालेज में आते थे। मार्कण्डेय सिंह अपने चुनिन्दे

अभ्यास करते थे। डॉ. नामवर सिंह का आलोचकीय स्वरूप भी इसी परिवेश में गढ़ा गया। इस सन्दर्भ में नामवर सिंह का कथन उल्लेखनीय है–"हिन्दी के मेरे प्रथम गुरु हैं आदरणीय मार्कण्डेय सिंह। वे काशी प्रगतिशील लेखक संघ के उपाध्यक्ष थे, जब कि अध्यक्ष नन्ददुलारे वाजपेयी थे। कविताएँ भी लिखते थे। उनका कवि रूप मुझे विशेष आकृष्ट नहीं कर सका। लेकिन उनसे एक दूसरी चीज मिली, गद्य के प्रति आकर्षण। मैं स्वीकार करना चाहूँगा कि आगे चलकर मेरा गद्यकार और आलोचक का जो व्यक्तित्व बना, उसकी नींव मार्कण्डेय सिंह की डाली हुई है। वह वागाडम्बर बर्दाश्त नहीं कर सकते थे। ××× आलोचना की भाषा में उनके आदर्श थे रामचन्द्र शुक्ल। वह कहते थे कि गद्य गठा हुआ होना चाहिए। भाषा में उन्हें हम लोग जो कुछ लिखकर दिखाते थे, उसके वाग्जाल को–फालतू शब्दों को वह बेरहमी से काट देते थे। कहते थे कि विशेषण अच्छे गद्य के दुश्मन हैं। विशेषणों से भाषा लद्धड़ बनती है। उनकी दृष्टि में सरल शब्द ही भाषा के प्राण हैं।"

ऐसे विलक्षण और अद्भुत प्रतिभा के धनी प्राध्यापक ठा. मार्कण्डेय सिंह का भरपूर स्नेह केदारनाथ सिंह को मिला। उन्हीं के द्वारा उन्होंने भाषा को तराशना और गढ़ना सीखा। आज भी अपने गुरु मार्कण्डेय सिंह को केदार जी बहुत ही शिद्दत से याद करते हैं। पिछले दिनों केदार जी काशी हिन्दू विश्वविद्यालय के आमन्त्रण पर किसी विशिष्ट समारोह में आये हुए थे। मैं भी वहाँ गया था। मिलने पर उन्होंने कहा कि यहाँ विश्वविद्यालय में ठहरने की उत्तम व्यवस्था है किन्तु मैं तुम्हारे साथ उदय प्रताप कालेज चलना चाहता हूँ और वहीं रात्रि विश्राम भी करूँगा। मैंने उनके रुकने की व्यवस्था कालेज अतिथिगृह में की। यह अतिथिगृह पहले छात्रावास के गृहपति का आवास था। जब केदार जी इस छात्रावास में रहते थे, उस समय मार्कण्डेय सिंह जी इसके गृहपति थे और इसी में रहते थे। अतिथिगृह में पहुँचने पर उन्होंने सबसे पहले वहाँ धूल अपने मस्तक पर लगायी और कहा कि यहाँ आकर आज मैं धन्य हो गया क्योंकि यहीं मेरे गुरुवर रहते थे। कमरे में वे अपने गुरु की स्मृति में पूरी तरह भावविभोर थे और फिर बहुत देर तक उस समय के साहित्यिक परिवेश और मार्कण्डेय सिंह के अनेक संस्मरण की चर्चा चलती रही। आज के इस युग में जहाँ केवल लेवा-देई का व्यापार चल रहा है, जहाँ ऊपर चढ़ने के लिए नीचे की सीढ़ी गिरा देना आवश्यक समझा जाने लगा है, जहाँ किसी के प्रति कृतज्ञता ज्ञापित करना चापलूसी का पर्याय बन गयी है, इस दौर में केदारनाथ सिंह का अपने गुरु के प्रति यह भाव शायद ही किसी अन्य में देखने को मिले। मार्कण्डेय सिंह ने हिन्दी साहित्य की एक पूरी की पूरी पीढ़ी

तैयार की। डॉ. शम्भूनाथ सिंह, डॉ. बच्चन सिंह, डॉ. शिवप्रसाद सिंह, डॉ. मोती सिंह, श्री विजय मोहन सिंह आदि अनेक लोगों का साहित्यिक विकास इसी गुरुतरु की छाया में हुआ।

भाषा के सम्बन्ध में दूसरा प्रभाव इस कालेज के संस्कृत शिक्षक श्री विजयशंकर मिश्र का स्वीकार करते हैं। केदार जी बताते हैं कि पण्डितजी से यह गुरुमन्त्र मिला कि ध्वनियाँ कभी बिगड़ती नहीं बल्कि आगे बढ़ती हैं। यहीं से केदार जी में भाषा के प्रति संवेदनशीलता विकसित हुई। एक घटना का उल्लेख करते हुए वे कहते हैं, "हमारे स्कूल में संस्कृत के एक और धाकड़ विद्वान् थे। उनके पास जाने से डर लगता था। वे विश्वनाथ प्रसाद सिंह के ट्यूटर गार्जियन थे। सन्ध्या के समय वे सैर को जाते तो पीछे-पीछे निक्कर पहने विश्वनाथ प्रताप सिंह भी जाते थे। एक दिन वे सड़क पर जा रहे थे तो मैं एक शब्द लेकर उनके पास गया। मैंने पूछा—यह शब्द संस्कृत के किस शब्द का बिगड़ा हुआ रूप है। उन्होंने त्योरी चढ़ाकर कहा—शब्द बिगड़ता नहीं बनता है। हस्त का हाथ होना बिगड़ना नहीं अपितु उसका विकास है। कैसी गहरी दृष्टि थी, मेरी आँखें खुल गयीं।" पं. विजय शंकर सिंह का प्रभाव डॉ. नामवर सिंह जी पर पड़ा था। वे कहते हैं कि, "उदय प्रताप कालेज में मुझे सौभाग्य से बहुत अच्छे अध्यापक मिले। इनमें एक थे पण्डित विजय शंकर मिश्र। उन्होंने इण्टर में मुझे संस्कृत पढ़ायी। कोर्स में 'कुमारसम्भव' का पंचम सर्ग था। इस काव्य को उन्होंने इतनी तन्मयता से पढ़ाया कि सम्पूर्ण कालिदास को पढ़ने के लिए मन बेचैन हो उठा। आगे चलकर गुरुवर हजारी प्रसाद द्विवेदी के सान्निध्य में पूरे स्कूल के उस संसार को एक आयाम मिला। संस्कृत काव्य में रुचि पैदा करने के साथ ही पण्डितजी ने संस्कृत व्याकरण का भी सुदृढ़ आधार प्रदान किया। पाठ्यक्रम में निर्धारित पुस्तक तो आप्टे की 'ए गाइड टू संस्कृत कम्पोजीशन' थी किन्तु पण्डितजी अष्टाध्यायी के मूलसूत्रों के द्वारा ही व्याकरण का मर्म समझाते थे। संस्कृत में जो भी थोड़ी-बहुत गति है, उसका सारा श्रेय उन्हीं पण्डितजी को है।"

अपने अंग्रेज़ी अध्यापक श्री चन्द्रबली सिंह (जनवादी लेखक संघ के संस्थापक अध्यक्ष) को भी बहुत याद करते हैं। चन्द्रबली सिंह का निधन पिछले दिनों हुआ है। केदार जी जब भी बनारस आते थे, वे चन्द्रबली सिंह से अवश्य मिलते थे और फोन पर हमेशा उनका समाचार पूछते रहते थे। केदार जी ने कहा है कि, "अंग्रेज़ी के मेरे अध्यापक आदरणीय चन्द्रबली सिंह थे। मिल्टन के एक प्रसिद्ध सानेट की एक पंक्ति—'They also serve who only stand and wait' की जैसी विलक्षण व्यवस्था उन्होंने की थी, उसकी स्थिति आज

भी मेरे मन में है। इस पंक्ति ने मुझे बहुत बल दिया है।"

केदार जी जब इस कालेज के छात्र थे, उस समय यहाँ के प्राचार्य श्री जे.पी. सिंह थे। जे.पी. सिंह की वाक्पटुता, स्मरणशक्ति और दृढ़ता से युक्त व्यक्तित्व की चर्चा आज भी बनारस में होती है। कहा जाता है कि काशी हिन्दू विश्वविद्यालय के तत्कालीन कुलपति सर्वपल्ली डॉ. राधाकृष्णन भी इनकी स्मरण शक्ति और सम्भाषण शैली के कायल थे। प्राचार्य जी एक बहुत अच्छे अध्यापक भी थे। इनसे केदार जी ने शेक्सपियर का 'जूलियट सीजर' पढ़ा था। इस सम्बन्ध में केदार जी बताते हैं, "यहाँ मैं उस समय के प्राचार्य श्री जे.पी. सिंह को नहीं भूलना चाहूँगा जिनसे शेक्सपियर का 'जूलियट सीजर' पढ़ने का सौभाग्य प्राप्त हुआ था। और बिना पुस्तक देखे जिस तरह उन्होंने पूरे नाटक का पाठ किया था, उसका प्रभाव आज भी मेरे मन पर बहुत गहरा है।"

उदय प्रताप कालेज में पढ़ते हुए केदार जी का सम्पर्क त्रिलोचन जी से हुआ था, जो उस समय सेण्ट्रल जेल के पास रह रहे थे। त्रिलोचन का बड़ा बेटा यहाँ पढ़ता था जो केदार जी से दो वर्ष जूनियर था। त्रिलोचन यहाँ नामवर सिंह के पास आते थे और प्रथम छात्रावास में नामवर जी के कमरे में बैठकर साहित्यिक चर्चाएँ हुआ करती थीं। यहीं केदार जी का निकट परिचय त्रिलोचन जी से हुआ। केदार जी उस समय गीतों से मुक्तछन्द की ओर बढ़ रहे थे, "यही वह समय था जब मैंने गीतों से हटकर मुक्त छन्द की अपनी पहली कविता लिखी थी, जिसे पहली बार त्रिलोचन जी को ही सुनाया। उस कविता पर उनसे पहली बार दाद मिली और साथ ही कुछ सुझाव भी। मेरे लिए उनके वे प्रारम्भिक सुझाव उस समय तो उपयोगी थे ही, बाद के जीवन में भी मैं निरन्तर आलोक पाता रहा हूँ। यहीं से त्रिलोचन जी लगभग मेरे काव्य गुरु बन गये।"

यहाँ इण्टरमीडिएट में पढ़ते हुए केदार जी ठाकुर प्रसाद सिंह द्वारा देवघर में आयोजित कवि-सम्मेलन में जहाँ उनकी भेंट आक्षेप जी से हुई। वहाँ केदार जी ने एक कविता पढ़ी जो बाद में 'प्रतीक' में प्रकाशित हुई। यहाँ पढ़ते हुए ही इनकी ख्याति एक कवि के रूप में हो चुकी थी। यहाँ का पूरा वातावरण काव्यमय था, जो किशोर मन में रच-बस रहा था। छठी कक्षा के छात्र केदारनाथ सिंह ने गाँधी की मृत्यु पर स्कूल मैगजीन के लिए एक कविता लिखी। इस कविता के प्रकाशन की कहानी भी रोचक है, "स्कूल की मैगजीन के लिए मैंने गाँधी जी पर कविता लिखी। हमारे अध्यापक की रुचि पुराने ढंग की कविता में थी, उन्होंने छापी नहीं। उन्होंने कहा, इसमें छन्द-लय कुछ भी नहीं है। पर मुझे लगा इसमें छन्द भी है, लय भी है। फिर यह कविता अगले वर्ष

छपी। यह छपने वाली पहली कविता थी।" अपने प्रारम्भिक गीतों की रचना केदार जी ने यहीं रहकर की, "यह कहने का लोभ संवरण नहीं कर पा रहा हूँ कि मेरा एक गीत 'झरने लगे नीम के पत्ते बढ़ने लगी उदासी मन की' उदय प्रताप कालेज में ही लिखा गया था, जब मैं दसवीं कक्षा में था। मैंने देखा है कि मेरी और कोई पंक्ति किसी को याद हो या न हो, यह पंक्ति लगभग पूरे हिन्दी क्षेत्र में अनेक पाठकों को जरूर याद रहती है। सम्भवतः वह नीम का वृक्ष कालेज परिसर में कहीं आज भी है जो इस पंक्ति का प्रेरक था।"

डॉ. केदारनाथ सिंह का अपनापा अभी भी इस कालेज से बना हुआ है। अभी ज्ञानपीठ सम्मान मिलने के बाद जब वे बनारस आये थे तो उनका सम्मान प्राचीन छात्र परिषद ने किया था। वहाँ उन्होंने कहा कि इस कालेज का ऋण कभी भी चुकाया नहीं जा सकता तथा जो सम्मान यहाँ मिला वह सबसे बड़ा है। आज भी केदारनाथ जी जब वाराणसी आते हैं तो यहीं रुकना चाहते हैं तथा सवेरे प्रातः भ्रमण करते हुए अपने छात्रावास, क्रीड़ा मैदान, सन्ध्या मन्दिर तथा कक्षाओं को देखना नहीं भूलते हैं। स्नातकोत्तर शिक्षा पूरी करने के बाद लगभग दो वर्ष वे यहाँ अध्यापक भी रहे। वे स्वीकार करते हैं कि, "उदय प्रताप कालेज का बहुत बड़ा ऋण मेरे जैसे शिक्षार्थियों के ऊपर हमेशा रहेगा। मुझे यह कहने में कोई संकोच नहीं कि इस विद्यालय द्वारा साहित्यिक बोध की जो बुनियादी ज़मीन और उसको उर्वर बनाने वाली खाद न मिली होती तो साहित्य में जो थोड़ा-बहुत कर सका हूँ या जो अभी कर रहा हूँ, वह शायद सम्भव न होता।"

अपने उच्चारण की झंकृति में चुप नमस्कार

—उमेश प्रसाद सिंह

प्रिय भाई कामेश्वर जी,

आपने 'चौपाल' का अंक कवि केदारनाथ सिंह पर केन्द्रित किया है। हृदय में बड़ा आभार उमड़ता है। मगर व्यक्त करते हुए ही सकुचा जाता है। आप जैसे आत्मीय के प्रति आभार आत्मीयता के सापेक्ष बड़ा हल्का मालूम होता है।

मैंने कवि केदारनाथ सिंह के लिए न जाने कबकी एक चिट्ठी लिख रखी है। चिट्ठी तो लिखी है, मगर उसे डाक में छोड़ा नहीं, कभी। जब हमारे सारे के सारे संचार माध्यम ही अविश्वसनीय हो उठे हैं, डाक व्यवस्था में कहाँ से विश्वास आये।

चिट्ठियाँ मैं गाहे-बगाहे लिख डालता हूँ—अपने प्रिय जनों के लिए। बहुत बार भाषा में भी। बहुत बार भाषा के जन्म लेने के पहले की छटपटाहट की छापों में भी। बहुत बार अक्षरों के सहयोग से भी और बहुत बार अक्षरों के असहयोग और अवज्ञा आन्दोलन से लाचार बिना अक्षरों के भी।

मगर आज तक कोई भी चिट्ठी किसी को भी मैं भेज नहीं सका। चिट्ठी लिखते-लिखते चिट्ठी भेजने की हुमस ही ठण्डी हो जाती है। चिट्ठी लिख कर ही जी जुड़ा जाता है। क्या फर्क पड़ता है, जो कहना है, कह दिया। दिल में जो घुमड़ रहा था, बरस गया। क्या बरस जाना ही कुछ कम है। बरसने से किसी के भीगने की चिन्ता बादलों की चिन्ता है क्या? क्या बादल कभी धरती की आँख में झाँक-झाँक कर बरसते हैं। मुझे बादलों की बरस लेने की तृप्ति दुनिया की किसी भी तृप्ति से अधिक स्पृहणीय लगती है।

मैंने तो केदारनाथ सिंह के लिए एक चिट्ठी लिखकर उनकी किताब 'टालस्टाय और साइकिल' में रख दी थी। अब आपने माँग लिया तो आपके हाथों सौंप रहा हूँ। मेरा विश्वास है आपके नरम और गरम हाथों से चिट्ठी पाकर कवि का मन जरूर जरूर, जैसे चींटियाँ बैठती हैं बिलों में—अपनी भाषा में लौट आने को उत्सुक हो उठेगा। तो लीजिए।

अपने उच्चारण की झंकृति में चुप नमस्कार

—चिट्ठी—

प्रिय कवि,

मुझे यह नहीं पता कि मैं आपको चिट्ठी क्यों लिख रहा हूँ। मगर मैं लिख रहा हूँ। क्या यह न जानते हुए भी कि हम क्यों जी रहे हैं, हम जी नहीं रहे हैं। क्या हमेशा 'क्यों' से पूछकर कोई बात हमारी ज़बान से उतरती है? क्या कभी 'क्यों' आज्ञा से लेकर प्यार दिल में पाँव रखता है? फिर हम ही 'क्यों' के चाकर हैं, क्या?

कवि! पहली बार आपको मैंने गुरुधाम कालोनी से निकलकर दुर्गा कुण्ड की तरफ मुड़ती हुई सड़क पर देखा था। सड़क पर भीड़ थी। खचाखच भीड़। धकमपेल भीड़। एक-दूसरे को ढँकती ढकेलती सबकी पहचान को रौंदती, निरर्थक शोर में दहाड़कर दिल को दहलाती पागल भीड़। आप भी भीड़ में थे। एक किनारे खड़े। मगर आपको भीड़ अपने में विलीन नहीं कर पा रही थी। आप भीड़ में विलीन नहीं थे। मैं देख रहा था, एक अत्यन्त साधारण रूप में अत्यन्त असाधारण अस्तित्व मेरे सामने खड़ा था। मैंने रोका नहीं था। मेरी साइकिल अपने आप रुक गयी थी। मैं देख रहा था चश्मे के भीतर से चिलकती आँखों ने मेरा रास्ता रोक रखा था। मेरे पाँव विजड़ित थे। मैं विस्मित था।

किन्हीं आँखों में अपार औत्सुक्य, अथाह उत्कण्ठा, असीम कृतज्ञता और अपूर्ण कृतार्थता मैं पहले-पहल देखकर विस्मय के आह्लाद में ठिठक गया था। मैंने अपने पूरे वजूद से आपको नमस्कार कहना चाहा मगर कह नहीं सका। मेरी जीभ उस वक्त तालू से जड़ गयी थी। हाथ जुड़ने के लिए उठने से इनकार कर दिये थे। मैं लाचार था। उस समय हम बिल्कुल अपरिचित थे। उस समय पता नहीं कौन मेरे कानों में जयशंकर प्रसाद की एक कविता गा उठा था और उसका अर्थ बोध पहली बार हमारे और आपके बीच के अन्तराल में सड़क पर बरस पड़ा था—

मधु राका मुसकाती थी, पहले देखा जब तुमको।
परिचित से जाने कबके, तुम लगे उसी क्षण हमको॥

आप शायद शिवप्रसाद सिंह से मिलकर आ रहे थे। मैं विश्वविद्यालय से लौटते हुए उन्हीं के यहाँ जा रहा था। मुझे लगा था, जीवन की गरिमा की कहानी से मिलकर, जीवन को और अधिक सुन्दर बनाने के संकल्प की कविता दुर्गाकुण्ड की सड़क पर बावली भीड़ की अवहेलना करके खड़ी है। मैं अपना सौभाग्य मानता हूँ कि बिना किसी बिचौलिये की सहायता के मैंने एक कवि को पहचान लिया था। पहचान का वह आह्लाद मुझसे थम नहीं रहा था। मैं उसे थामना चाह भी नहीं रहा था। पता नहीं कहाँ-कहाँ, कितनी देर तक

दोस्तों से मिलता और अपनी खुशी बाँटता रहा। उसी दिन मैंने अनुभव किया कि कविता अपने पहले पाठ में चिर परिचित भी होती है और अपने अन्तिम पाठ में चिर अपरिचित भी। सच कहता हूँ, उस दिन आपको देखकर-आपकी चिलकती आँखों की चमक देखकर हमारा यह विश्वास दृढ़ हुआ था कि कविता की अवमानना में भीड़ चाहे जितनी फुँफकार ले मगर कविता को इनकार करने की शक्ति, उसे नजरअन्दाज करने की सामर्थ्य उसमें नहीं है।

एक दिन एक किताब के एक पन्ने पर उगे हुए कुछ शब्द पढ़ा था—बिम्ब नहीं प्रतीक नहीं तार नहीं, हरकारा नहीं, मैं ही कहूँगा। क्योंकि मैं ही, सिर्फ मैं ही जानता हूँ, मेरी पीठ पर मेरे समय के पंजों के कितने निशान हैं। कागज के पन्ने पर लिखी हुई इबारत को पढ़कर मैंने महसूस किया कि ये शब्द केवल कागज पर नहीं हैं बल्कि ये शब्द मेरी अन्तर्चेतना की एक सतह पर न जाने कब के लिखे हैं, जिनके पढ़ने का अभी तक हमें ख़याल ही नहीं था। अपने समय के बारे में अपनी समझ के अनुसार कुछ कह देना बहुत कठिन नहीं होता। मगर अपने समय को जोड़कर कुछ भी कह पाना बड़ा दुर्लभ होता है। जब आप कह रहे थे कि—मैं ही जानता हूँ, कितनी अभिन्न है, मेरे समय के पंजों से, मेरे नाखूनों की चमक, तो मुझे लगा कि आप कथन की उस दुर्लभ प्रविधि के रहस्य का कविता के इलाके में उद्‌घाटन कर रहे हैं।

मैं कहना चाहता हूँ कि केदारनाथ सिंह बिम्बों के कवि नहीं हैं, प्रतीकों के कवि नहीं हैं। वे कथन भंगिमा के कवि हैं। वे अद्‌भुत और दुर्लभ कथन भंगिमा के कवि हैं। अनुभव और भोग की विलक्षण बारीकी के कारण उनकी कविता में शब्द—सहज, सरल, सादे शब्द बगैर किसी गढ़न के इतने-इतने अर्थ-व्यंजना के समुच्चय के संवाहक बन जाते हैं कि वे बिम्बों और प्रतीकों की गरिमा को बहुत पीछे छोड़ देते हैं। अनुभूति की बेधक सचाई को ईमानदार निष्ठा के साथ अभिव्यक्ति के जोखिम को साध लेने की साधना के वाचक को ही आधुनिक हिन्दी कविता में केदारनाथ सिंह के नाम से जाना जाता है।

आपने सच कहा है कवि! बिल्कुल सच। हम अपनी पीठ पर तलफते घावों का ढिंढोरा खूब पीटते हैं। मगर उन निशानों को उँगली से छूने की हिमाकत कतई नहीं करते। मैंने छूकर देखा तो पाया कि मेरी पीठ के घावों में समय के खूँखार पंजों के साथ मेरे अपने भी नाखूनों की खरोंच कतई कम नहीं है। आपकी कविता अपने ऊपर केवल गर्व करने की कविता नहीं है। केवल ग्लानि करने की भी कविता नहीं है। वह गर्व और ग्लानि दोनों करने की दृष्टि रखने के कारण जीवन की जटिलता को उसकी समग्रता और बेधकता में जानने की मिसाल बन जाती है।

अपने उच्चारण की झंकृति में चुप नमस्कार

आपसे मिलने की कोशिश में बहुत-बहुत बार बहुत जगह गया। मसलन रथ यात्रा के निराला-निवेश में, जहाँ आप अपनी बिटिया सन्ध्या से मिलने आया करते थे। वही बिटिया जिसे कभी आप नन्ही-सी तितली कहना चाहते थे। जो आपके सूर्यहीन कन्धे पर मुँह रखकर गुसमुस खड़ी रह जाती थी तो उसे क्या दुख है, जानने के लिए आप सोच में कहीं बहुत दूर संवेदना के बेहद तरल पथ पर चले जाया करते थे। जिसके लिए आप और अधिक सीधे और अधिक प्यारे, और अधिक अर्थपूर्ण नये नाम के अन्वेषण में तल्लीन रहा करते थे। जिसकी हँसती-सी प्रश्न भरी मुद्रा के तल में आप लक्ष्यहीन मोड़ों पर, रोली के हल्के इशारे और हवाओं में तैरते बहुत से अजन्मे पुल देखा करते थे। मगर मुझे वहाँ आप कभी नहीं मिले, जबकि आप वहाँ थे। मैं अनुभव करता हूँ, उस समय आप अपने वात्सल्य की उत्तराधिकारी संज्ञाओं को और अधिक सार्थक नाम देने की कोशिश में भाषा की अनजान सरहदों के बहुत भीतर कहीं विचरण में चले गये होते थे।

आपसे मिलने बहुत बार मैं आपके चकिया स्थित पैतृक निवास में गया हूँ। उसी निवास में जहाँ कि चबूतरे पर पिता ने छतनार बरगद और आँगन में माँ ने तुलसी के बिरवे लगा रखे थे और अपने नन्हे गुलाब की कलम को रोप देने भर की जगह थी, तजबीज आप बहुत समय करते रहे थे। आपके घर की दीवारों ने बराबर मुझसे कहा है कि कवि केदार एक छोटे-से घर के छोटे-से गवाह जरूर हैं मगर अधिकांश वे यहाँ नहीं होते हैं। आपको वहाँ न पाकर मैं उदास हुआ हूँ। नीम के झरते हुए पत्तों के बीच मन की बढ़ती हुई उदासी को सुधियों की अनबीनी चादर में गठियाने की जब-जब कोशिश की है, लगा है जीवन की प्रगति रुक-सी गयी है। तभी गंगा के पावन कछारों ने, कछारों पर फैले ठण्डे बालू के छोटे कणों ने मुझे पुकार लिया है। पुकार-पुकार कर मुझे बताया है—केदार को खोज रहे हो? हाँ...हाँ...हाँ...मैंने उल्लास से कहा है।

"तो जाओ, गंगा और घाघरा के विस्तृत दोआबों के बीच जो फूली हुई सरसों का लहराता हुआ पीला सागर उल्लास की हिलोरों से उन्मथित हो रहा है न, उसमें ढूँढ़ो। जरूर उसके बीच कहीं केदार डूबता-नहाता हुआ आपको मिल जाएगा। केदार को देखना हो तो माँझी के पुल पर देखना, माँझी के पुल से देखना, वह जरूर दिख जाएगा। भुट्टे में पोढ़ होते दानों की गन्ध के इर्द-गिर्द देखना, जरूर दिख जाएगा। चैत के दिनों में चाँदनी की हँसी से बेसुध होकर जब महुआ अपनी विकल उल्फुल्लता में चू पड़ता है, देखना किसी पेड़ के नीचे वह जरूर होगा। कभी सुरहाताल के किनारे जाकर देखना उन्मुक्त नीले आकाश में आकांक्षा के पंख पसारे बगुलों की पाँत को निहारते,

वह जरूर मिल जाएगा। बच्चे! केदार से मिलने का पक्का इरादा हो तो कुएँ की जगत के किनारे, भयानक अकाल में हरी दूब से उनका पता पूछ लेना। उसे उनका पता, पता है। उनका पता पूछना हो तो, शहर से लौटते समय शहर को घृणा से या दया से देखते हुए पानी की तलाश में निकले सारसों के झुण्ड से पूछ लेना। अगर कभी कठिनाई आये तो धान के खेतों की मेंड़ों से पूछ लेना, जिसकी बगल में चावल दाना बनने से पहले सुगन्धि की पीड़ा में छटपटा रहा होता है।"

सच कहता हूँ, कवि! उस वक्त मैं धन्य हो गया। मैं निहाल हो गया। मैंने देखा अभी, बिल्कुल अभी, मेरी संवेदना में कविता की ज़मीन पक रही है।

आपसे मिलने कई बार मैं जेएनयू परिसर के दक्षिणापुरम् भी गया। वहाँ जाने पर पता चला कि आप अपने अकेलेपन की उदासी में डूबी किसी पाण्डुलिपि के आमन्त्रण पर उसे धूल की अनुचित कापीराइट के अतिचार से छुड़ाने किसी पुस्तकालय में हैं। कभी मालूम हुआ कि किसी संग्रहालय के किसी पुरातन मृद् भाण्ड की गन्ध ने आपको बुला रखा है। वहाँ आपके पूज्य पिता श्री डोमा सिंह थे। उनकी आँखों में मैंने अक्षत उस आदिम व्यथा को देखा, जिसे आपने अपनी आकांक्षा की तहों में लपेट कर संवेदन के हाथों अनन्त तक गुँजा देने की अभीप्सा के साथ रख लिया है। वहाँ आपसे न मिलकर भी मिलने से अधिक खुशी मैंने महसूस की है।

एक बार तो असंवैधानिक घुसपैठ जैसा दुःसाहस करके मैं आपके व्याख्यान कक्ष में भी जा बैठा था। आप 'कामायनी' पढ़ा रहे थे। काया तो आपकी ही थी मगर कण्ठ आपका नहीं था। आपके कण्ठ से प्रसाद की लजाधुर मधुमय वाणी को संकोचहीन उच्छल प्रपात की तरह बहते वहाँ मैंने देखा। एक कवि के भीतर कविता की परम्परा कैसे जीवित होती है, मैंने पहली बार अनुभव किया। आपकी कविता में—वर्तमान में इतिहास की सजीवना का जो अद्भुत रोमांच है, उसका रहस्य मैंने उसी दिन जाना। आश्चर्यजनक ढंग से अपनी जेब में दुर्लभ सुगन्धि भर जाने के बाद मैंने महसूस किया कि नियम और कायदों को कभी तोड़ देना भी हमेशा गुनाह ही नहीं होता।

एक दिन चाँदनी में बह रहे पेड़ों ने, रास्तों ने मेरा रास्ता छेंककर एक चुप अनबूझ लय में मुझे बताया—किताबों में छपे कवियों के सारे पते झूठे हैं। हमारा तुमसे निवेदन है—एक अदना-सा निवेदन है कि इस झूठ पर कभी विश्वास मत करना। कवि केदार का भी पता बिल्कुल गलत छपा है, उनकी सारी किताबों में। जहाँ तक हम जानते हैं कवि खुद अपना पता खोजता, दिन-रात, साँस-साँस, समय की धड़कनों में समाया अपरिचित घर-संसार और

अपने उच्चारण की झंकृति में चुप नमस्कार

अनजान जीवन-सत्यों से थोड़ी-सी पहचान और थोड़े-से परिचय के लिए अपनी छोटी उम्र भर विकल अनवरत यात्रा में तल्लीन रहता है। जब उसे खुद अपना पता—नहीं पता है, तो दूसरों के लिए उसका पता पाना कैसे सम्भव हो सकता है। जो कवि तन-से, मन-से और वाणी-से बादल हो जाने का बहुत-बहुत आकांक्षी है, जिसने एक अविरल बहती हुई समय की नदी को अपनी पाँचों उँगलियों से एक टहनी की तरह पकड़ रखा है, उसका पता खोजना कितना मूर्खतापूर्ण है।"

सच कहता हूँ, उस दिन के बाद फिर आपसे मिलने का प्रयत्न मैंने कभी नहीं किया। फिर मिलने की जरूरत ही मिट गयी।

सच शब्दों में अपना घर बना लेने की अनवरत साधना में लीन किसी कवि का घर ढूँढ़ना कितना व्यर्थ है। मैं जानता हूँ शब्दों में घर बना लेने की लालसा बगैर शब्दों के लिए अर्थ बने फलित ही नहीं हो सकती। जीवन के अर्थ की तलाश में खुद रास्ता बन जाने की प्रक्रिया में तल्लीन एक कवि को जानने के लिए कविता पढ़ लेने से अधिक जरूरी, उसके साथ जीवन के अर्थ को पा लेने की प्रक्रिया में सम्मिलित हो लेना है। बगैर कविता का सहपाठी बने, बगैर एक कवि के काव्य बोध में अपने को विलीन किये, बगैर अपने रूपान्तरण की प्रक्रिया में शामिल किये—किसी कवि को जानने की, समझने की मुहिम का डंका पीटना सरासर पाखण्ड है, छल है। एक खूबसूरत आत्म वंचना है। अपने अहं को दुलराने का एक खेल है। और कुछ नहीं।

मैं सोचता हूँ, कविता पढ़ लेना कितना आसान है। एक कविता को समझ लेने की गुनाही कर देना कितना आसान है। एक कविता की आलोचना लिख देना कितना आसान है। एक कविता को प्रासंगिक या अप्रासंगिक करार कर देना कितना आसान है। मगर एक कविता के बोध की प्रक्रिया में शामिल हो लेना—कितना मुश्किल है। कितना मुश्किल है, इसका अनुमान कर पाना भी बहुत मुश्किल है।

कौन कहता है कि कविता अपने लिए पाठक बनाती है। नहीं, नहीं, यह झूठ है। सरासर झूठ है। कविता जिसे भी छूती है, कवि बनाती है। जिसके भी हृदय में प्रवेश कर जाती है, रूपान्तरण करके उसे जीवन के अर्थ में अर्थ के सौन्दर्य में बदलने लगती है। उसे अदना से, आदमी से कवि बनाने लगती है।

जो मिटना नहीं जानता। जो मरना नहीं जानता। जो यह नहीं जानता कि मरना एक क्रिया नहीं प्रक्रिया है। परिणाम नहीं, प्रस्तावना है। वह कवि को नहीं जान सकता। कविता को नहीं समझ सकता। जिसके लिए जिन्दगी व्यापार है, कविता केवल मनबहलाव की चीज है। फिर उनके लिए कविता

के बारे में कुछ भी कहना-सुनना बेकार है। तब भी लाचार जीवन-व्यापार चलता ही रहता है। बातें होती ही रहती हैं। हमें पाठ्यक्रम तो पढ़ाने ही हैं। प्रकाशकों को किताबें बेचनी ही हैं। सरकार को पुरस्कार बाँटने ही है। छात्रों को परीक्षा देनी ही है। उपाधियाँ जैसे भी हो हथियानी ही है। मगर यह क्या? मैं यह सब क्या लिखने लगा। कवि, देखना कहीं मैं बहक तो नहीं रहा? यदि बहक गया होऊँ तो क्षमा कर देना। वैसे अक्सर सुनता हूँ—दुनिया की भाषा में कि कविता भी एक बहके हुए आदमी का आलाप है। खैर!

बातें तो बहुत हैं। मगर नहीं। अब और नहीं कहूँगा। चिट्ठी बढ़ती जा रही है। यह ठीक नहीं है। आप तो कवि हैं। नदी की भेजी हुई बिना शब्दों की चिट्ठी आप दिल्ली के भीड़-भरे चौराहे पर बाँच लेते हैं। सो कम लिखा ज्यादा पढ़ना ही अच्छा रहेगा।

हाँ अन्त में बस एक जरूरी बात और कह लेना चाहता हूँ। इजाजत माँगता हूँ।

तो कवि जी, एक बात यह कहना चाहता हूँ कि मेरे पास भी एक बाघ था। जब मैं बच्चा था, छोटा था, वह मेरा खिलौना था। उसे मैंने अपनी दादी के रोमांचक कथा देश से पाया था। बड़ा प्यारा था। बड़ा कीमती था। दुनिया के लिए वह रहा होगा मिट्टी का। मगर मेरे लिए तो सब कुछ था। एकदम मुझसे अभिन्न। मैं उसे वैसे ही जुगाकर रखता था जैसे देह प्राण को रखती है। वह था तो, मैं राजकुमार था। उस पर बैठकर बिना रोक-टोक मैं कहीं भी आया-जाया करता था—देश-देशान्तर। कोई पूछा-पूछी नहीं थी। वह था तो पूरा देश मेरा अपना था। इस महान् देश के गौरव का मैं उत्तराधिकारी था। अपने देश का ध्वज मेरे हाथ में था। उसे ऊँचा उठाने का, हवा में फहराने का अधिकार मेरा अपना था। सबका सुख-दुख अपना था। मैं अपने मन सामूहिक विरासत का शहंशाह था।

मगर एक हादसे में वह मेरे हाथों से छूटकर गिर गया। गिरकर टूट गया। दुनिया की नजरों में मैं जैसे ही सयाना हुआ, मेरा बाघ मुझसे बिछुड़ गया। वही बाघ जो मुझे चाँद-तारों से बातें कराता था। वही बाघ जो मेरे प्यारे देश की गरिमा की ओर नजर उठाने वालों की आँखें निकाल लेता था। वही बाघ, जो मुझे भयभीत करने वालों को अपनी दुर्दान्त दहाड़ से कँपकँपा देता था। मैं क्या बताऊँ! मैं तो अकिंचन हो गया। मैं कंगाल हो गया कवि! मुझसे तो मेरा रोमांच ही बिछुड़ गया। मेरी नींद ही रूठ गयी। मेरे गान ही गायब हो गये। क्या करता? मैं कुछ भी करने लायक नहीं था। फिर दादी भी नहीं रहीं। मैं खूब रोया। बहुत रोया। रोकर बेहाल हो गया।

अपने उच्चारण की झंकृति में चुप नमस्कार

बहुत-बहुत दिनों बाद जब एक दिन मैंने आपकी कविता पढ़ी मुझे लगा मेरा रोना अकारथ नहीं गया। मेरे आँसू व्यर्थ हवा में भाप बनकर बिला नहीं गये। एक कवि ने उन नगण्य से आँसुओं को कविता में ढाल लिया। मैं धन्य हो गया कवि!

आप धन्य हो कवि! सचमुच धन्य हो। मैं यहाँ खखड़ा में रो रहा था और वहाँ आप दिल्ली में एक तुच्छ-से बच्चे के आँसुओं को व्यर्थ होने से बचाने की कला को कविता में रच रहे थे। कविता ने मुझे मेरा बिछुड़ा हुआ रोमांच वापस दिया है कवि! आपकी कविता ने मुझे मेरी उचटी हुई नींद दी है। मुझे नींद में मेरे बिला गये सपने दिये हैं। मुझे नया विश्वास दिया है। सबसे बड़ी बात यह कि मुझे फिर से मेरा वह बचपन दिया है, जो कभी साथ छोड़कर नहीं जाने वाला है।

नहीं, किसी भी उपाय से मैं आपका आभार व्यक्त करने में असमर्थ हूँ। असहाय हूँ। सो आपका आजीवन ऋणी रहना ही उत्तम है।

जबसे आप किसी कुम्हार की आँख में उस बाघ का अस्तित्व ढूँढ़ने के लिए कवि त्रिलोचन के पीछे-पीछे चल रहे हैं, मैं भी आपके पीछे-पीछे चल रहा हूँ। मैं देख रहा हूँ—अपने शीशों को किसी के चरणों का चढ़ावा और अपनी कमर को लोलुप निशानों के लिए कमान बनने से बचाये रखने वाली एक पीढ़ी की पूरी जमात मेरे साथ-साथ आपके पीछे-पीछे चल रही है। एक पूरा-पूरा विश्वास; एक पूरी विश्वास की बिरादरी आपकी कविता के पीछे-पीछे चल रही है। कितनी आह्लादक है। कितनी रोमांचक है यह यात्रा, कह न सकूँगा।

मैं सिर्फ और सिर्फ इस चिट्ठी के बहाने आपको उच्चारण की सारी झंकृति में चुप नमस्कार भेज रहा हूँ। मेरा नमस्कार आपको स्वीकार हो। कृतार्थ समझूँगा।

अब कभी त्रिलोचन नहीं है। कल केदार भी नहीं होंगे। परसों उमेश भी नहीं होगा। बरसों बाद उमेश की पूरी पीढ़ी नहीं होगी। फिर भी उम्मीद की यात्रा पीढ़ियों-पीढ़ियों जारी रहेगी। आपकी कविता के पीछे-पीछे। विश्वास चलता रहेगा—कविता के पीछे।

बस! बस! कुछ अयोग्य लिखा गया हो क्षमा की प्रार्थना के साथ—

आपका—

आपकी कविता का एक प्रेमी

एक गुरु ऐसे भी

–अंजुमन आरा

जेएनयू के एम. फिल., पीएच.डी. (हिन्दी) के एट्रेंस परीक्षा में पास होने के बाद मैं वाइवा देने वहाँ गयी। वहाँ प्रो. नामवर सिंह, केदार जी, मैनेजर पाण्डे जी, सुधेश जी मौजूद थे। बाप रे बाप! इतने बड़े-बड़े प्रोफेसर। न जाने कौन-सा आत्मविश्वास था, माहौल डरावना नहीं लगा। सभी ने सवाल पूछे, जवाब देने लगी। बीच में ही केदार जी ने पूछ डाला, महादेवी वर्मा की कुछेक पंक्तियाँ सुनाओ। बत्तीसी दिखाते हुए मैंने सुनाया–

अपने इस सूनेपन की मैं हूँ रानी मतवाली
प्राणों का दीप जलाकर करती रहती दीवाली

सब मुस्करा पड़े। मुझे चुन लिया गया, जब रिजल्ट आया, तब पता चला। जब पीएच. डी. कर रही थी तो मुझे गोदावरी हॉस्टल का कमरा नम्बर 223 मिला था। कमरे के पीछे बॉलकनी के ठीक सामने सर केदार जी का क्वार्टर था। सारे गुरुओं का क्लास उन सबके क्लास में हुआ। केदार जी के क्लास में उनके अन्दाज़े बयाँ से वाकिफ़ होने का सौभाग्य प्राप्त हुआ। नपे-तुले ढंग से वे पढ़ाते थे। स्वभाव से कवि होने के कारण उनकी भाषा में रवानी थी। समझाते हुए हथेली को लहराकर नीचे से ऊपर तक ले जाते। पढ़ाते हुए ग़ालिब का एक शेर सुनाया और अर्थ मुझसे पूछा–

इश्क़ पर ज़ोर नहीं यह वह आतिश ग़ालिब,
के लगाये न लगे और बुझाये न बने।

मैंने अर्थ बताया, जितना मैं समझती थी। एक बार मेरी एक सीनियर का पीएच.डी. वाइवा था। उसमें सर ने उस छात्रा से सवाल पूछा कि सूरदास और सुभद्रा कुमारी चौहान के बाल-वर्णन में क्या अन्तर है? जब उनसे जवाब देते न बना तो मुझसे पूछ डाला। 'सूरदास के बाल-वर्णन में अलौकिकता झलकती है'–मेरा जवाब था। खुश होकर उन्होंने कहा, 'ये बिल्कुल ठीक कह रही है।' छात्रा के सही उत्तर पर उस्ताद की तसफ्फी उनमें साफ दिखाई पड़ती थी, जो

एक तालिबा के हौसला अफज़ाही के लिए काफी होता है।

बहरहाल एम. फिल. का अध्याय उनके घर जाकर दे आती थी। डरते हुए जब वापस लेने जाती तो उन्हें याद न रहता था कि उन्होंने आज ही बुलाया है। सोचती रहती कि पता नहीं मैंने क्या और कैसे लिखा है। बड़ी डाँट पड़ी, 'भाषा तो तुम ऐसी लिखती हो कि...। अपनी भाषा ठीक करो।' अब मैं बेचारी भोलीभाली, सीधी-सादी क्या मजाल मेरी कि सफाई दूँ कि 'सर मैं क्या करूँ! मेरी भाषा में हिन्दी और ओड़िया आपस में जूझने लगते हैं। मैं ओड़िशा प्रदेश की हूँ।' उनकी नाराज़गी का सामना करने के बाद मैं स्वयं को धिक्कारती और अपनी भाषा ठीक करने जुट जाती। माशा अल्लाह! मुझे कामयाबी मिली। आज भी उनसे डरती हूँ, कहीं नाराज़ न हो जाएँ। पर अब मैं बड़ी हो गयी हूँ। अब भी डाँट पड़ती है पर 'कंचुम-कंचुम।'

एक शिष्या के रूप में मैंने उन्हें बेहतर जाना और समझा है, 'बाघ' के कवि का रूप मैंने देखा और झेला है। बाघ देखकर कौन नहीं डरता। उनके भीतर जो बाघ है, वह श्रृंखला का बाघ है। जेएनयू कैम्पस में उन्हें दूर से आता देख लेती तो मैं डर, झिझक और संकोच के मारे अपना रास्ता बदल देती। सामने पड़ जाती तो 'नमस्कार' करके आगे बढ़ जाती। आगे चलकर उन्हीं के अधीन मैंने पीएच.डी. की डिग्री हासिल की। जब एस.सी.एस. कालेज, पुरी (ओड़िशा) में मेरी पोस्टिंग थी, तब सर एक कविता का वर्कशॉप एटेंड करने पुरी आये थे, वे कालेज आये थे, फिर मेरे डेरे पर गये। मैंने उन्हें चाय पिलायी। अब सर ने जगन्नाथ मन्दिर देखने की इच्छा प्रकट की। मैं उन्हें साथ ले गयी। तब भी उनके प्रति श्रद्धा मिश्रित भय बरकरार था। मैं प्रगल्भ नहीं हो पायी।

ज़िन्दगी की गाड़ी चलती रही। मैं भी इधर-उधर मसरूफ हो गयी। तब मोबाइल का जमाना नहीं था। ग्यारह साल बाद उन्होंने मेरी अनूदित लघुकथा 'अपना पैगाम' पत्रिका (भुवनेश्वर से प्रकाशित) में पढ़ी। उसमें तस्वीर के साथ फोन नम्बर था। मेरे मोबाइल पर...वहाँ से लहराते हुए एक आवाज़ आयी 'हैलो....।' केदार जी के 'हैलो' कहने की स्टाइल अलग है, न्यारी है, संगीतमय भी। आप सब वाकिफ हैं। 'मैं केदारनाथ सिंह बोल रहा हूँ।' 'सर, सर नमस्कार....।' फिर से टूटी हुई कड़ियाँ जुड़ गयीं। यह महसूस हुआ कि लापरवाही इस शिष्या द्वारा हुई है न कि गुरु से। अब तो सम्पर्क का सिलसिला अटूट है। कई बार केदार जी भुवनेश्वर आ चुके हैं। हमारे घर दो बार ठहरे हैं। दूसरी मंजिल पर बना कमरा उन्हें पसन्द आया; अतः वहीं ठहरना मुनासिब समझा। वहाँ से थोड़ी दूरी पर स्थित नारियल के पेड़ों का बागान, तालाब, हरियाली सब कुछ दीखता है। वहाँ एकान्त है और वे एकान्तप्रिय। सुबह मेरे

मिस्टर मुशीर आलम चाय बनाकर ले जाते। मुशीर साहब के हाथों की बनी चाय उन्हें पसन्द है। चुस्कियाँ लेते हुए कहते, 'चाय बड़ी मज़ेदार बनी है।' आलम साहब मुस्कराते, फिर दोनों गप्प में मशगूल हो जाते। फोन पर आज भी सवाल करते हैं 'मेरा वह कमरा सुरक्षित है न?' 'मैंने इस घर को लिख दिया आपके नाम' मैं जवाब देती और वे ज़ोर से हँसने लगे हैं।

मेरी आठ बिल्लियाँ थीं। जब तक सर से इनकी मुलाक़ात हुई तो सिर्फ दो ही बची थीं। मेरे बिल्ली प्रेम को देखते हुए वे अक्सर कहते, 'तुम्हारा परिवार बहुत बड़ा है। जानती हो रघुवीर सहाय ने भी बिल्लियाँ पाल रखी हैं। उनके घर जो जाता है उसे बिल्ली थमा देते हैं। लोगों ने उनके घर जाना छोड़ दिया।' 'पर सर मैं अपनी एक भी बिल्ली किसी को नहीं दूँगी।' बहरहाल जब मेरी छह बिल्लियाँ एक के बाद एक अल्लाह मियाँ को प्यारी हुईं तो हर बार मैंने सर को खबर दी। बहुत दुःखी होकर उन्होंने हमदर्दी जतायी। 20 जनवरी 2014 को मैंने अपने हिन्दी विभाग, रेवेंशा विश्वविद्यालय में एक सेमिनार रखा था, जिसमें सर को बोलना था। सेमिनार के बाद शाम 4.00 बजे सर के साथ गेट खोलकर अन्दर प्रवेश किया तो चुनुन मिल गया। बुलाते ही मेरे पाँव से सटते हुए चलने लगा, सर ने देखा और मुस्कराकर कहा, 'बड़ा फरमाबरदार है।' मैंने कहा, 'बेटा है मेरा।' ड्राइंग रूम में एक और दृश्य देखकर सर विमोहित हो गये। मेरी बिल्ली 'चिकुली' आम बिल्लियों की तुलना में छोटे आकार की है। महाप्यारी है, राजकुमारी है। मैं खड़ी थी और मेरे दोनों पाँव पर अपना सिर रखकर लाड़-प्यार के लिए वह मनुहार करने लगी। ऐसा सीन देखकर सर निहाल हो गये। फिर मैंने बताया, जब तक मैं यूनिवर्सिटी से लौटूँ मेरा इन्तज़ार करती रहती है। माँ के घर लौटने पर बच्चे वाली खुशी उसमें दिखाई देती है। तभी मेरा बेटा खुसरो पहुँचता है। कालेज में प्लस-टू साइंस में है। सर उसे ढेरों आशीर्वाद देते हैं उससे पढ़ाई की बातें पूछने लगते हैं। आज भी फोन पर सर मेरी बिल्लियों की खबर लेते रहते हैं। फोन पर उनका म्याऊँ सुनकर आत्म सन्तोष कर लेते हैं। 15 जुलाई 2014 के आसपास मेरा 'चुनुन' कहीं ग़ायब हो गया। वह घूमने जाता था पर लौट आता था। दो दिन बाद सर से मैंने अपनी तड़प और तकलीफ बतायी सर बड़े दुःखी हुए। उम्मीद बँधायी कि 'आ जाएगा इन्तज़ार करो।' बीच-बीच में सर उसकी वापसी के बारे में पूछते रहे। करीब 20-25 दिन बाद मेरी भतीजी ने सूचना दी कि 'पापा ने रात 8.00 बजे के करीब एक बिल्ले को मरा पड़ा देखा था।' हमारे गेट के बाद उनका गेट है। मैं समझ गयी वह 'चुनुन' ही था; वर्ना वह वापस न लौटता? मैं रो पड़ी,

सर को बताया। कहा, 'दुःखद घटना है। दिल खराब मत करो। अब क्या करोगी। जानवरों की जिन्दगी ऐसी ही होती है। फिर भी जीना पड़ता है। सब्र रखो।' 'सर, सात बिल्लियों की मौत का धक्का। कितनी मुश्किल होती है बर्दाश्त करने में, स्वीकार करने में, महज़ जानवर नहीं, मेरी औलाद थीं।' मैं अपनी हर तकलीफ सर से शेयर करती। बदले में अनछुआ मनोबल मिलता जो इंसान के आँसू पोंछने के लिए काफी होता है। सर के पशु-प्रेम के बारे में मैं बखूबी जानती हूँ। कभी सुबह 9.00/10.00 बजे के आस-पास नाश्ता करते हुए सर बताते किस तरह अपने नाश्ते से एक हिस्सा कौवे के लिए निकाल देते हैं, मुझे इतना अच्छा लगा कि अब मैं रोज़ सुबह चींटी, नेवले, कौवे, बिल्ली सभी के लिए नाश्ते का इन्तज़ाम करती हूँ। अब तो गर्मियों में दीवारों पर प्लास्टिक के गिलास और मिट्टी के सिकोरों में पानी भरकर रख देती हूँ। कौवों को पानी पीता देख उनकी प्यास-आतुरता का अन्दाज़ा हो जाता है। मैं उनकी ज्यादातर बातों को अपने जीवन में उतार लेती हूँ।

टूट जाने पर सँभलने की शक्ति उनसे मिल जाती है। भुवनेश्वर/कटक में 'SAARC पोएट्री मीट' में अजीत कौर आयी हुई थीं। बाद में उनसे मैंने बहुत कटैक्ट करने की कोशिश की। उन्हें मेसेज भी मिला, पाँच-छह बार कोशिश करने के बाद भी मैं हार गयी। अजीत कौर ने पलट कर फोन नहीं किया। मैंने दुःखी होकर सर से बताया। कहा, 'भूल जाओ।' कई बार उन्होंने मुझे उन लोगों को भूलने के लिए कहा जो हमारी परवाह नहीं करते। सर का बहुमूल्य
 सन्देश यही है कि 'बन्द दरवाज़े की तरफ बार-बार न देखकर खुले दरवाज़े की तलाश करो।' बल्कि डाँटते रहते हैं कि अपनी लिखाई-पढ़ाई करो। बुद्धदेव की वाणी याद दिलाते हैं—'कामना के विनाश से दुःख का विनाश होता है।'

राजेन्द्र यादव जी ने (नामवर सिंह स्पेशल अंक) 'पाखी' अक्टूबर 2010 में लिखा है, 'उनमें (नामवर जी) और केदारनाथ सिंह में यह तय करना मुश्किल है कि दोनों में ज्यादा कंजूस कौन है। मैं मज़ाक़ में कहता हूँ कि दर्जी ने इनके साथ धोखा किया है। पूरे कपड़े लेकर कुर्ता बनाते हुए जेबें नहीं बनायीं। उतना कपड़ा मार लिया।' राजेन्द्र जी मज़ाक़ में ही तो आप अपने दिल की बात, अपनी सोच बता रहे हैं। बण्डल बिल्कुल बण्डल। माई लॉर्ड! यह इल्ज़ाम सरासर गलत है। बेबुनियाद है। मेरे दोनों गुरु कंजूस नहीं, न नामवर सिंह न केदारनाथ सिंह। अब आतिथ्य की उम्मीद रखना कंजूसी थोड़े ही है? वैसे मैंने क्या तारीफ कर दी, उन्होंने अपनी उम्दा रेशमी चादर मुझे ओढ़ा दी, जिसमें शुभ कामना, दुआ, स्नेह और आशीर्वाद के अनदेखे सितारे टँके हुए थे। यह मामूली चादर नहीं, इसमें उस्ताद के स्पर्श की छाप है। मेरे

दिल से सदा निकलती है—

अलमारी के खाने पर
धरी है वह चादर
हर बार सोते-जागते
अहसास होता है
लिपटी हुई है चादर
अब भी देह पर
देती है सन्देश मधुर
बोलती है इतराकर
तुम्हारे साथ है साया,
विशाल आकाश-सा।

राजेन्द्र जी ने मज़ाक़ में कहा था, मैं भी मज़ाक़ में सचाई का बयान कर रही हूँ। अब किफायती इंसान को आप कंजूस बना दें तो कोई क्या करे। जब बोलते हैं तो केदार जी हीरे उगलते हैं और हम चुन लेते हैं, क्या वे कोई कीमत माँगते हैं? नहीं न! मेरी कुछ कविताएँ उन्हें बहुत पसन्द आयीं; मसलन 'पेड़ की पोशाक'। रमणिका गुप्ता की 'हाशिये उल्लाँघती स्त्री' की शृंखला में प्रकाशित मेरी हिन्दी कहानी 'मुस्तकबिल' की उन्होंने दूसरों के सामने खुलकर तारीफ की। यह उनकी वदान्यता है, 'अंजुमना! तुम्हारी कलम मेच्योर हो चुकी है। लिखना जारी रखो।' जो पसन्द नहीं आता, मुँह पर कह देते। तब कबीर याद आ जाते निन्दक नियरे राखिए...।

अल्लाह झूठ न बुलवाए। सर में सम्मोहन शक्ति है। उनके बोलने का जादू मुझ पर छा जाता है। ग़ज़ब का अन्दाज़े बयाँ। पता नहीं कहाँ से शुरू करते हैं और कहाँ पहुँच जाते हैं। कमाल की याददाश्त। एक ही रौ में जैसे सब कुछ कह देना चाहते हों। कुछ भी बाक़ी रखना नहीं चाहते। जैसे राशि-राशि स्मृति पुंजीभूत हो गयी हो। इतने नॉलेज कहाँ से बटोर लिए आपने? वे भरेपूरे नजर आते हैं, खुद पर नजर पड़ती है तो बड़ी कमतर लगती हूँ। आज भी फोन पर उनसे पूछकर अपनी शंका का निवारण कर लेती हूँ। फोन में भी पढ़ाने लगते हैं, आख़िर हूँ तो शिष्या। क्या मजाल कि ऐसे गुरु का खण्डन और अतिक्रमण किया जाय। लम्बा सफर तय करके पहुँचते हैं। एक बार कहना शुरू करते तो अपनी सारी थकान भूल जाते। कभी ऊँघने लगते हैं तो वे एक थके हुए कवि नज़र आते हैं; एक झपकी के बाद पुनः तरोताजा नज़र आते हैं।

ओड़िआ के दिग्गज कवि रमाकान्त रथ की मैं दुलारी हूँ। मेरी ओड़िआ पढ़कर तुरन्त फोन करते और गम्भीर होकर कहते—'कविता लिखने से दुःख

थोड़े ही कम हो जाता है? उसका बोलबाला हमेशा रहता है।' इन बातों के तहत कहा जा सकता है कि अनगिनत कविताओं की रचना करने के बावजूद केदार जी की कविताओं में दुःख व अभावबोध की काली यमुना सतत प्रवाहमान है। अनगिनत तारों के बीच चाँद अकेला पड़ जाता है। वे अक्सर पूछते और... रमाकान्त जी के क्या हालचाल हैं? दोनों एक-दूसरे के बारे में मुझसे पूछते और मैं बताती। भुवनेश्वर के 'मेफेयर होटल' में हम तीनों बैठे हुए थे। रमाकान्त जी ने हँसते हुए केदार जी से कहा, अंजमुन हम दोनों के बीच का सेतु है।

याददाश्त केदार जी की खूबी का राज़ है। उर्दू कवियों के शेरों से लैस उनका दिमाग़ अदब का खज़ाना है। त्रिलोचन उनके काव्यगुरु हैं तो ग़ालिब का जादू भी उन पर कुछ कम नहीं है। मीर, जौक़, फ़ैज़, फ़िराक़ सब उनकी जबान पर हैं। यायावरी प्रकृति के कवि घूमने के शौकीन हैं। ऐतिहासिक स्थल 'धौली स्तूप' और प्रमोद उद्यान; उन्हें साथ लेकर जाना था। सूफ़ीयाना कुर्ता-पायजामा पहनकर अपने व्यक्तित्व 'घाव करै गम्भीर' को चरितार्थ कर रहा था। चलते-चलते 'खीर' जैसे स्वादिष्ट व्यंजन की बात चली तो उन्होंने उजबेकिस्तान में ऊँटनी के दूध से बनी मजेदार खीर खायी थी, उसकी चर्चा की। अपने घर की खीर की मैंने तारीफ की। अगले दिन उनके लिए ज़ो खीर बनी थी, उसमें मेवे का मिकदार ज्यादा हो गया। गड़बड़ हो गयी, मैं अपना-सा मुँह लेकर चुप रह गयी। 'और थोड़ा लीजिए' का आग्रह करने पर कहते हैं 'मैं जीने के लिए खाता हूँ।' खुराक से ज्यादा खाना उन्हें पसन्द नहीं। नाप- तौलकर खाना उनकी सेहत का राज़ है।

वे रिश्तों को अहमियत देते हैं। बाहरी रिश्तों को निभाने के साथ-साथ बेटी-दामाद, समधियाना, बेटा-बहू, पोते-पोती, नाती-नतिनी को लेकर वे हमेशा उद्विग्न दिखाई पड़ते हैं। बखूबी दोस्ती निभाते हैं। वक्त मिलने पर बेटियों के पास चले जाते हैं। उन्हें हाथ का खाना बहुत पसन्द है। कभी रचना (रोली) के घर या कभी सन्ध्या दीदी के घर घूमने चले जाते हैं। और भी अच्छा लगता है बहन के लिए उनका प्यार देखकर। भाई-बहन में बड़ा प्रेम है, स्वर्गीय बन्धन है। बहन के पास कलकत्ते चले जाते हैं। कहते हैं, 'बहन बड़ा ख़याल रखती हैं, सिर पर तेल लगा देती हैं।' वाह क्या किस्मत!

जिस दिन सर को 'ज्ञानपीठ' पुरस्कार मिला, टी. वी. पर देखकर उन्हें फोन किया। वहाँ से संगीतमय स्टाइल में उनके 'हैलो' की आवाज़ आयी। मैंने खुश होकर उनसे कहा, 'सर! ज्ञानपीठ के लिए बधाई। न जाने क्यों ऐसा लग रहा है जैसे मुझे मिला है।' 'हाँ, तुम्हें ही तो मिला है', हँसकर कहते हुए पुरस्कार मुझे दे दिया। इतने बड़े कवि और गुरु का स्नेह और

निकटता सौभाग्य की बात है। मुशीर साहब को बेहद पसन्द करते हैं। उनकी कविताओं के बारे में चर्चा होती है, होती रहेगी। भाषा मधुर है, जिसमें हिन्दी-उर्दू का संगम दिखाई देता है। उर्दू का तलफ्फ़ुज़ बहुत बढ़िया है। सर 'खाली' नहीं 'ख़ाली' कहा करते हैं। उर्दू 'ख़े' का उच्चारण हलक से बख़ूबी कर लेते हैं। कविता उनके लिए हृदय से पनपती है, बुद्धि की छाया के साथ चलती है। अतः कविता में विद्वत्ता दिखाना शायद उनके कवि स्वभाव के विरुद्ध है। अपनी कविता में सवाल के माध्यम से वे आपको जाग्रत करते हैं—

'क्या कभी सोचा है आपने
वह जो आपकी कमीज़ है
किसी खेत में खिला
एक कपास का फूल है
जिसे पहन रखा है आपने।'

—(कपास के फूल : 'सृष्टि पर पहरा')

अपने 'स्व' के दायरे में वे सबको समेट लेते हैं।

केदारनाथ सिंह : बार-बार

–दिविक रमेश

दिल्ली में होने के कारण कवि केदारनाथ सिंह को जानने-समझने का बार-बार अवसर मिला है। उनके मिलने पर हुए अनुभवों को कभी-कभार डायरी में लिखित रूप में उतारा है। उतारा इसलिए कि बाद में असल में नकल का तड़का न लग जाए। जब जैसा महसूस किया, वैसा लिख दिया। यूँ मैं डायरी नियमित रूप से नहीं लिखता। अपने अनुभव से इतना अवश्य कह सकता हूँ कि एक व्यक्ति के व्यक्तित्व का एक 'सामान्य' रूप खोजा जा सकता है लेकिन एक व्यक्ति के व्यक्तित्व का अनुभव हमेशा एक जैसा ही हो, यह जरूरी नहीं। मेरे सन्दर्भ में केदार जी भी एकदम अपवाद नहीं हैं। यहाँ मैं डायरी के पन्नों से कुछ सामग्री ज्यों का त्यों उतारने जा रहा हूँ ताकि मुझसे होते हुए उनके व्यक्तित्व की कुछ सच्ची-कच्ची झलक मिल सके। हाँ, उनके साथ ही कुछ अन्य महानुभावों के भी दर्शन हो जाएँ तो कृपया अन्यथा न लीजिए। यूँ समझ लीजिए कि उनके बीच से भी केदार जी के व्यक्तित्व का कोई न कोई आयाम उभरा ही। यह भी बता दूँ कि उन दिनों मैं शमशेर, केदारनाथ अग्रवाल, त्रिलोचन और नागार्जुन की कविताओं में डूबा हुआ था और अज्ञेय के मोहजाल से भरसक निकलने का प्रयत्न कर रहा था। केदारनाथ सिंह की कविताओं के बारे में त्रिलोचन जी से बातें होती थीं लेकिन 'ज़मीन पक रही है' की कविताओं से अभी बहुत प्रभावित नहीं हो सका था, शायद अपनी तात्कालिक रुचि और तैयारी के चलते। थोड़ा रुक कर बता दूँ कि जब 1983 में राधाकृष्ण प्रकाशन से प्रकाशित केदार जी का संग्रह 'यहाँ से देखो' पढ़ा तो वे मेरे रुचि के कवियों में सम्मिलित हो गये। इसी संग्रह की एक कविता 'पृथ्वी रहेगी' मेरी निगाह में आज तक की एक उत्कृष्ट कविता है। इसके बारे में मैंने 'कवि केदारनाथ सिंह' (सं. भारत यायावर, राजा खुगशाल) नामक पुस्तक में लिखा था–"मेरे इने-गिने प्रिय कवियों में से एक हैं–केदारनाथ सिंह। केदार जी की किसी एक कविता का जब भी मुझे ललक के साथ ध्यान आता है

तो वह होती है 'पृथ्वी रहेगी'। हर बार। 'पृथ्वी रहेगी' को मैंने बार-बार पढ़ा है और हर बार मानो संवेदना की एक नयी फड़फड़ाहट से भर गयी है काया और आत्मा....।" सोचता हूँ कि कवि को इस कृति पर साहित्य अकादमी का पुरस्कार क्यों नहीं मिल सका? मुझे जाने क्यों लगता रहा है कि 'अकाल में सारस' से बेहतर 'यहाँ से देखो' है। यहाँ मैं अपनी डायरी, दिनांक 22-4-1990 का सहारा लेना चाहूँगा जिसमें केदार जी का एक बहुत ही घरेलू या कहूँ आत्मीय रूप भी उभरकर आता है और उनके कविता संग्रहों की चर्चा भी जिसमें लिखा है—अपने इस घर (बी-295, सेक्टर-20, नोएडा) में, डॉ. श्रीमती निर्मला जैन, डॉ. नामवर सिंह, डॉ. केदारनाथ सिंह, डॉ. विश्वनाथ त्रिपाठी और डॉ. नित्यानन्द तिवारी को बुलाने की इच्छा काफी वर्षों से थी। 1986 में हम अपने इस नये घर में आ गये थे। इस बीच बुलाये जाने की बात कई बार चली लेकिन किसी न किसी कारण योजना सफल न हो सकी। मन में कितनी ही बातें थीं।....केदार जी ने इधर मेरे तीसरे संग्रह के लिए कविताएँ चुनी थीं। वे मेरे प्रिय कवियों में से एक हैं। खैर, 22-4-90 का दिन आ ही गया। ...शाम बहुत ही खूबसूरत बन गयी और हमारा घर तो गौरवान्वित हो उठा—शायद असहज भी सहज होने की कोशिश में। ...बातों-बातों में पता चला कि सम्भवतः 1966 के आसपास सुरेश अवस्थी के यहाँ नामवर जी ने शराब चखी थी। दुनिया भर की बातें हुईं। खाना खाने के बाद प्रस्थान का समय आ गया। (सब) गेट से बाहर आ गये थे। निर्मला जी, द्विवेदी जी (कमलाकान्त द्विवेदी) की गाड़ी में बैठ चुकी थीं और कदाचित् नामवर जी भी। तभी केदार जी ने कहा—घर पूरा तो देख लिया जाए। मैं संकोचवश इस बारे में कुछ नहीं कह सका था। मुझे केदार जी की इच्छा बहुत ही प्रीतिकर लगी। द्विवेदी जी पहले ही घर देख चुके थे...जब वे पहली बार आये थे। केदार जी जब मेरी बेटी दिशा के कमरे में गये तो वहाँ उन्होंने उसका एक खिलौना 'टेडीबीयर' देखा, बहुत ही स्नेह से उन्होंने उसे छुआ। मुझे बहुत ही अच्छा लगा। अद्भुत हृदय था। एक बड़े कवि का बड़ा व्यवहार। द्विवेदी जी ने बच्चों को विशेष रूप से बुलवाया और उनसे विदा ली। हाँ, ...बातचीत में मैंने कहा था कि 'अकाल में सारस' और यहाँ से देखो' में कौन-सी कृति उत्तम है, इस पर विवाद है। नामवर जी ने इस पर कहा था कि दोनों एक ही कवि की रचना हैं और किसी भी कवि के लिए यह जरूरी नहीं होता कि वह एक जैसी रचना ही करता रहे। सोचता हूँ, केदार जी की कृतियों के बारे में जिस 'कहन' में नामवर जी ने बात रखी थी उससे केदार जी के प्रति नामवर जी का भाव भी प्रकट हुआ और उनका अपना अन्दाज भी। यहाँ साहित्य अकादेमी पुरस्कार से जुड़ा वह

सन्दर्भ भी याद हो आया है जिसने केदार जी को बहुतों की निगाह में पुरस्कार की औकात से भी ऊँचा उठा दिया था। पुरस्कार की घोषणा के बाद केदार जी ने अपने मन की बात व्यक्त की थी कि उनसे पहले श्री गिरिजा कुमार माथुर को पुरस्कृत किया जाना चाहिए था। डायरी के पन्ने उलटता-पलटता हूँ तो एक और खास पन्ना सामने आ गया है।

रविवार (15-3-1982)। सुबह दस बजे के लगभग केदारनाथ सिंह के घर पर पहुँच गया हूँ। जेएनयू का पूर्वांचल (जहाँ उनका घर था) बहुत ही रमणीक इलाके में है। चाय-वाय आ गयी। कुछ बातें शुरू हुईं। केदारनाथ अग्रवाल, त्रिलोचन, नागार्जुन और शमशेर पर बातें शुरू हो गयी थीं। त्रिलोचन जी से ली गयी (मेरी एक बहुत लम्बी) भेंटवार्ता जो 'जनयुग' में छपी थी, उसकी एक प्रति केदार जी को देनी थी। केदार जी के अनुसार नागार्जुन अपनी और दूसरों की कविताओं में अच्छे-बुरे का विवेक रखने में सबसे आगे हैं। उसके बाद त्रिलोचन हैं। उनकी निगाह में ये सभी कवि 'मेजर' कवि हैं। (लेकिन) केदारनाथ अग्रवाल के बारे में उनकी मान्यता थी कि उनकी कविताओं के चयन की आवश्यकता है। उनके अनुसार 'हे मेरी तुम' में से केवल पाँच कविताएँ ही लेने लायक हैं। मुझे उनका वह खरा-सा रूप अच्छा लगा था। मेरा तो मानना था कि चयन की आवश्यकता तो नागार्जुन की कविताओं को भी है।

प्रसंग बदला। जीवन के बारे में बातें शुरू हुईं। केदार जी ने पूछा कि तुम्हारा (मेरा) अगला कविता-संग्रह कब तक आ रहा है? अब आ जाना चाहिए। उन्होंने आगे कहा कि आवेग में छपी (मेरी) 'पंख' कविता उन्हें बहुत ही पसन्द आयी है। उसे देखकर उन्होंने सोचा था कि अब दूसरा संकलन आना चाहिए। केदार जी का मेरे प्रति वह सरोकार कितना आत्मीय था और अविस्मरणीय भी, इसे अलग से कहने की जरूरत नहीं है?

याद तो मुझे 14.3.82 वाला पन्ना भी हो आया है। इसी दिन मैं नामवर जी के घर गया था—लगभग सुबह के 11 बजे। पता चला था कि उन्हें चोट लगी थी। दरवाजे में घुसते-घुसते ही केदारनाथ सिंह जी भी मिल गये थे। उस दिन जनवादी मंच और भैरव प्रसाद गुप्त के बारे में बातें हुईं। नामवर जी के पास हमेशा फर्स्टहैण्ड समाचार रहे हैं, यह मैंने जाना। उनका आनन्द लेऊ और दिलाऊ लहजा भी बहुत आकर्षक था। विस्तार से फिर कभी। मैंने पाया कि केदार जी विवादित बातों में अपनी ओर से कुछ कहने की दृष्टि से न के बराबर शरीक हुए थे। जहाँ से सफदरजंग एन्क्लेव तक केदार जी मेरे साथ मेरे (दो पहिया) स्कूटर पर बैठ कर आये थे। उन्हें एक काम के

सिलसिले में साहित्य अकादमी पहुँचना था। अगले दिन उनके घर पर मिलना भी तय हो गया था।

विवादों से परे रहने की उनके स्वभाव की एक और घटना याद आ रही है। बात काफी पहले की है। इन्दौर में प्रगतिशील लेखक संघ की ओर से 'त्रिलोचन महत्त्व' का कार्यक्रम आयोजित किया गया था। मैं भी आमन्त्रित था। पहले भोपाल था और वहीं से इन्दौर जाना था। केदारनाथ सिंह को भी कार्यक्रम में शरीक होना था। हम दोनों ही भोपाल में थे–भगवत रावत के घर पर। उन दिनों अशोक वाजपेयी भोपाल में ही अधिकारी थे। केदार जी उनसे मिलने उनके कार्यालय गये तो मुझे भी साथ ले गये। थोड़ी देर बाद हम अशोक जी के कार्यालय स्थित उनके कमरे में उनकी मेज के समीप उनके सामने बैठे थे। मुझे इतना भर याद आ रहा है कि अशोक जी के चेहरे पर क्रोध उमड़ रहा था और हाथ में पकड़ा पेपरवेट घूम रहा था। असल में उन्हें इन्दौर कार्यक्रम में सम्मिलित होने का निमन्त्रण नहीं मिला था। अशोक जी को प्रगतिशील लेखक संघ, मध्य प्रदेश के आयोजकों में से कृतघ्नता की बू आ रही थी। मैं तो क्या बोलता...यूँ भी उस समय न अशोक जी मुझे कुछ मानते थे और न ही (मेरी समझ में) मुझे जानते थे। केदार जी के चेहरे पर छाया भाषागत आदि नियन्त्रण और शान्त भाव अद्‌भुत था। एक मित्र से कैसे मिला जाना चाहिए, उसका एक अच्छा उदाहरण। मैंने केदार जी में, अनचाही स्थितियों में भी सहज रहने की कला के दर्शन कई बार किये हैं। एक बार तो अपने सन्दर्भ में भी। बात तब की है जब हिन्दी अकादमी से उनके सम्पादन में कविता-संग्रह निकला था। हिन्दी अकादमी से मेरी कविताओं का संग्रह 'खुली आँखों में आकाश' पुरस्कृत हो चुका था। मेरा तीसरा संग्रह 'हल्दी-चावल और अन्य कविताएँ' प्रकाशित हो चुका था जिसकी कविताओं की विशिष्टता केदार जी लिख कर उजागर कर चुके थे। केदार जी ने अक्सर मुझे सार्वजनिक रूप से कई अवसरों पर अपना प्रिय कवि भी कहा है...आज तक। लेकिन उस समय मुझे लगभग आघात पहुँचा जब मैंने हिन्दी अकादमी के संकलन में खुद को नदारद पाया। उस समय के सचिव से तो मुझे कुछ खास उम्मीद तो थी नहीं जो मुझे अहंकारी और एक खेमे विशेष के प्रोमोटर अधिक लगते थे। यह सोचकर खुद को तसल्ली देनी चाही कि जरूर सचिव महोदय ने ही खुराफात की होगी। लेकिन जब एक बार मैंने केदार जी से ही किसी प्रसंग में, हिन्दी अकादमी से पुरस्कृत होने के बावजूद उस संकलन में अपनी कविताओं के न होने की बात रखी तो उन्होंने बहुत ही सहज ढंग से अपना अचम्भा व्यक्त किया और एक कारण भी खोज निकाला, यह कहते हुए कि चयन के काम

में जेएनयू के एक विद्यार्थी ने मदद की थी, उसी से भूल हो गयी होगी। अब कोई क्या बोलता। यही तो केदारनाथ सिंह की केदारियत है—कदाचित्।

स्कूटर पर बैठने वाली बात ने एक और घटना की याद दिला दी है। मैंने पीएच.डी. की उपाधि के लिए अपना कार्य नौकरी लगने के काफी बाद किया था। कविता के क्षेत्र में पहचाना तो जाने ही लगा था। केदार जी से भी परिचय हो चुका था। उपाधि के लिए दिल्ली विश्वविद्यालय में मौखिकी (वाइवा) का आयोजन किया गया था। पता चला था कि परीक्षा के लिए केदारनाथ सिंह जी को आना है। जहाँ तक मुझे याद है, उस दिन केदारनाथ सिंह अमर कालोनी स्थित मेरे घर पर आ गये थे और वहाँ से मेरे स्कूटर पर बैठकर ही विश्वविद्यालय पहुँचे थे। उन्होंने ही नहीं मैंने भी उनसे परीक्षा को लेकर कोई बात नहीं की। हाँ, इतना जरूर अनुरोध कर लिया था कि वे मेन गेट पर ही उतर जाएँ ताकि किसी को यह न लगे कि परीक्षार्थी और परीक्षक एक साथ आये हैं। लगभग ऐसी ही घटना तब घटी थी जब मैं आई.सी.सी.आर. के कार्यालय में साक्षात्कार देने गया था और केदार जी साक्षात्कार लेने वाली समिति के सदस्य थे। अन्तर केवल इतना था कि तब मेरे पास एक पुरानी कार हो चुकी थी। उस अवसर पर भी केदार जी ने साक्षात्कार को छोड़ शेष बातें ही की थीं। उनका वह निष्पक्ष रूप मुझे बहुत ही प्रेरणादायी लगा था। मैंने पाया है कि केदार जी एक भावुक व्यक्ति हैं जो सकारात्मक सोच में विश्वास रखते हैं। उनमें कभी अहंकार का भाव, कम से कम, मैंने तो नहीं देखा। उनके साथ बहुत ही सहज भाव से रहा जा सकता है। उनकी सहजता को लेकर एक और किस्सा याद आया। उन दिनों मैं दिल्ली विश्वविद्यालय के एक महाविद्यालय में प्राचार्य था। एक दिन अचानक केदारनाथ सिंह जी मेरे कमरे में प्रकट हुए तो एक ओर आश्चर्य था तो दूसरी ओर अपार खुशी। उन्होंने बताया कि आपसे मिलने का मन हुआ तो इधर चला आया। उनकी सहजता से तो मैं पहले ही परिचित था। उस दिन मुलाकात हुई। झटपट सम्मानित करने का मोह नहीं त्याग सकता था। सहयोगियों ने इसमें मेरी मदद की।

अनेक अनुभव हैं। कितनी ही बार मेरे घर, उनके घर और अन्य स्थानों पर मुलाकातें हुई हैं। मेरी पुस्तकों पर बोले हैं। संकेत दे चुका हूँ कि मेरे तीसरे कविता संग्रह 'हल्दी-चावल और अन्य कविताएँ' के लिए न केवल कविताओं का चयन किया था बल्कि एक अच्छी टिप्पणी भी लिखी थी। मेरी चुनी हुई कविताओं के संग्रह 'गेहूँ घर आया है' पर बोलते हुए उन्होंने जो कहा था, वह रिपोर्ट के रूप में भी प्रकाशित है और उसी से एक अंश यहाँ दे रहा हूँ—"यह चेहरा-विहीन कवि नहीं है बल्कि भीड़ में भी पहचाना जाने वाला कवि है। यह

संकलन परिपक्व कवि का परिपक्व संकलन है और इसमें कम से कम 15-20 ऐसी कविताएँ हैं जिनसे हिन्दी कविता समृद्ध होती है। इनकी कविताओं का हरियाणवी रंग एकदम अपना और विशिष्ट है। शमशेर और त्रिलोचन पर लिखी कविताएँ विलक्षण हैं। दिविक रमेश मेरे आत्मीय और पसन्द के कवि हैं।" विशिष्ट अतिथि केदारनाथ सिंह ने इस संग्रह को रेखांकित करने और याद करने योग्य माना। कविताओं की भाषा को महत्त्वपूर्ण मानते हुए उन्होंने कहा कि दिविक ने कितने ही ऐसे शब्द हिन्दी को दिये हैं जो हिन्दी में पहली बार प्रयोग हुए हैं। उन्होंने अपनी बहुत ही प्रिय कविताओं में से 'पंख' और 'पुण्य के काम आये' का पाठ भी किया। कार्यक्रम के अध्यक्ष प्रोफेसर नामवर सिंह ने कहा कि वे किसी बात को दोहराना नहीं चाहते और उन्हें कवि केदारनाथ सिंह के विचार सर्वाधिक महत्त्वपूर्ण लगे। उन्होंने यह भी कहा कि वे केदारनाथ सिंह के मत पर हस्ताक्षर करते हैं। उनके अनुसार "एक कवि की दूसरे कवि को जो प्रशंसा मिली है, उससे बड़ी बात और क्या हो सकती है।" इस उद्धरण को कृपया आत्म प्रशंसा के रूप में लेकर न देखा जाए (क्योंकि मुझे अपने बारे में कभी जरूरत से ज्यादा भ्रम नहीं रहा है) बल्कि इस रूप में देखा जाए कि एक अगली पीढ़ी का अपने पीछे आने वाली पीढ़ी के प्रति कैसा उत्साहवर्धक व्यवहार होना चाहिए। तभी इसकी सार्थकता है।

मैं त्रिलोचन जी के बहुत करीब रहा हूँ। उन्होंने केदार जी से सीखने की सलाह बराबर दी थी। अपने अनुभवों के आधार पर कहा जा सकता है कि कवि केदारनाथ सिंह के व्यक्तित्व से बहुत कुछ सीखा जा सकता है।

अपने जनपद के दिल में रहेंगे केदारनाथ सिंह

—यशवन्त कुमार सिंह

मैंने हिन्दी के विख्यात कवि डॉ. केदारनाथ सिंह को उनके पैतृक गाँव चकिया, बलिया में तब भी देखा है, जब उनका पूरा परिवार उनके साथ हुआ करता था। उनकी पाँचों बेटियाँ, उनका एकमात्र पुत्र सुनील और उनके माता-पिता सभी साथ थे। श्री सिंह उदित नारायण स्नातकोत्तर महाविद्यालय, पडरौना, देवरिया में बतौर प्राचार्य पदस्थापित थे और गाँव जाने का कोई भी अवसर हाथ से जाने नहीं देते थे। सपरिवार और कई बार अकेले भी। उनकी माँ और पिता जी तो स्थायी रूप से गाँव में थे ही। होली-दीवाली-सर्दियों की सुखद छुट्टियाँ हों, या बेहद त्रस्त कर देने वाली गर्मियों की, शायद ही कभी ऐसा हुआ हो कि वे गाँव नहीं गये हों। अपने अभिन्न रामकिशोर सिंह तथा पं. रमाशंकर त्रिपाठी के साथ आम के बगीचों में तरह-तरह के आमों का आस्वादन करते हुए उन्हें अक्सर देखा जा सकता था। वस्तुतः रस जब अन्दर भरा हो, तो गर्मी की क्या मजाल, जो उसे बेमज़ा कर दे! ऐसा प्रतीत होता था। मानो बिना शुरू हुए ही छुट्टियाँ गुज़र जाती हों।

केदारनाथ सिंह, रामकिशोर सिंह तथा पं. रमाशंकर त्रिपाठी की एक ऐसी तिकड़ी थी, जो हँसी-मजाक और आपसी चुहलबाजियों के लिए बेहद चर्चित थी। यह 'तिकड़ी' निस्सन्देह अपनी दुनिया में मस्त रहती थी, पर गाँव में शायद ही कोई हो, जो इसकी चर्चा न करता हो और यह 'तिकड़ी' भी जिसकी खबर न लेती हो। इस त्रयी से जुड़ी आपसी चुहलबाजियों, हँसी-मजाक और शरारतों के असंख्य ऐसे रोचक किस्से हैं, जो किसी स्वतन्त्र लेखन में ही समेटे जा सकते हैं।

डॉ. साहब की एक बड़ी विशेषता है, उस गँवई परिवेश में भी उतना ही सहज होना, जितना महानगरीय और विश्वविद्यालयीय परिवेश में। यह सच है कि गाँव हो या शहर सहजता की दृष्टि से उन्हें कोई फर्क नहीं पड़ता। दोनों एक सिक्के के दो पहलू की तरह हैं। भाड़ में जाएँ शहर की तमाम भौतिक

सुविधाएँ। गँवई सुख पर सब न्यौछावर। यह भी सच है कि उन्हें गाँव आने की प्रतीक्षा रहती थी, तो गाँव में कुछ ऐसे लोग भी थे, जो उनके गाँव आने की प्रतीक्षा में ही मानो जीवित रहते हों। रामकिशोर सिंह इसी श्रेणी के व्यक्ति थे। इन लोगों को एक साथ देखना सचमुच एक अलग अनुभव था। यह एक सुखद संयोग है कि पं. रमाशंकर त्रिपाठी, जो उम्र के लिहाज से इस श्रेणी के सबसे बड़े सदस्य हैं, अभी पूरी तरह स्वस्थ हैं।

पर अब न वह पीने वाले रहे न वह मधुशाला रही। अब उनका भरा पूरा परिवार गाँव में नहीं रहा। उनकी पत्नी का लम्बी बीमारी के बाद काफी पहले ही निधन हो गया। सभी बेटियों की शादी हो गयी। पुत्र सुनील दिल्ली में ही बतौर प्रशासनिक अधिकारी नियुक्त हैं। गाँव में उनके कई अन्य मित्र भी थे, जो अब नहीं रहे। सब कुछ बदल गया। नहीं बदला तो केवल डॉ. साहब और उनके गाँव का रिश्ता। संग्रह के बचे हुए कुछ दीपों के साथ उसी मस्ती में जीते हैं केदारनाथ सिंह। गाँव जाने की अभिलाषा जब समस्याओं और चुनौतियों से भी बड़ी हो जाए, उसकी आतुरता ही जब जीने का मकसद बन जाए; तो कोई फर्क नहीं पड़ता। 'रहे न हाला प्याला, साकी तुझे मिलेगी मधुशाला।'

और कुछ हो न हो काफी है; वहाँ की मिट्टी। वहाँ के 'ऊबड़ खाबड़' रास्ते। तमाम वे लोग जिनके साथ और जिनके साये में उन्होंने अपने बचपन की शुरुआत की। असुविधाओं का भी अपना 'रस' होता है। यह अलग बात है कि गाँव आने के बाद कभी-कभी निरर्थकता का भी बोध होता है, वर्ना क्यों कहते हैं 'अब आ तो गया हूँ, पर क्या करूँ, कहाँ जाऊँ, किससे मिलूँ, कैसे मिलूँ कि बीच में दिल्ली न आये।' पर इस दिल्ली का क्या करें? वह तो आ ही जाती है। जो व्यक्ति रोटी में नमक की तरह समा जाना चाहता हो, उसके लिए निःसन्देह यह कड़ी पीड़ा है।

यह भी सच है कि गाँव अब 'वह' गाँव नहीं रहा कई कारणों से बहुत सारी अपसंस्कृतियाँ वहाँ भी अपने पाँव पसार चुकी हैं। नयी पीढ़ी का वह पारम्परिक लिहाज, संस्कार, वहाँ की खास सामूहिक चेतना काफी घटी है। पर डॉक्टर साहब की महज उपस्थिति इन अपसंस्कृतियों के विरुद्ध एक अघोषित सेंसर का काम करती है। एक ऐसा सेंसर, जो प्रभावित होने वालों को बहुत अप्रिय भी नहीं लगता। नयी पीढ़ी के बीच घुल-मिलकर उसे बदलने की कला तो कोई डॉक्टर साहब से सीखे। घुलना-मिलना और लिहाज वस्तुतः ये दो छोर प्रतीत होते हैं, पर इन दोनों को वे एक साथ साधते हैं। शायद यही आज की जरूरत भी है।

न सिर्फ बार-बार वे खुद गाँव आते हैं, बल्कि ऐसा करने के लिए दूसरों के लिए वे प्रेरणा भी हैं। मैं खुद को भी उनसे प्रेरित महसूस करता हूँ। निःसन्देह मेरा गाँव से अटूट सम्बन्ध है, पर इन दिनों कई प्रतिकूलताओं के चलते कलकत्ता से बार-बार गाँव आने की स्थिति में नहीं रहते हुए भी, ऐसा करने का लोभ संवरण नहीं कर पाता। वो अगर गाँव में होते हैं, तब और भी मुश्किल हो जाता है। उनके साथ गाँव में होने का, उन्हीं रास्तों पर बार-बार चलने का, उन बेमतलब की चीज़ों को बार-बार देखने का, उन्हीं सुनी-सुनायी घटनाओं, संस्मरणों तथा किस्से-कहानियों का सुख ही कुछ और होता है। जैसे नदी में हर बार नहाना पहली बार नहाना होता है, उसी तरह बार-बार सुनना और देखना सिर्फ पहली बार देखना और सुनना होता है। ऐसा प्रतीत होता है मानो उसके अर्थ ही बदल जाते हों। लगता है, कुछ है, जिसे उनकी उपस्थिति के बगैर देखा नहीं जा सकता। एक अद्‌भुत 'अनिर्वचनीय सुख' महसूस होता है। उनके व्यक्तित्व का यह विलक्षण पक्ष है कि पता भी नहीं चलता और देखने वालों को मानो 'नयी आँखें' मिल जाती हैं।

उनके बारे में यह कहना ज्यादा उचित होगा कि उनका शरीर शहर का है तो आत्मा गाँव की। व्यक्तित्व की यह समग्रता ही उन्हें लेखन की दुनिया में दूसरों से विशिष्ट बनाती है। पूरी प्रतिबद्धता, मानवीय दृष्टिकोण तथा सर्वथा अलग तरह की 'ग्रामीण संवेदना' के साथ लेखन इसके बिना सम्भव ही नहीं है। गाँव से पूर्ववत् जुड़े रहने की यह कोशिश ही तो है कि एक घमरे का एक छोटा-सा घर उन्होंने कोई दो वर्षों पूर्व बनाया है, ताकि गाँव आने पर अपेक्षाकृत पहले वाले बड़े घर की साफ सफाई की जहमत न रहे। उन्हें अच्छी तरह पता है कि शायद ही उनके परिवार का कोई भी सदस्य यहाँ रहने की नीयत से आये।

अभी-अभी कलकता में एक बातचीत के दौरान उन्होंने कहा कि अकेले यात्रा करने की अब तो पहले वाली क्षमता नहीं रही, पर बार-बार गाँव जाने की इच्छा होती है। उन्होंने कहा कि वैसे तो मैं कहीं न कहीं जाता ही रहता हूँ, पर भीतर से सिर्फ गाँव जाने की इच्छा होती है। यह है अपनी मिट्‌टी की गन्ध, उसके प्रति आकर्षण तथा उनका लगाव। बनावटीपन और बोझिल औपचारिकता से दूर यह सहजता और कहाँ मिलेगी? यह वही सहजता है, जो उन्हें बार-बार रिचार्ज करती है, रचनात्मक ऊर्जा प्रदान करती है।

उनकी कविताओं में आये हुए कई नाम तथा स्थान इसी मिट्‌टी के तो हैं। गाँव की 'अनाम नदी' जिसके किनारे कभी-कभी लोग लाशों को फूँक आते हैं, ठीक उनके घर के सामने है। 'माँझी का पुल, जिसके पाए दिन के

उजाले और रात के अँधेरे में घटते-बढ़ते रहते हैं, उनके गाँव के करीब ही तो है। 'इब्राहिम मियाँ', 'नूर मियाँ', 'नारायण' बेहद जाने-पहचाने और इसी मिट्टी के जीवन्त पात्र हैं।

नारायण से जुड़ी एक और घटना मुझे अब तक चुभती रहती है। डॉक्टर साहब के सहपाठी थे 'नारायण', जो अब मेहनत-मजदूरी करके ही अपना जीवन-यापन करते थे, उन्हें अचानक दीख गये। डॉ. साहब गाँव आये हुए थे। उन्होंने स्वाभाविक रूप से 'नारायण' को घर आने और मिलने के लिए कह दिया। दूसरे दिन नारायण जरूर आये, पर जैसे ही डॉ. साहब को लगा कि वे ऐसे ही 'मिलने-जुलने' नहीं, बल्कि मजदूरी करने की बात समझ के आये हैं, तो वे बहुत दुःखी हुए। दिन में कई बार उन्होंने मुझसे कहा कि नाहक मेरी वजह से उसकी मज़दूरी चली गयी। 'नारायण' चले गये, पर डॉ. साहब न नारायण का आना भूल सके, न नारायण का जाना। जाते-जाते नारायण एक गम्भीर सवाल छोड़ गये। क्या एक समय के बाद ऐसे सम्बन्ध 'इस व्यवस्था' में सिर्फ मालिक और मजदूर के रूप में ही जीवित रह सकते हैं? अगली यात्रा में जब वे गाँव आये, तो मुझको साथ लेकर नारायण के घर खुद गये। नारायण काफी बीमार थे। कमजोर हो गये थे। डॉक्टर साहब ने इलाज के लिए, काफी संकोच के साथ कुछ पैसे नारायण को दिये।

गाँव उन्हें कई रूपों में याद आता है। जब दिल्ली के 'कनाट प्लेस' में काफी दिनों बाद उन्हें भैंस दीख जाती है, तो उन्हें अपने परिवेश के एक अनिवार्य हिस्से के निरन्तर छूटते जाने से पीड़ा होती है और वह कविता में व्यक्त होती है। अपनी एक और कविता में वे विचित्र दिखाई पड़ते हैं। जब उन्हें पता चलता है कि हमारी कृषि संस्कृति को एक महत्त्वपूर्ण हथियार 'कुचाल' की शहरी ड्राइंग रूम में रखने की कोई जगह नहीं है। यह वही 'लोक मानस' है, जो चाहे जहाँ रहे, पर सहजता और तृप्ति अपने उस मूल परिवेश में ही महसूस करता है, जहाँ वह निर्मित होता है।

'प्रभात खबर' के इसी जुलाई के किसी अंक में मैंने प्रीति सिंह 'परिहार' के साथ 'बातचीत' का एक अंश देखा था। गाँव के प्रति अपने स्वभाव के बारे में जो उन्होंने कहा, वह उन्हीं के शब्दों में देखें—दिल्ली महानगर है। इस महानगर के साथ पूरी तरह अपना हाथ नहीं मिला पाया हूँ। मैं छोटे शहरों और गाँव में रहा हूँ। महानगर में थोड़ा कटा-कटा अलगाव-सा महसूस करता हूँ। एक सामूहिक जीवन होता है, जो छोटे शहरों और गाँवों में खत्म होते-होते भी अभी बचा हुआ है। उसकी प्यास आज भी मेरे मन में कहीं न कहीं है। यही वह प्यास है, जो बड़े शहरों में नहीं बुझ पाती और बार-बार खींचकर

गाँव ले आती है। सच तो ये है वो जितनी बार गाँव आते उनकी यह प्यास बजाय बुझने के और बढ़ती जाती है। गाँव आना उनके स्वभाव और संस्कार में शामिल है, तो शहर जाना उनकी परिस्थितिजन्य बाध्यता। उनकी कविता की यह पंक्ति बरबस याद आती है।

'जाऊँगा, कहाँ। रहूँगा यहीं। किसी किवाड़ पर पड़े हुए हाथ के निशान की तरह। पर, किवाड़ क्यों दिलों में रहेंगे वो।'

सन्तुलन का उजास

–विश्वनाथ प्रसाद तिवारी

1961 से 1965 के बीच का समय था वह, जब मैं गोरखपुर विश्वविद्यालय में शोध कर रहा था। केदार जी उन दिनों पडरौना डिग्री कालेज में थे और अक्सर गोरखपुर आया करते थे। गोरखपुर पडरौना का निकटतम शहर है और तब वहाँ एक साहित्यिक मण्डली भी थी जिसमें रामसेवक श्रीवास्तव, देवेन्द्र कुमार बंगाली, परमानन्द श्रीवास्तव, हरिहर सिंह और रामविनायक सिंह प्रमुख थे। केदार जी गोरखपुर आते तो इन्हीं के बीच उठते-बैठते। उनकी कविताएँ 1959 में अज्ञेय सम्पादित 'तीसरा सप्तक' में प्रकाशित हो चुकी थीं और युवा कवि के रूप में उन्हें मान्यता मिल गयी थी। मैं अपने किराये के कमरे में पढ़ता-लिखता तो खूब था पर गाँव से आये विद्यार्थी के संकोच से मुक्त नहीं हो सका था। समझ नहीं पाता कि लेखक मण्डली से सम्पर्क कैसे हो? लेकिन चाह होती है तो राह भी मिल जाती है। स्थानीय गोष्ठियों में धीरे-धीरे सक्रिय होकर सबके सम्पर्क में आता गया। केदार जी से उन्हीं दिनों का शुरू हुआ सम्पर्क धीरे-धीरे प्रगाढ़ होता हुआ आज पचास वर्षों बाद भी बना हुआ है। बिना किसी दरार के इतना लम्बा सहज सम्बन्ध उल्लेखनीय तो माना ही जाना चाहिए। इस बीच उनसे गोरखपुर, दिल्ली और देश के अनेक नगरों में कितनी मुलाकातें हुईं, कितनी यात्राएँ साथ-साथ हुईं, कितनी सन्ध्या-रातें साथ गुजरीं, कितनी गम्भीर या हल्की-फुल्की बातें हुईं, इसका विवरण दे पाना मुश्किल है। हालाँकि बाद में मैंने डायरी लिखना शुरू कर दिया था जिसमें अनेक तिथियों के वृत्तान्त मिल भी जाएँगे।

जहाँ तक मुझे स्मरण है, 1971-72 में केदार जी मात्र तीन-चार महीनों के लिए गोरखपुर विश्वविद्यालय के हिन्दी विभाग में अध्यापक के रूप में आये थे, भटके मेघ की तरह, जहाँ मैं स्थायी होने के लिए भटक रहा था। उसके बाद वे जवाहरलाल नेहरू विश्वविद्यालय, दिल्ली चले गये। लेकिन अपना मन गोरखपुर और पडरौना में ही छोड़कर, जहाँ आने के हर अवसर का सदुपयोग करते रहे।

पूर्वांचल उनकी धमनियों में धड़कता था (या कहें कि धड़कता है) और यही तो कसौटी है दिल की कि चाहे जितनी ऊँचाई पर पहुँच जाय, उस जगह को न भूले, जहाँ से चला था। केदार जी जब भी इधर आते, और अक्सर आते, तो उनसे मिलना जरूर होता, क्योंकि उनका मिलने का अन्दाज निराला है। पुराने साथियों के बीच, अपनी माँ की तरह, वह भी केवल भोजपुरी जानते हैं।

ये वही दिन थे, बल्कि कहूँ कि यह वही दशक था, जब मैं अपनी साहित्यिक आकांक्षाओं के वशीभूत, लेखकों से मिलना एक पवित्र अनुष्ठान की तरह सम्पन्न कर रहा था। दिल्ली तब तक लेखकों की सबसे बड़ी बस्ती बन चुकी थी। है तो अब भी, पर कहाँ ये दाग उस उजड़े हुए गुल का जवाब। दिल्ली मेरा जाना अक्सर होता और वहाँ मेरे वृत्त के केन्द्र में थे केदार जी। कभी-कभी तो उन्हीं की छात्र-छात्राओं की एम.फिल., पीएच.डी. की मौखिकियों में जाना होता। मेरी पचासों शामें उनके और नामवर जी के घर गुजरी हैं। ऐसी सुरमयी सन्ध्याओं में और भी बहुत से लेखकों का जमावड़ा हो जाता। कभी-कभी तो मैं उनके घर ही रुकता, या न भी रुकता तो कभी भोजन करता। कभी वागीश शुक्ल के घर या गोमती गेस्ट हाउस में रुकता तो वे स्वयं आ जाते और उनके साथ नामवर जी, श्रीकान्त वर्मा, वरयाम सिंह, मनोहर श्याम जोशी के घर या राजकमल, साहित्य अकादेमी, दरियागंज, कनॉट प्लेस आदि जाना हो जाता। कई बार मैंने लक्ष्य किया कि यदि उनकी इच्छा वहाँ न भी जाने की होती, जहाँ मैं चाहता था, तो भी वे संकोच में या शीलवश या यह सोचकर कि मेरे बहाने वह भी हो लेंगे, मेरे साथ चल देते। साधन बस भी हो सकती थी और ऑटो भी। एक बार तो केदार जी, मैं और परमानन्द जी दरियागंज से एक ऑटो द्वारा आ रहे थे। कनॉट प्लेस के पास वाले ओवर ब्रिज के ठीक सबसे ऊँचाई वाले बिन्दु पर जब ऑटो पहुँचा, उसका अगला पहिया निकल कर डुगुरते हुए नीचे चला गया। अगर ऑटो के मात्र चार-छः इंच आगे पहुँचने पर यह संयोग घटित हुआ होता तो वह उलट गया होता और हमारे साथ कुछ भी दुखद से दुखदतम घटित हो सकता था। मगर पुराने लोग कहते हैं कि जब तक प्रकृति को अपने जातक से कुछ कराना होता है, तब तक उसकी रक्षा करती है।

एक घटना याद आ रही है, अमृतसर की। वर्ष और महीना ठीक याद नहीं, पर जरूर ही यह ब्लूस्टार (1984) के पहले की घटना है। तब पंजाब में हालात खराब थे और आये दिन वहाँ की हिंसात्मक घटनाओं की खबरें पढ़ने को मिलती थीं। केदार जी दिल्ली से पहुँचे थे और मैं गोरखपुर से। दोनों की ट्रेनें एक ही समय पर अमृतसर स्टेशन पहुँची थीं। भय के कारण अपनी

शिनाख्त छिपाने की गरज से मैं धोती-कुर्ते की बजाय पैण्ट-शर्ट में था। केदार जी ने दूर से मुझे पहचाना नहीं। मेरे निकट पहुँचने पर चकित हुए। उस यात्रा में हम दोनों साथ ही स्वर्णमन्दिर गये। ब्लूस्टार की दुखद घटना के बाद मैंने स्वर्ण मन्दिर पर 'आत्मा की वह धुन' शीर्षक से एक लम्बी कविता लिखी जिसमें केदार जी इस प्रकार आते हैं :

केदारनाथ सिंह भी थे उस दिन मेरे साथ
तब वे नये-नये गये थे जवाहरलाल नेहरू विश्वविद्यालय
अभी रहते थे गाँव में ही बेरसराय
और कैम्पस में नहीं मिला था मकान
जब मिला उन्हें हलवे का गरमागरम प्रसाद
तो आधा रख दिया मेरी हथेली पर
कहते हुए कि मिष्टान्न पर
ब्राह्मण का होता है शाश्वत अधिकार

एक और घटना, 11 अक्टूबर 1976 की। हम लोग (केदारनाथ सिंह, मैं, परमानन्द श्रीवास्तव और वागीश शुक्ल) जेएनयू में नामवर सिंह के कमरे में बैठे थे। मैंने केदार जी के कान में कहा कि वात्स्यायन जी को फोन करना है, उनका एक इण्टरव्यू लेना है। केदार जी ने मजाकिया अन्दाज में नामवर जी से पूछा, "बाइ द वे, नामवर जी, आपका फोन किया वात्स्यायन जी से मिलता है?"

नामवर जी ने मुस्कराते हुए कहा, "देखिए, कोशिश करता हूँ।" उन्होंने फोन मिला कर चोंगा मेरे हाथ में थमा दिया। मैंने वात्स्यायन जी से मिलने और बातचीत के लिए समय माँगा तो उन्होंने तुरन्त बुला दिया। उस समय दिन के बारह बजे थे और हममें से किसी ने भोजन नहीं किया था। मैंने टैक्सी ली और हम सभी उनके निवास गोल्फलिंक्स पहुँच गये। बातचीत लगभग डेढ़ घण्टे चली और सभी लोग उसमें शामिल रहे। यह साक्षात्कार बाद में संशोधित परिवर्द्धित रूप में एक-दो पुस्तकों में छपा। बातचीत के बीच अज्ञेय जी चाय लेकर आये तथा कुछ और खाने के लिए पूछा। उस दिन केदारनाथ जी से चूक हो गयी। उन्होंने सहज भाव से कह दिया कि हमने अभी खाना नहीं खाया है। वात्स्यायन जी की मुद्रा कुछ दयनीय हो गयी। उस समय उनके बँगले पर कोई नहीं था, ड्राइवर और नौकर भी नहीं, कि बाहर से कुछ मँगाते। वात्स्यायन जी फ्रिज से दूध में भिगोया कुछ तालमखाना लेकर आये। उस समय की उनकी स्थिति जानकर स्वयं हम लोगों की मुद्राएँ दयनीय हो गयीं।

9 अप्रैल 1980 में गोमती गेस्ट हाउस में रुका था। निश्चित कार्यक्रम के अनुसार सायं केदार जी आये और हम लोग श्रीकान्त वर्मा के 34, नार्थ

एवेन्यू वाले निवास पर गये। श्रीकान्त जी राजनीति में थे अतः उनसे मुलाकात करने वालों की संख्या ज्यादा हुआ करती थी। उन्होंने हमें अन्दर वाले ड्राइंग रूम में बैठाया और बीच-बीच में स्वयं उठकर बाहर वाले ड्राइंग रूम में आकर राजनीतिज्ञों से बातचीत कर लेते थे। उस दिन श्रीकान्त जी के साथ समकालीन साहित्य पर एक लम्बी बातचीत हुई जो 'दस्तावेज़' अंक 31/32 में प्रकाशित है।

ठीक दो वर्ष बाद, 1982 का अप्रैल महीना; मैं अपने छोटे भाई के लड़के को दिखाने आयुर्विज्ञान संस्थान गया था और आई.आई.टी. के नालन्दा हॉस्टल में रुका था। मेरे साथ मेरा लड़का भी था जिसे केदार जी ने अपने लड़के के साथ घूमने को भेज दिया और हम लोग नामवर जी के यहाँ पहुँच गये। वे चेकअप कराने गये थे क्योंकि अगले दिन उन्हें भाषण देने जबलपुर जाना था। केदार जी ने कहा, "भाषण नामवर जी का पथ्य है। एक भाषण दे देते हैं तो महीने भर के लिए स्वस्थ हो जाते हैं।" इस प्रकार की प्रीतिकर टिप्पणियाँ वे अपने आत्मीयजनों के बारे में अक्सर करते रहते हैं। उस दोपहरी बिजली की भयानक चमक के साथ इतनी भीषण वर्षा हुई कि मैं अपने लड़के के लिए चिन्तित हो गया जो पहली बार गाँव से दिल्ली आया था। लेकिन केदार जी ने आश्वस्त किया कि साथ में उनका लड़का दिल्ली से परिचित है। बारिश थमने पर रात दस बजे हम लोग अपने-अपने निवास पहुँचे। दूसरे दिन केदार जी मेरे हॉस्टल पहुँचे और हम लोग प्रेस क्लब गये जहाँ रघुवीर सहाय, विनोद भारद्वाज और रामसेवक श्रीवास्तव मिले। रघुवीर जी कुछ ही

दिन पूर्व 'दिनमान' से हटाये गये थे। उसी समय 'दस्तावेज़' का आठवें दशक की कविता पर अंक प्रकाशित हुआ था। केदार जी ने कहा—इसे सेलीबरेट करना चाहिए और उन्होंने स्वयं नामवर जी की अनुपस्थिति में उनके घर पर कार्यक्रम तय कर दिया तथा फोन से विष्णु खरे, विनोद भारद्वाज, रामसेवक श्रीवास्तव और गिरधर राठी को निमन्त्रित कर दिया। अगले दिन हमें विदा करने वे फिर नालन्दा हॉस्टल आये और टैक्सी पर हमें बैठा कर वापस लौटे। यह उनके पूर्वांचल के ग्रामीण मन का उजास है।

रामधारी सिंह 'दिनकर' कहते थे कि उन्होंने जीवन में जो सबसे महत्त्वपूर्ण काम किया, वह है परिवार की दर्जन भर कन्याओं का विवाह। केदार जी को उनकी अगली कड़ी में रख सकते हैं। केदार जी की पाँच कन्याएँ हैं। पूर्वांचल के सवर्णों में कन्या का विवाह करना कितना मुश्किल व्यापार है इसे वहाँ का निवासी ही अनुभव कर सकता है। वैसे भी एक मध्यवर्गीय गृहस्थ के लिए सबसे कठिन और खर्चीले दो ही कर्म हैं—कन्या का विवाह और गृह-निर्माण। केदार जी ने चुपचाप अपनी सभी कन्याओं के लिए बहुत अच्छे घर

ढूँढ़े, सादगी के साथ उनके विवाह किये और आज भी उनके घर जाते रहते हैं। अपनी मातृहीन कन्याओं को माँ का स्नेह देना, उनकी काव्य-रचना से कम उल्लेखनीय नहीं है। लेखकों में इसके उदाहरण विरल होंगे।

ज्ञातव्य हो कि केदार जी की पत्नी 1980 के आस-पास ही गुजर गयी थीं। एक लेखक का सद्‌गृहस्थ होना उन लेखकों के विचारों को आहत करेगा जो लेखक के लिए स्वेच्छाचारी बोहेमियन का आचरण स्वाभाविक मानते हैं।

मुझे सन्तोष है कि केदार जी की तीसरी कन्या के विवाह में मेरी कुछ भूमिका रही। 1982 में वे मौखिकी के लिए गोरखपुर आये थे। उन दिनों कबीर पर एक लम्बी कविता लिख रहे थे, जिसकी चर्चा उन्होंने की थी। वे जिस लड़के (श्री अनिल कुमार शाही) की मौखिकी में आये थे, वह मेरा छात्र था, उससे विवाह की सम्भावना बन सकती है। यह जानकारी मैंने उन्हें दी थी और उन्होंने उससे आरम्भिक बातचीत की जिम्मेदारी मुझे सौंपी। मेरे संकेत पर आगे का संयोजन उन्होंने किया। इस बीच वे गोरखपुर आते रहे। जनवरी 83 में जब आये तो फीमर की हड्डी टूट जाने के कारण मैं अस्पताल में भर्ती था, जहाँ मुझे देखने गये। 15 जून 83 को सायंकाल अपने लड़के और एक पण्डित जी के साथ आये। अगले दिन तिलक चढ़ाना था। मेरे ही घर से हम लोग तिलक चढ़ाने चले। तिलक चढ़ा कर साथ ही लौटे और छत पर दरी डालकर सो गये।

अगले दिन (17-6) वे परिवार लाने बलिया गये। 18-6 को सपरिवार लौटे। अपना भोजन साथ लाये थे। उन दिनों अपने घर में मैं अकेला था, सारा परिवार गाँव गया था। केदार जी सपरिवार पडरौना चले गये, जहाँ से विवाह होना था। गोरखपुर से हम तीन-चार लोग शामिल हुए। एकदम आडम्बरहीन विवाह यहाँ तक कि निमन्त्रण भी नहीं छपवाया। चार-पाँच लोगों को ही निमन्त्रित भी किया। लड़की की विदाई करके लौटे तो भावुक होकर कहने लगे, वह लड़की मेरी गार्जियन थी। उसके जाने पर बहुत दुख हुआ। पिछली दो लड़कियों की विदाई से अधिक।

मेरी पहली विदेश-यात्रा और वायु-यात्रा भी केदार जी के ही साथ हुई थी, सितम्बर 1999 में, लन्दन की। मन में भय स्वाभाविक था। केदार जी को भी उसी फ्लाइट से जाना था। जाना तो बहुत से लेखकों को था उसी फ्लाइट से, मगर मेरा निकटतम भरोसा केदार जी पर ही था।

फ्लाइट पाँच बजे प्रातः थी और हवाई अड्डे दो बजे रात को पहुँचना था। अतः मैं रात 10 बजे ही केदार जी के जेएनयू निवास पहुँच गया। हम साथ ही हवाई अड्डे गये, केदार जी ने दोनों का बोर्डिंग कार्ड अगल-बगल

बैठने का लिया और छोटे-छोटे नियम-निर्देश समझाते हुए लन्दन के ठिकाने तक साथ रहे। लौटती यात्रा उनकी किसी दूसरी फ्लाइट में थी लेकिन तब तक कुछ यात्रानुभव मुझे भी हो गया था।

केदार जी मुझसे उम्र में छः-सात वर्ष बड़े हैं और कवि रूप में तो और भी वरिष्ठ तथा सम्मानित, लेकिन यही तो उनकी खासियत है कि अपने कनिष्ठों से भी ऐसे घुलमिल जाते हैं जैसे जल में जल। एक-एक हल्के-फुल्के किस्से सुनाने लगते हैं जैसे पुराने सहपाठी हों। समय जो हो, चाहे तिजहर का नीरस या सन्ध्या का सरस, केदार जी लेखकों के किस्सों और शाइरों की शाइरी से तृप्त कर देते हैं। ताजातरीन सूचनाएँ और एक से एक बेहतरीन शे'र। उर्दू शाइरी उन्हें बहुत याद है, खास कर ग़ालिब, मीर, फ़ैज़ आदि की। सान्ध्य महफिलों में प्रायः वे ही बोलते हैं और समय बीतने का अहसास नहीं होने देते। बल्कि 'घड़ी' देखने पर झिड़कते हुए 'घड़ा' देखने की सलाह देते हैं। जब भी उनसे भेंट होती है, कोई न कोई नयी और गोपनीय साहित्यिक सूचना उनसे मिल ही जाती है। ज्ञानवर्द्धन भी होता है। उनका वार्तालाप और वर्णन कौशल निराला है। छोटी-सी घटना या सीधे से कथ्य को कल्पना और कुछ अतिकल्पना द्वारा वे इतना मनोरम बना देते हैं कि उनके साथ समय बिताना एक प्लेजर होता है।

केदार जी का एक काव्य संग्रह है—'यहाँ से देखो'। चीजें वैसी ही दिखती हैं जिस बिन्दु से आप उन्हें देखते हैं। लेकिन फिर भी उनका एक प्रकृत रूप तो होता ही है। जैसे सौन्दर्य देखने वाले की आँख में भी होता है और वस्तु में भी तो केदार जी का प्रकृत रूप ही देखना चाहिए, रंग तो सूरज की किरणों में बदलते रहते हैं। केदार जी को जानने वाले स्वीकार करेंगे कि वे एक सद्गृहस्थ, मृदुव्यवहारी और सफल लेखक हैं। इसका सबसे बड़ा रहस्य है कि वे काजल की कोठरी में बहुत सावधान होकर चलते हैं और एक चौकन्ना भारतीय निरक्षर मन उनके भीतर सदा जागता रहता है। वे दूसरों के महत्त्व और अहं को आहत नहीं करते। कुछ कहना भी होता है तो हँसी-मजाक में या शालीनता से कहते हैं। जरूरत पर सत् परामर्श भी देते हैं। उनमें एक जरूरी ईगो भी है, विनम्रता भी, आत्मचिन्ता के साथ परचिन्ता भी। दिल्ली में और बहुरंगी लेखकों के बीच साँस लेते हुए राजनीति की बारीकियाँ वे बखूबी समझते हैं और सम्बन्धों की तनी हुई रस्सी पर सन्तुलन बनाये हुए चलते हैं। यही विशेषता उन्हें 'अजात शत्रु' बनाती है। सबकी भिन्न प्रकृति के साथ अपनी निजी प्रकृति के अनुसार व्यवहार करना क्या विलक्षण नहीं है? अन्यथा कैसे साध पाते वे दिल्ली और चकिया (बलिया) दोनों ध्रुवों के निवासियों को एक साथ?

एक पुरनूर अहसास

–निरंजन सहाय

बात कहाँ से शुरू करूँ! शायद किसी विषय पर लिखते हुए इतनी जद्दोजहद का सामना अब तक मैंने नहीं किया था। आज यह अहसास हो रहा है कि अब तक मैंने जो लिखा है वह एक हद तक शिल्प और भाव का संयोजन तो है, पर ऐसा तो हरगिज नहीं जिसमें पूरे पन का पुरनूर अहसास हो। गुरु केदारनाथ सिंह के विराट व्यक्तित्व के सामने लिखने का कौशल ऐसा लाचार होगा, यह जब लिखने बैठा तब मालूम हुआ। ऐसा क्यों हुआ शायद इसलिए कि उनके साथ जुड़े अनुभवों की सम्पदा ने मुझे जितना समृद्ध किया है, जीवन में और किसी संयोग ने नहीं। उनके व्यक्तित्व के बहुविध आयाम हैं, जिसमें एक ओर काव्य अभिव्यक्ति का ऐसा शिखर है जिसमें ना सिर्फ अपने समय की चिन्ताएँ हैं, बल्कि भविष्य दृष्टि की सजग निगाहें भी। दूसरी ओर एक ऐसा पारिवारिक, सामाजिक व्यक्तित्व जिसका अपने इर्द-गिर्द होना पूरे माहौल को पुरनूर अहसासों से भर देता है। उनका होना ऐसा ही है जैसे खुद को अनन्त दिशाओं में खुशबू की तरह फैलते देखना। अपने अतीत के कुछ पन्नों को जब उलट कर देखने बैठा, तो उन पन्नों ने मुझे सबसे ज्यादा रोमांच और कृतज्ञता भाव से भर दिया, जिन्हें गुरु ने स्पर्श किया था।

पिछले साल मई महीने के आखिरी सप्ताह में सर का फोन आया कि वे चकिया यानी बलिया के अपने गाँव में हैं और 30 मई को बनारस आ रहे हैं। उन्होंने यह कह कर मुझे अनमोल सौगात से भर दिया कि इस बार वे हमारे घर पर कुछ दिनों तक रहेंगे। उनके आने की खबर ने जितना मुझे रोमांचित किया, उतना ही पत्नी सोनी को आने वाले दिनों की उन तैयारियों के लिए प्रस्तुत किया, जिनमें सर के प्रवास के दौरान बरती जाने वाली उन सुविधाओं और सावधानियों पर विचार था, जिनके चलते सर का यहाँ रहना न केवल आरामदायक हो, बल्कि उनकी दिनचर्या में कोई खलल न पैदा हो। सर सुबह क्या नाश्ता करते हैं, उन्हें भोजन में क्या पसन्द है, उनकी दिनचर्या क्या होती

है आदि अनेक जिज्ञासाओं को शान्त करने के बाद पत्नी घर की व्यवस्थाओं में जुट गयीं। बेटा सृष्टि और बेटे निहित, निश्चय ने सर से जुड़े अनेक सवाल किये। उन सवालों का यह सिरा सबसे मजेदार था कि अब देखेंगे कि आप अपने सर के सामने कैसे बैठते हैं, कैसे उठते हैं यानी आपकी दिनचर्या क्या होती है और लगे हाथ आपके विद्यार्थी जीवन के उस रहस्य का भी पर्दाफाश होगा, जिसे आपने जरूर हमलोगों से छुपाया होगा। हमें तो बार-बार लापरवाह और मूर्ख कहते हैं। अब हम लोगों को पता चलेगा कि आप कितने लापरवाह और मूर्ख ही नहीं आलसी भी थे। अपनी उम्र के हिसाब से उन्होंने यह भी टिप्पणी की कि आपकी शरारतों के बारे में भी पता चलेगा। उस दिन सर से जुड़ी अनेक बातें घर में हुईं और तय किया गया कि हम सभी सर के प्रति अपनी जिम्मेदारी को संजीदगी से निभाएँगे।

सर कृषक एक्सप्रेस से बलिया से रवाना हुए और उन्होंने फोन कर इस बात की मुझे सूचना दी। ट्रेन तकरीबन डेढ़ बजे वाराणसी कैण्ट स्टेशन पहुँची। मैं स्टेशन पर पहले से ही मौजूद था। तकरीबन डेढ़ साल बाद सर को देख रहा था। सफर की थकान का बेहद मामूली असर उनके चेहरे पर नजर आ रहा था। तीखी धूप, लू और आग उगलते सूरज के मौसम में भी सर का उत्फुल्ल चेहरा। हालाँकि उम्र का असर भी उनके शरीर पर दिख रहा था, पर उस असर को नकारते हुए उनकी क्रियाशीलता ने मुझे आश्चर्यमिश्रित खुशी में डाल दिया। वे सधे कदमों से ट्रेन से नीचे उतरे। मैंने हाथ बढ़ाकर उन्हें सहारा देना चाहा, पर उन्हें इसकी जरूरत महसूस नहीं हुई। उन्होंने स्टेशन को भरपूर निगाहों से देखा। आखिर क्यों न ऐसा होता, इस शहर में उनकी आठवीं से पीएच.डी. तक की शिक्षा हुई थी। यहीं उनके जीवन में पण्डित हज़ारी प्रसाद द्विवेदी, त्रिलोचन, नामवर सिंह, बच्चन सिंह, विजयमोहन सिंह सरीखे न जाने कितने हिन्दी के दिग्गजों का संग साथ मिला था। सर को मैंने उस भीड़ और गहमागहमी भरे स्टेशन पर भी ध्यान से देखा। उनका मुस्कुराता चेहरा। और चेहरे से झरते वात्सल्य ने मुझे सराबोर कर दिया। उम्र के अस्सीवें वर्ष में पहुँचे सर, जिन्हें मैं पच्चीस सालों से लगातार देख रहा था। और यह देखना भी कैसा जो हर बार मुझे धारोष्ण अनुभवों से भर दे। सच तो यह है कि सर का मेरे जीवन में आना मेरे जीवन की उस नियामत की तरह है जिन्हें शब्दों में प्रकट करना मुश्किल ही नहीं असम्भव है। सर ने हालचाल और मौसम के बारे में एक-दो सवाल पूछने के बाद यह कहा कि स्टेशन पर मौजूद ए.एच. ह्वीलर की पत्रिकाओं की दुकान से नया फ्रण्टलाइन लाओ। वह दौर भारतीय राजनीति और समाज में तीखे उठा-पटक का दौर था। केन्द्र में नयी सरकार

आयी थी और हर चौकस निगाहें इस बात को बारीकी से परखने की कोशिश कर रही थीं कि बदलाव के इस चरण में कौन प्रस्थान बिन्दु तय किये जा रहे हैं? कहा जा रहा था कि इस आमचुनाव में मीडिया घरानों ने एकदम नये तरह की भूमिकाओं का आगाज किया था। मीडिया और मीडियाकर्मियों पर औद्योगिक घरानों के हितों को साधने का दबाव जनपक्षधर भूमिकाओं से उन्हें लगातार दूर कर रहा था। जनसत्ता, द हिन्दू जैसे अखबार और फ्रण्टलाइन जैसी पत्रिकाएँ अभी भी हवा के विपरीत अपनी साख को बरकरार रख रही थीं। सर का फ्रण्टलाइन माँगना एक अर्थ में इस बात की तस्दीक कर रहा था कि जो कालजीवी होता है, वही कालजयी कीर्तिमानों को सिरजता भी है। अपने समय की नब्ज को मानो वे अपनी सधी आँखों से परखना चाहते थे। हम लोग स्टेशन से पुल पर चढ़े। मैंने उनका ब्रीफकेस और झोला ले लिया था। वे बार-बार एक सामान मुझसे लेने की जिद पर अड़े थे। और मैं इस अवसर को अपने हाथ से हरगिज जाने नहीं देना चाहता था। अन्त में जीत शिष्य की हुई।

हम लोग कैण्ट स्टेशन से शिवपुर बाइपास स्थित अपने घर गौतम गार्डेन की ओर कार से रवाना हुए। मैं ड्राइव कर रहा था, और सर मेरे बगल की सीट पर बैठे थे। जब हम लोग वरुणा नदी के पुल से आगे बढ़े। तब सर ने अपने विद्यार्थी जीवन से जुड़े अनेक स्थानों के बारे में जानकारी दी। उनका स्कूली जीवन का एक बड़ा हिस्सा उदय प्रताप संस्थान से जुड़ा था। उन्होंने बताया कि उस दौर में नदी का बहाव तीव्र था और पानी बिल्कुल साफ। तब बस्ती इस ओर इतनी सघन नहीं थी। हम लोग कार पर हिचकोले खाते आगे बढ़ रहे थे। बनारस की सड़कों का हाल उन दिनों कुछ ज्यादा ही बुरा था। रास्ते में मैंने सर को बताया कि मैंने दही-बड़े लिया है। दरअसल मैंने उनसे अपनी पसन्द की मिठाई बताने को कहा था, जिसका वे इस यात्रा के दौरान सेवन करते। उन्होंने कहा था कि कोई मिठाई चलेगी। मैंने इस सन्दर्भ में प्रो. सन्ध्या सिंह (एन.सी.ई.आर.टी. में कार्यरत उनकी बेटी) से भी बात की थी। उन्होंने भी कहा था कि कोई भी अच्छी मिठाई चलेगी। इस यात्रा से तकरीबन दो साल पहले जब सर आये थे तब उन्होंने भोजन में दही अनिवार्य रूप से शामिल करने की बात की थी। बनारस में दही-बड़े दो तरह के मिलते हैं। एक तो वह जो सब जगह मिलते हैं, यानी उड़द की दाल और दही के बने। दूसरा वह जो छेने के रसगुल्ले के बने होते हैं और फिर उन्हें दही का संयोग मिलता है। मुझे लगा गुरुवर को यही मिठाई खिलाई जाय। जब मैंने यह बताया कि मैंने बंगाल स्वीट (डी. एल. डब्ल्यू. बी. एच. यू रोड) से दही-बड़े लिए हैं, खास

आपके लिए, तब उन्हें अच्छा लगा। फिर वे मिठाइयों पर बोलने लगे। कलकत्ते की मिठाइयाँ, बलिया और बनारस की मिठाइयाँ। सर मिठाइयों पर ऐसे बात कर रहे थे जैसे रस और मिठास का भरा पूरा संसार छलक उठा हो। कैसे मिठाइयाँ अरब से हिन्दुस्तान आयीं और फिर यहाँ आकर वे हिन्दुस्तानी स्वाद के संस्कार में ढल गयीं। कुछ ऐसे जैसे आत्मा तो बची रह जाय पर जिस लोक में जाय वहाँ का चोला धारण कर ले। सर इस वर्णन में स्वाद और अहसास का संसार बुन रहे थे और उनका गौरवर्णी खूबसूरत चेहरा उन अहसासों को ऐसे प्रकट कर रहा था। जैसे अनेक टटके बिम्ब शब्द और वाक्यों में ढलते हुए कविता की छवियों को प्रकट कर रहे हों। उन्होंने रास्ते में रामसुधार सिंह और प्रो. सुरेन्द्र प्रताप के बारे में बात की। उन्होंने यह भी बताया कि वे इस यात्रा के दौरान भोजपुरी भाषा पर अपना व्याख्यान देने ताज होटल जाएँगे जिसमें शामिल होने के लिए बद्रीनारायण ने उन्हें विशेष तौर पर आमन्त्रित किया था। मुझे उस समय बद्रीनारायण की 'प्रेमपत्र' कविता याद आयी। यह संयोग ही था कि बद्रीनारायण की उस कविता पर उन्हें भारत भूषण अग्रवाल पुरस्कार मिला था, और उस वर्ष के निर्णायक मण्डल में शामिल गुरुवर ने उस कविता की अदम्य जिजीविषा और अछूते और टटके बिम्बों पर अपनी राय दी थी। सर ने एक और कार्यक्रम में शामिल होने का जिक्र किया, वह कार्यक्रम व्योमेश शुक्ल द्वारा कबीर मठ मूलगादी परिसर में आयोजित होने वाला था। उन्हें छायावाद के उन्नायक कवि जयशंकर प्रसाद की 'कामायनी' पर अपना व्याख्यान देना था। सर ने अपने कार्यक्रमों का ज़िक्र किया। बातचीत के दौरान हम लोग गौतम गार्डेन स्थित आवास पहुँच गये। सर ने हल्का भोजन लिया और आराम की इच्छा जाहिर की।

शाम चार बजे उन्होंने मुझसे अपने सभी संग्रहों और कामायनी की माँग की। मैंने अपनी व्यक्तिगत लाइब्रेरी से सभी संग्रह निकालकर उन्हें दिये। पर मेरे लिए यह दुख की बात थी कि उस समय 'कामायनी' नहीं मिल पायी। सर ने मुझे कहा कि तुम कैसे अध्यापक हो कि तुम्हारे पास कामायनी नहीं है। मैंने उन्हें कहा कामायनी मेरे साथ थी, पता नहीं क्यों नहीं मिल रही है। इसे उन्होंने मेरी लापरवाही कहा। कहने का अन्दाज़ ऐसा था, जैसे कोई भीतर सहारा देकर ऊपर से चेता रहा हो। गुरु के उस रूप को देख मुझे कबीर की वह उक्ति याद आयी जिसमें गुरु द्वारा शिष्य के निखार के लिए किये जाने वाले उस प्रहार का ज़िक्र है, जिसमें चोट तो है पर भीतर सहारा देकर। सर के अमल धवल रूप के इतने अहसान मुझ पर हैं, जिन्हें शब्दों में बाँध पाना सम्भव नहीं।

सर को जब हम लोग ऊपरी तल पर ले गये तब टेरेस पर जाने के पहले दरवाज़े के चौखटों के इर्द-गिर्द निकलती ढेर सारी चींटियाँ नज़र आयीं, जिन्होंने अपना साम्राज्य आने-जाने के रास्ते तक विकसित कर लिया था। सर ने कहा ऐसे चलो कि चींटियाँ सुरक्षित रहें। हमारे गुरु करुणा से भरे ऐसे अभिभावक नज़र आये जिनकी दुनिया महज मनुष्यों में सिमटी न होकर परिवेश के जड़-चेतन तक विस्तृत हो। चींटियों पर लिखी उनकी कविता मुझे याद आयी। कविता में उन्होंने चींटियों को प्रकृति की बेहद खूबसूरत रचना के रूप में याद करते हुए यह आशंका जतायी है कि कहीं मनुष्यों का संसार उन्हें पृथ्वी से बेदखल न कर दे। वे घर के टेरेस पर कुछ देर बैठे रहे, बातचीत के क्रम में उन्होंने सद्यःप्रकाशित संस्करण 'सृष्टि पर पहरा', की कुछ कविताओं पर बातचीत की। एक प्रसंग का उल्लेख कर देना मौजूद होगा। मैंने एम.फिल. की उपाधि सर के निर्देशन में हासिल की थी। उसके बाद मैं राजस्थान के उदयपुर जिले के कानोड़ कस्बे के एक कालेज में पढ़ने चला गया। वहीं मैंने प्रो. नवल किशोर के निर्देशन में शोध किया। गुरुवर केदारनाथ सिंह की कविताओं से इस कदर सरोकार था कि मैंने उन्हीं की कविताओं पर शोध करने का निश्चय किया। प्रो. नवल किशोर ने इसकी सहर्ष अनुमति दी। बाद में शिल्पायन ने उसे पुस्तक रूप में प्रकाशित किया, 'केदारनाथ सिंह और उनका समय' शीर्षक से। लिहाजा सर का अपने ताजातरीन संग्रह पर बात करना मेरे लिए एक अविस्मरणीय पहलू था। उनकी बातचीत से हासिल अपने अनुभवों को जब मैं समकालीन कविता पर लिखूँगा, तब विस्तार से बात करूँगा।

थोड़ी देर बाद हम लोगों की बातचीत में पत्नी सोनी भी शामिल हो गयीं। सर का मैंने बिल्कुल अलग रूप देखा। वे पत्नी से घर-गृहस्थी से जुड़ी बातचीत इतनी सहजता से कर रहे थे, जैसे कोई पिता अपनी बेटी से बेहद आत्मीय लहजे में घर से जुड़ी जानकारियाँ ले रहा हो और बीच-बीच में अपने जीवनानुभवों से हासिल सन्दर्भों के फायदे से बेटी को समृद्ध भी कर रहा हो।

उन्होंने अपनी माँ और नानी के बारे में भी हम लोगों से बातचीत की। माँ पर उनकी लिखी एक बेहद प्यारी कविता है। थोड़ी देर बाद उन्होंने बाहर टहलने की इच्छा जाहिर की। उनके साथ मैं कॉलोनी की सड़क पर जब टहल रहा था तब उनकी कविताओं के प्रशंसक एक प्रशासनिक अधिकारी मिल गये। उन्होंने अपने प्रिय कवि को जब साक्षात् अपनी ही कॉलोनी की सड़क पर देखा तब उन्हें सहसा विश्वास नहीं हुआ। फिर उन्होंने टहलते हुए सर से कुछ बातचीत की। हम लोग थोड़ी देर बाद घर लौट आये। शाम में डॉ. रामसुधार सिंह आये। सर ने उनसे साहित्य, बनारस, साहित्यकार चन्द्रबली सिंह के बारे

में बातचीत की। बातचीत का अन्तिम सिरा स्वास्थ्य से जुड़ा था, फिर उन्होंने इस बात पर नाखुशी जाहिर की कि मैं मोटा हो रहा हूँ। बच्चों और पत्नी से सर ने बताया कि मैं एम.ए. (जेएनयू) के दरमियान किस कदर दुबला-पतला था। उन्होंने मुझे वर्जिश करने के साथ संयमित भोजन की सलाह दी। लगभग डेढ़ घण्टे बाद रामसुधार जी चले गये।

रात में सोते समय बच्चे निहित, निश्चय ने सर के पैर दबाये। इस दरमियान उन्होंने बच्चों से तरह-तरह की बातें कीं। स्कूल, खेल, भोजन, पसन्द-नापसन्द से जुड़ी अनेक बातें। बेटे निहित ने पूछा—जब पिताजी पढ़ते थे, तब वे बदमाशी करते थे कि नहीं। इस पर सर खूब हँसे। हँसते हुए उन्होंने कहा—थोड़ी-थोड़ी बदमाशी करता था। उन्होंने बच्चों से पढ़ाई के दरमियान मुझ द्वारा किये गये अभिनय और नाट्य प्रस्तुतियों का भी जिक्र किया। मुझे यह देख सुखद आश्चर्य हुआ कि सर को 1992 में किया गया मेरा अभिनय याद है।

तीसरे दिन पता चला कि मेरे श्वसुर सपरिवार आ रहे हैं। सर संकोच में पड़ गये। कहने लगे, बद्रीनारायण (कवि और प्रोफेसर) ने होटल ताज में मेरे रुकने की व्यवस्था की है। मैंने यह कहा कि आप यहीं रुकें, घर के ऊपर वाले कमरे में आपकी व्यवस्था है। लिहाजा घरेलू व्यवस्था में सब कुछ व्यवस्थित है। हाँ, हम लोग आपके आतिथ्य की सौगात से वंचित नहीं होना चाहते हैं। जब हमारे श्वसुर आएँ तब सर के एकान्त में बाधा न पहुँचे, ऐसा सोचकर उन्हें ऊपरी तल के उस कमरे में जाने का अनुरोध किया गया, जिसमें ए. सी. लगा हुआ था। शाम को जब वे भूतल पर आये तब मेरे श्वसुर पारसनाथ सिन्हा से उनकी मुलाकात हुई। पता चला उनका गाँव और सर का गाँव आसपास ही है। फिर क्या था! भागड़ नाला, घाघरा, गंगा, माँझी पुल न जाने गाँव-जवार की किन-किन स्मृतियों में वे लोग देर तक विचरण करते रहे। शाम गहराने पर उन्होंने प्रोफेसर सुरेन्द्र प्रताप (रथयात्रा) के यहाँ जाने की इच्छा जाहिर की। हम लोग जब उनके यहाँ गये, तब देशकाल से जुड़ी उन अनेक बातों पर सर ने सुरेन्द्र प्रताप जी से चर्चा की, जिनका सिरा बनारस और प्रतिष्ठित आलोचक बच्चन सिंह से जुड़ा था। देर रात हम लोग वापस आ गये। चौथे दिन सुबह सर और पापा जी (श्वसुर) के बीच बातचीत का सिलसिला एक बार फिर शुरू हुआ, जिसका सिरा कहीं जेठ की तपती दुपहरी, तो कहीं माघ का बाघ जाड़ा, कहीं सावन-भादों की झड़ी तो कहीं दियरा की उस विशालकाय दुनिया से जुड़ा जिनमें बलिया के चकिया और उसके आसपास के गाँवों का अपार संसार था। सारी बातचीत बलिया की ठेठ भोजपुरी में। सर के हमारे घर में रुकने के लिहाज से वह दिन आखिरी था। शाम में उन्हें कबीर मठ में

आयोजित होने वाले उस कार्यक्रम का मुख्य वक्ता बनना था जो जयशंकर प्रसाद पर आधारित था। साथ ही दूसरे दिन की सुबह उन्हें बद्रीनारायण के कार्यक्रम में हिस्सा लेना था। कब शाम हो गयी, पता ही नहीं चला। मैं सर को लेकर होटल गेटवे इण्डिया (ताज) के लिए रवाना हुआ, तब बच्चे और पत्नी उन्हें विदा करने घर के बाहर तक आये, बहुत स्नेह से सर ने विदा ली। उस समय पूरे परिवार को ऐसा लग रहा था कि जैसे कोई बेहद सुन्दर सपना टूट गया हो। सर चले गये पर हमारी स्मृतियों में रह गये। हमारी बातचीत का कौन सिरा कब और कहाँ उनकी मौजूदगियों से जुड़ जाता है, कई बार हमें उनका अहसास ही नहीं होता।

उनके जाने के बाद स्मृतियों के सुवास का पहिया डेढ़ दशक पहले के समय में विचरण करने लगा। वह 1992 के जुलाई का महीना था। हम लोगों ने जवाहरलाल नेहरू विश्वविद्यालय, नयी दिल्ली के भारतीय भाषा केन्द्र में नया-नया दाखिला लिया था। हम लोग इस बात से खासे रोमांचित थे कि हमारे समय के कद्दावर कवि केदारनाथ सिंह कविता पढ़ाएँगे, वह भी निराला। अमल-धवल श्वेत वस्त्र पहने गुरुवर जब हमारी कक्षा में आये, तब हम सबकी निगाहें उन पर टिक गयीं। उस वक्त के सहपाठियों में अनेक ऐसे थे जिनमें कवि संस्कार अँखुआ रहे थे तो कई में आलोचक के विवेक की ज़मीन तैयार हो रही थी। आज के कवियों में हरिओम, पंकज चतुर्वेदी, अनिल त्रिपाठी हमारे सहपाठी थे तो आलोचक बजरंग बिहारी तिवारी, गजेन्द्र पाठक भी उसी बैच का हिस्सा थे। हमारी कक्षा में अनेक ऐसे छात्र भी शामिल थे जिनका बहुपठित होना हमें अचरज में डाल देता था। अधीर कुमार, मृगेन्द्र, विभव शुक्ल सरीखे छात्र इसी कोटि के थे। हम लोगों के कविता, आलोचना सम्बन्धी संस्कार बनाने में गुरुवर की केन्द्रीय भूमिका रही। निराला की 'राम की शक्तिपूजा' पढ़ाते समय गुरुवर ने बाँग्ला के कृत्तिवास रामायण की यात्रा को जिस प्रभावोत्पादक ढंग से साकार किया, उसकी स्मृतियाँ हम सभी के जेहन में आज तक हैं। हम लोगों ने गुरुवर की आँखों से एज़रा पाउण्ड, रिल्के सरीखे अनेक पश्चिमी कवियों के संसार की यात्रा की। उनकी व्याख्यानों में अक्सर निराला, आचार्य रामचन्द्र शुक्ल, पं. हज़ारी प्रसाद द्विवेदी, त्रिलोचन के साथ अक्क महादेवी, महर्षि कम्ब का संसार मुखर हो उठता था। शाम में जेएनयू में टहलते समय जब गुरु दिख जाते थे, तब मानो हम सभी की मुँहमाँगी मुराद पूरी हो जाती थी। इस मामले में सबसे भाग्यशाली अनिल त्रिपाठी और मैं था। सच तो यह है कि आज भी जब आधुनिक कविता से मेरा सामना होता है तब उस संसार में जाने की चाभी सर की दिखाई राह से ही मिलती है। सर के दक्षिणापुरम्

स्थित आवास में अक्सर त्रिलोचन, नागार्जुन, सीताकान्त महापात्र, यू. आर. अनन्तमूर्ति, बच्चन सिंह, नामवर सिंह, काशीनाथ सिंह, परमानन्द श्रीवास्तव, अरुण कमल, राजेश जोशी आदि आते थे। मैंने साहित्य के वैभव को अनेक रूपों में साकार होते पहली मर्तबा सर के आवास में ही महसूस किया।

एम.ए. के बाद जब एम.फिल. में गाइड चुनने का मौका आया तब मैंने और अनिल त्रिपाठी ने सर को चुना। सर के निर्देशन में हम लोगों ने खुद को और बेहतर ढंग से समझा और जाना। इस बीच एक दुःखद अवसर आया। सर के पिता आदरणीय डोमा सिंह बीमार पड़ गये। उन्हें होली फेमली अस्पताल में भर्ती कराया गया। उन्हें आकस्मिक रूप से खून की जरूरत हुई। मैंने अपने साथ दोस्त राकेश सिन्हा को खून देने के लिए तैयार किया। अस्पताल में अक्सर सर से सामना होता था। एक बेटे का अपने पिता के प्रति वह अनुराग विलक्षण था। सर की आँखों में लगातार चिन्ता झलकती थी। सारे प्रयासों के बावजूद उन्हें बचाया नहीं जा सका। मुझे आज इस बात का सन्तोष है कि मैं उस दारुण दुःख के दरमियान उनका सहचर रहा।

सर से जुड़ी बातों का संसार अपार है। एम. फिल. के बाद राजस्थान के उदयपुर शहर के कानोड़ कस्बे के पं. उदय जैन महाविद्यालय में मुझे नौकरी मिली। मैंने पीएच.डी. प्रो. नवल किशोर (मोहनलाल सुखाड़िया विश्वविद्यालय, उदयपुर) के निर्देशन में करने का मन बनाया। उन्होंने मुझ पर असीम अनुकम्पा की और मेरे मन के विषय 'केदारनाथ सिंह और उनका समय' पर शोध की अनुमति भी दी। आज ऐसे उदारमना और आदणीय गुरु की भी याद आ रही है। उन्होंने बेहद लोकतान्त्रिक माहौल में मुझे शोध का अवसर दिया। जिन जगहों पर मुझे दिक्कत हो रही थी, उन पर मेरी समझ साफ की। अब यह काम पुस्तकाकार रूप में उपलब्ध है। मुझे इस बात का गहरा सन्तोष है कि जब किताब मैंने आदरणीय सर केदारनाथ सिंह को दिखायी तो उन्होंने पसन्द की। कोई गुरुऋण से कभी उऋण नहीं हो सकता। पर शायद मेरे लिए सबसे बड़ा पुरस्कार यही है कि जब कोई सर पर किये गये कामों का ज़िक्र करता है तब वे उन किताबों में मेरे काम को बेहतर बताते हैं। ऐसे गुरु जिन्होंने मुझे सम्भव किया, उन्हें नमन!

ऐसे पहुँचीं उनकी कविताएँ मुझ तक

–सोमा बन्द्योपाध्याय

"What is art? It is like Response of man's creative
Soul to the call of the Real..."—*R. N. Tagore*

हर कवि के भीतर एक पथिक रहता है। मैं समझती हूँ मेरे प्रिय कवि भी पन्थी रहे हैं जीवन भर। केवल लाठी के बदले हाथ में उठा लिया है कलम। कविवर... पथिक का वह 'पान्थशाला'[1] सजा हुआ है उनके मानस में समाये विविधवर्णी कविताओं के कई रंगों से। वह रंगों का ईश्वर है। जीवन की कई विचित्र अनुभूतियों से और विविध अनुभवों से रँगा है उसका सारा कल्पना-जगत्। उस रंग से वह पाठक के मन को अनायास स्पर्श करता है। तब बहुत इच्छा होती है उस कवि से मिलने की, उसके संस्पर्श में जाने की। बहुत साध होती है उसकी कविता को छूने की। मेरे प्रिय कवि की कल्पना रँगी है प्राणों के उच्छ्वासों से, मन के असीम-अनन्त आलोक से। यह कल्पना किसी निश्चित नियम से बँधी नहीं है। और इसी तरह उसके हृदय के भीतर दौड़ते महाकाल के उस घोड़े को भी वह बड़े प्यार से रोक देते हैं। महाकाल का वह घोड़ा कितनी ही बातें बताता रहता है कवि को। वास्तव में कवि खुद से कुछ छिपाता नहीं है, इसलिए उसमें आत्मप्रवंचना भी नहीं है–न स्वयं से, न उसकी कल्पना से। मेरे मानस में मेरे प्रिय कवि की छवि ऐसी ही है।

ये सारी बातें जिनके सन्दर्भ में कह रही हूँ, वे कोई और नहीं हमारे समय के अन्यतम श्रेष्ठ एवं वरिष्ठ कवि केदारनाथ सिंह हैं।

उनकी 'कविताओं से पहला साक्षात्कार छात्रावस्था में हुआ था। समय जैसे-जैसे बीतता गया, उनकी कविताओं के प्रति लगाव गहरा होता गया। कवि से कभी न मिलने पर भी उनकी कविताओं के माध्यम से मैं उन तक पहुँच ही जाती, एक गहरी आत्मीयता, एक ऊष्माहट मुझे भीतर तक

छू जाती। और यहीं से एक तीव्र इच्छा उनकी कविताओं को बाँग्ला में अनुवाद करने की भी पैदा होने लगी। पहली कविता जिसका मैंने बाँग्ला में भाषान्तरण किया था 'हाथ' कविता थी, पर वह कहीं छपी नहीं थी। परवर्ती काल में कब उनसे मेरा पहली बार मिलना हुआ तो अनायास यह कविता याद आ गयी थी–

"उसका हाथ
अपने हाथ में लेते हुए मैंने सोचा
दुनिया को
हाथ की तरह गर्म और सुन्दर होना चाहिए।"

उनकी कविताओं के प्रति एक दुर्निवार आकर्षण तब पैदा हुआ जब मैंने जीवन-युद्ध में प्रवेश किया। एक कठिन समय से गुजरते वक्त, आये दिन उनकी काव्य-पंक्तियों का आश्रय लेती मैं। आखिर में, एक भीरु लड़की ने धीरे-धीरे इन काव्य पंक्तियों में अपना मुख्य मन्त्र ढूँढ़ लिया–*"इन्तजार मत करो/जो कहना है कह डालो/क्योंकि हो सकता है फिर कहने का/कोई अर्थ न रह जाए...* (पानी एक रोशनी है, यहाँ से देखो, पृ. 45) या फिर, *"अब लौट आओ/तुमने अपना काम पूरा कर लिया है/अगर कन्धे दुख रहे हों/कोई बात नहीं/यकीन करो कन्धों पर/...यकीन करो और खोज लाओ/कोई नयी चट्टान..."* (कलाकार से, यहाँ से देखो, पृ. 44)

समय के निष्ठुर चक्रव्यूह में फँसकर जब दिशाहीन हो रही थी, तो इन्हीं शब्दों ने मुझमें अपरिमित साहस भर दिया था और मैं गुम होने से बच गयी थी–

"ठंड से नहीं मरते हैं शब्द
वे मर जाते हैं साहस की कमी से
कई बार मौसम की नमी से
मर जाते हैं शब्द।"

ये पंक्तियाँ काफी थीं मेरे भीतर एक नये उत्साह को जन्म देने के लिए। आज जब भी उनके काव्य-संग्रहों के पन्नों को खोलकर 'बिना नाम की उस नदी' (जिसे मैंने बाँग्ला में 'अनाम्नी नदी' के नाम से अनुवाद किया है) के पार बैठती हूँ तो उनकी आवाज सुन पाती हूँ–

"वे जला देते हैं
एक टुटही लालटेन
टाँग देते हैं किसी ऊँचे बाँस पर

ताकि उनके होने की खबर
पानी के पार तक पहुँचती रहे।"

मुझ जैसी साधारण लोगों की संघर्षशीलता और जिजीविषा को कवि ने उपर्युक्त पंक्तियों में किस बखूबी से चित्रित किया है।

उन दिनों मैं महाविद्यालय में अध्यापन कर रही थी, जब पहली बार सन् 2002 में एक राष्ट्रीय संगोष्ठी में उनसे मिलना हुआ था। उनसे मिलकर एक सुखद आश्चर्य हुआ। क्योंकि एक बड़े कवि के चेहरे पर प्रायः जो आत्म-गौरव की प्रसन्नता भरी मुद्रा दिखाई देती है, वह उनके चेहरे पर अनुपस्थित थी। उसकी जगह एक शिशु की सरलता भरी मुस्कान और लेन्स के पीछे उज्ज्वल-स्नेह से भरी चमकती दो आँखों ने मुझे चमत्कृत कर दिया। मुझे लगा तो बड़े कवि ऐसे ही होते हैं! कुछ-कुछ ऐसा ही अनुभव कवि सुनील गंगोपाध्याय से भेंट होने पर भी हुआ था। उन दिनों किस्से-कहानियों के साथ-साथ कविताएँ भी लिखनी शुरू की थीं। बाँग्ला के साथ-साथ हिन्दी में भी। अनुवाद तो खूब कर रही थी। यह जानकर उन्होंने प्रसन्नता व्यक्त की थी। दो-तीन बार कलकत्ते में मिलने के पश्चात् उन्हें करीब से जानने का मौका चीन-यात्रा[2] के दौरान मिला। कवि के 'तीसरा सप्तक' में संकलित कविताओं के बारे में दिये गये उनके आत्मकथन—"कविता, संगीत और अकेलापन, तीन चीजें मुझे बेहद प्रिय हैं। मित्र बहुत कम बना पाता हूँ, क्योंकि एक व्यावहारिक आदमी में जो खुलापन होना चाहिए; उसका मुझमें नितान्त अभाव है।" मैं उनके 'अकेलापन-प्रियता' की बात से कहीं उन्हें मिल नहीं पायी, बल्कि बाँग्ला के अविस्मरणीय कवि जीवनानन्द से उनकी तुलना कर बैठी। जीवनानन्द के बारे में कहा गया था कि वे 'निर्जनतम कवि' हैं (बुद्धदेव बसु : 'जीवनानन्द', पृ. 64)। जीवनानन्द ने भी 'सातटी तारार तिमिर' ग्रन्थ में स्वयं को 'निर्जनता पसन्द कवि' कहा था। खैर, कवि केदार जी के स्नेहभरे सहज सम्भाषण, आत्मीय व्यवहार और अध्यापक होते हुए भी गैर-अध्यापकीय शैली में कविता एवं कई अन्य विषयों पर हुई सहज सरल बातचीत ने मेरे मन में कवि के असाधारण व्यक्तित्व की एक स्थायी छवि अंकित कर दी। मैं बाँग्लाभाषी हिन्दी की अध्यापिका हूँ। चाहे लेखन का हो या अध्ययन-अध्यापन का क्षेत्र हो, मेरे आत्मविश्वास को बढ़ाने के लिए, उनके एवं उनकी कविताओं के प्रति मैं सदैव ऋणी रहूँगी। चीन यात्रा के दौरान उनके हाथ से 'बाघ' कविता संकलन की एक प्रति एक अमूल्य उपहार के रूप में मिली। कवि की कविताओं को अनूदित कर उन्हें बाँग्ला के पाठकों तक पहुँचाने का काम भी मैंने उसी दिन से आरम्भ कर दिया। 'बाघ' का अनुवाद बाँग्ला की चर्चित पत्रिकाएँ—'उतल-हावा', 'समतर',

'शारदीया संकेत', 'स्वीन-हो-स्ट्रीट', 'उत्सव' आदि में छपा और उसकी प्रशंसा व चर्चा भी खूब हुई।

बाँग्ला पाठकों एवं विद्वज्जनों में केदारनाथ बेहद लोकप्रिय कवि हैं। बाँग्ला का कवि और पाठक समाज उन्हें अपने बीच पाकर किस प्रकार हर्ष और गर्व का अनुभव करता है, इसका मैं एकाधिक बार साक्षी रही हूँ। उनकी कविताओं के अनुवादक[3] होने के नाते कई बार कलकत्ते में उनके साथ बैठकर काव्य-पाठ करने का अवसर मिला है। कवि की मोहक मुस्कान और लोक-रंग से भरी कविताएँ बाँग्ला के श्रोताओं को कैसी अनुकूल प्रतिक्रिया से भर देती हैं, इसकी भी साक्षी रही हूँ मैं। और तब हिन्दी एवं बाँग्ला दोनों भाषाओं के साहित्य की अध्येता होने के नाते, यह सोचकर गर्व से भर उठती हूँ कि केदारनाथ जी जितने हिन्दी के कवि हैं, उतने ही बाँग्ला के भी। कवि को भी भारतीय भाषाओं से कितना प्रेम है, उनकी एक उक्ति से स्पष्ट हो जाता है—"एक भारतीय के नाते मेरा स्नेह सभी भारतीय भाषाओं से है। मैं ये सभी भाषाएँ बोलता-लिखता नहीं, लेकिन ये सभी मेरी मिट्टी की भाषाएँ हैं। मेरा मानना है कि सभी भाषाएँ मिलकर आगे बढ़ें और सबका साथ में प्रचार हो।"[4]

केवल बाँग्ला के पाठककुल ही नहीं, वरन कई ख्यातिलब्ध कवि एवं आलोचक जैसे सुनील गंगोपाध्याय, शंख घोष, उत्पल बसु, मल्लिका सेनगुप्ता, सुबोध सरकार, तापस राय, प्रोफेसर अमिय देव आदि भी उनकी कविताओं के एकनिष्ठ प्रशंसक रहे हैं। उल्लेखनीय है कि 'अकाल में सारस' काव्य-संकलन का बाँग्ला अनुवाद बाँग्ला की बहुचर्चित कवयित्री मल्लिका सेनगुप्ता ने किया था जो साहित्य अकादेमी से प्रकाशित हुआ था। बाँग्ला में अनुवाद होने के पश्चात् उसका प्रभाव किस प्रकार बाँग्ला कविता पर पड़ा था, इसका अध्ययन बड़ा दिलचस्प है। दिवंगत कवयित्री मल्लिका सेनगुप्ता का कहना था कि 'कवि का जीवनानुभव बड़ा व्यापक और सघन रहा है। इनकी कविताओं की भूमि महानगर-कस्बों से लेकर सुदूर गाँव, देहात, पहाड़ तक ही है। दैनन्दिन लोक-जीवन से जुड़े तमाम अनुभवों को कवि ने अपनी कविताओं में वाणी दी है। यही लोकजीवन है जिसके कारण मुझे उनकी कविताओं का अनुवाद करते समय भरपूर आनन्द मिला।'

'स्वीन-हो-स्ट्रीट' के प्रकाशक एवं बाँग्ला के प्रख्यात युवा-कवि तापस राय जी का कहना है—"बाँग्ला के युवा-कवियों के मन में केदारनाथ जी की कविताओं के प्रति एक 'अमोघ'[5] आकर्षण है। वे सोचते हैं कि उनमें और

उनके काव्य में कुछ ऐसा है जिसका रहस्य न केवल समझने में बल्कि उसे आत्मस्थ करने में ही आधुनिक कविता की मुक्ति है।"[6]

साहित्य अकादेमी, कोलकाता कार्यालय के पूर्व अध्यक्ष व बाँग्ला के वरिष्ठ कथाकार डॉ. रामकुमार मुखोपाध्याय, जो कवि को एक लम्बे समय से जानते हैं, कवि की महत्ता को भारतीय काव्य जगत् में इन शब्दों में स्थापित करते हैं—"कवि केदारनाथ सिंह सही अर्थों में एक भारतीय कवि हैं। भारतीय कविता के मानचित्र से वह गहरे स्तर पर जुड़े हैं। अपनी कविताओं में, भारत के अतीत से लेकर वर्तमान समय तक एक बहुत बड़े समय को उन्होंने धारण किया है। उनकी कविताओं में शाश्वत भारतवर्ष का चिरन्तन रूप दिखाई देता है। 'वैचित्र्यमय' (विचित्र) उनकी कविता किसी झरने की तरह अनायास मन के गहन में प्रवेश कर जाती है। वे बिम्बों के कवि हैं। कविता वह लिखते नहीं बल्कि रवीन्द्रनाथ की तरह कहते हैं। उनकी यही कथन शैली या सहजिया रीति (बाँग्ला में कहा जाए तो) मुझे बहुत आकर्षित करती है। अपनी परम्परा, गाँव-घर से गहरा जुड़ाव, अपनी जड़ों को तलाशने का यह श्रम मुझे बेहद प्रभावित करता है।"

इस प्रकार यह कहने में कोई अतिशयोक्ति नहीं होगी, कि साठ से भी अधिक कविता वर्ष पूरा कर चुके केदारनाथ जो केवल हिन्दी की ही तीन-चार पीढ़ियों को नहीं अपितु समस्त भारतवर्ष के नवीन कवियों को भी समान रूप से प्रभावित करते हैं। भारतीय भाषाओं में उनकी अनूदित कृतियों की संख्या इस बात को प्रभावित करने के लिए काफी है। विदेशी भाषाओं में भी उनकी कृतियों की काफी चर्चा हुई है। अतः उनके समकालीन सभी महत्त्वपूर्ण कवियों को कोटिशः प्रणाम करते हुए भी कहना पड़ता है कि केदारनाथ जी हमारे महत्तम उत्तराधिकारी हैं। एक बड़े कवि के काव्य से केवल परवर्ती पीढ़ी शिक्षा ही नहीं प्राप्त करती है, बल्कि उनके जीवन से भी गहरी शिक्षा लेती है। केदार जी के सुविशाल अनुभव समृद्ध काव्य-भण्डार के सामने खड़े होकर हमें अन्दाजा होता है कि एक कवि के भीतर कितनी जीवनीशक्ति होने से वह इतने बड़े काव्य-पुरुष बन सकते हैं। ठीक रवीन्द्रनाथ की ही तरह उनके जीवन से भी हमें तीन तरह की शिक्षा मिलती है—एक, कवि-प्रतिभा की अन्तहीन ऊर्जा एवं कभी न समाप्त होने वाली, विस्मय जगाने वाली आश्चर्य सृजनशीलता; दूसरा, काव्य की निरन्तर उत्कर्ष-वृद्धि और नयी से नयी दिशाओं का अनुसन्धान; तीसरा, काव्य दृष्टि का क्रमशः उन्मोचन या सृष्टि के प्रति जिज्ञासा का गहनतम अन्वेषण, जो कवि को धीरे-धीरे द्रष्टा के स्तर पर ले जाते हैं। पहली शिक्षा में दैव-रहस्य उतना नहीं है जितना है मनुष्येतर संकल्प,

श्रम और साधना का हस्ताक्षर। यह शिक्षा सामान्यतः एक कवि की प्रचलित छवि यानी भावमूर्ति (Image) को यानी कि उसकी आलस, उदासीन और कर्म विमुख मूर्ति को–झुठला देती है और कवि को देती है–एक सामाजिक कर्मी की मर्यादा। उल्लेखनीय है कवि केदारनाथ जी की स्वयं की उक्ति है, "मैंने साहित्य को हमेशा एक सामाजिक कर्म माना है और इस मान्यता के भीतर ही कहीं मेरी रचनाशीलता का स्रोत भी है।" दूसरी शिक्षा, और एक मिथक को भी झुठला देती है कि उम्र के साथ-साथ कवित्व म्लान हो जाता है जबकि कवि के किशोरवय से लेकर अस्सी वर्ष तक की उम्र में लिखी गयी कविताओं तक कहीं कोई ठहराव नजर नहीं आता–*मैंने पहली बार जाना/ मेरे समय की सबसे जानदार पंक्तियाँ/लिखी जा रही हैं पेड़ों/और पत्थरों की जुबान में–।* तीसरी शिक्षा में हम पाते हैं कि किस प्रकार काल जिज्ञासा दर्शन की पृष्ठभूमि में प्रवेश करती है और काल बोध को मानव चैतन्य में सामूहिक रूप से स्थापित करती है।

काफी दिनों से केदारनाथ सिंह की कविताओं में प्रश्न करने की प्रवृत्ति दिखाई पड़ती है, विशेष कर 'उत्तर कबीर और अन्य कविताएँ' में। वास्तव में प्रश्न करने की प्रवृत्ति से अधिक गहरे तथ्यों या सत्यों से परिचित होने का अवसर अधिक मिलता है, साथ ही सतह के नीचे की जानकारी या सत्य तक पहुँचने का प्रयास भी किया जा सकता है। वे कविताएँ अकसर पूछती हैं–बाहर से कम और अपने-आप से ज्यादा किंवदन्ती उदाहरणार्थ–

"अब आ तो गया हूँ/पर क्या करूँ मैं?/एक बूढ़े पक्षी की तरह लौट-लौट कर/मैं क्यों यहाँ चला आता हूँ बार-बार?" (गाँव आने पर; उत्तर कबीर और अन्य कविताएँ)

अपने गाँव घर के प्रति कवि-मन का यह संवेदनात्मक लगाव मुझे मेरे और एक प्रिय कवि जीवनानन्द की याद अनायास दिला देता है–"आबार आसिबो फिरे, धानसीड़ी नदोटिर तीरे" (फिर लौटकर आऊँगा, धानसीड़ी नदी किनारे; रूपसी बाँग्ला; जीवनानन्द) सृष्टि सुन्दर है। कवि उसे सौन्दर्य से परिपूर्ण देखना चाहते हैं। तभी तो केदारनाथ जी भी यही कहते हैं– *"जाऊँगा कहाँ, रहूँगा यहीं...। किसी किवाड़ पर हाथ के निशान की तरह/पड़ा रहूँ।...*

जीवनानन्द के काव्य की ही तरह आज के इस अहं-विभ्रान्त एवं मीडिया सम्मोहित समय में केदारनाथ जी का काव्य हमें एक ही शिक्षा देता है : निर्मोह की शिक्षा।

कवि ने जीवन भर भाषा, छन्द और विषय को लेकर कई परीक्षण-निरीक्षण किय हैं। स्वयं को परिवर्तित करने की अनुकूल कोशिश की है। तभी तो इतनी

सारी रचनाएँ कितनी कितनी बार पढ़ी हैं, परन्तु जब भी फिर से पढ़ने बैठती हूँ, तो कविता की कुछ पंक्तियों में अचानक से नये अर्थ ढूँढ़ पाती हूँ। जिस कवि की रचना में वर्षों बाद भी नये भाव, नये रूप आविष्कार किये जाएँ, वही कवि तो सही अर्थों में बड़े और सार्थक कवि कहलाते हैं। उनकी कविताओं को पढ़कर मुग्ध होती हूँ, अनुवाद करते समय कई बार आँखें भीग जाती हैं; सोचती हूँ आज के इस भीड़ भरे संसार में कई व्यस्तताओं के बीच भी कैसे कवि ने मनुष्य हृदय एवं जागतिक रहस्यों की इतनी गहराई में अवगाहन किया है और कविता के रूप में मोती-माणिक चुन-चुनकर लाये हैं? वे सम्भवतः कतिपय कवियों में से एक हैं—जिन्होंने 'नगर केन्द्रित आधुनिक सृजनशीलता और ग्रामोन्मुख जातीय चेतना के बीच' एक सार्थक-समन्वय स्थापित करने की कोशिश की और सफल भी हुए हैं। आज के उपभोक्तावादी समाज में रहकर भी कविता को 'मानव विरोधी शक्तियों के बीच मानव-संवेद्य' बनाये रखने की कोशिश परिवर्तन की दिशा में सार्थक पहल है।[7] उन्होंने वातावरण की ही तरह शब्दों को प्रदूषण से बचाया है, एक के बाद एक युग को नयी भाषा दी है और परवर्ती नये युग में प्रवेश करते गये।

अन्ततः उन्हीं की एक उक्ति से मैं अपनी बात समाप्त करना चाहती हूँ, हालाँकि उन पर बोलते हुए अपने आप को कहाँ रोकना चाहिए, यह मुझे ज्ञात नहीं है। उन्होंने अपने साहित्य अकादेमी पुरस्कार अर्पण समारोह के अवसर पर दिये गये वक्तव्य में कहा था—"मेरी कविता का पाठक कहाँ और कौन है, इसे मैं ठीक-ठाक नहीं जानता।...एक दिलचस्प किंवदन्ती की तरह मुझे सिर्फ इतना मालूम है कि हिन्दी भाषी समाज में वह जो एक छोटी-सी दुनिया है, जिसे खूब पढ़े-लिखे लोगों की दुनिया कहते हैं, वहीं कहीं होना चाहिए आज की कविता के पाठक को।" यह सर्वज्ञात तथ्य है कि आज कवि केदारनाथ सिंह की कविताओं के पाठक देशभर में और दुनियाभर में फैले हुए हैं, पर यह तय बात है कि वे कभी भी दुर्बल पाठक के लेखक नहीं थे और न आज हैं। उनके जैसे कवि व्यक्तित्व के लिए उनके पाठकों को भी सहृदय और साहसी होना पड़ेगा। चिरहरित (Evergreen) कवि को मेरा सहस्र बार नमन।

सन्दर्भ

1. पान्थशाला बाँग्ला में कहा जाता है, अतिथि-निवास के लिए।
2. सन् 2007 में साहित्य अकादेमी के सौजन्य से भारतीय लेखक दल के सन्दर्भ के रूप में लेखिका की यह पहली यात्रा थी।

3. सम्प्रति कवि की चुनिन्दा कविताओं का एक संकलन (बाँग्ला अनुवाद में) साहित्य अकादेमी से प्रकाशित होने जा रहा है, जिसका अनुवाद लेखिका ने किया है।
4. ज्ञानपीठ पुरस्कार प्राप्ति के पश्चात् पावस कुमार को दिये गये एक साक्षात्कार से उद्धृत।
5. अमोघ (बाँग्ला शब्द) का अर्थ है 'अप्रतिरोध्य'।
6. 'स्वीन-हो-स्ट्रीट' शारदीया विशेषांक-2009, भूमिका।
7. 'मैं बोलता हूँ, इसलिए लिखता हूँ'; कवि केदारनाथ सिंह, पृ. 12, सम्पादक : भारत यायावर एवं राजा खुगशाल।

केदारनाथ सिंह : एक सहज और पारदर्शी व्यक्तित्व

—महेश आलोक

"जब एक युवा राष्ट्र स्वयं को पुख्ता कर रहा था तब परम्परा के 'भारतीयपन' की जरूरत भारतीय किसान तथा भारतीय गँवई परिवेश को ऊर्जस्वित करने के रूप में प्रकट हुई। 'भारतीयपन' (इण्डियननेस) देहातीपन-सादगी। यह त्रिकोण भारतीय साहित्य और भारतीय मीडियम के लिए एक प्रतिभाव बन गया। इसके विलोम का अपना खतरा है। शहर के रूमानीकरण का खतरा। ...केदारनाथ सिंह की कविता अपने आप में इन दो संस्कृतियों, दो दुनियाओं के बीच के तनाव को स्मृति और रूपक के जरिये कहती है। वे उन आलम्बनों को बेहद सावधानी और सजगता के साथ चुनते हैं जो अनेक सम्भव भाष्यों के स्तरों के साथ पोलिसेमिक प्रतीक बन जाते हैं। भाषा के स्तर पर यह काम स्तरीय हिन्दी और उन बोलियों के सहयोग से सम्भव किया जाता है जो पूर्व की साहित्य चेतना की प्रमाण हैं। केदारनाथ सिंह के यहाँ इस तरह हाशिये पर मौजूद आवाजें भाषा के केन्द्र में आ जाती हैं। कविता के भीतरी भूदृश्य अनेक परिप्रेक्ष्यों के जाग्रत होने से अनेक मुखी हो उठता है।"

—के. सच्चिदानन्दन (मलयालम)

घुटने तक खादी कुर्ता, एड़ी को छूता हुआ खूब सफेद पैजामा, सामान्य कद—लगभग पाँच फीट दो इंच के आस-पास, स्वस्थ, इकहरे और गौरवर्ण बदन से लिपटी हुई एक खास तरह की सादगी, गँवई आत्मीयता, करीने से कंघी किये गये श्वेत-श्याम केश, चौड़े फ्रेम की ऐनक के भीतर से टोह लेती बच्चे की तरह उत्सुक, जिज्ञासु तथा प्रश्नाकुल आँखें—मानो जीवन और प्रकृति के बारीक रिश्ते, हलचल, खरोंच, गरमाहट तथा सूक्ष्म से सूक्ष्म क्रिया-व्यापार को 'वीडियो कैमरे' की तरह उसी गतिशीलता, ठहराव तथा नदी की-सी प्रवाहमयता में दर्ज कर लेना चाहती हों। चेहरे से छनकर आती हुई शरद की धूप की-सी चमक, बेहद आत्मीय क्षणों में पहाड़ी झरने की तरह उन्मुक्त हँसी, खिलखिलाहट,

अत्यन्त सहज और पारदर्शी व्यक्तित्व।

निश्चित ही आप पहचान गये होंगे कि व्यक्तित्व का यह बाह्य शब्द-चित्र समकालीन हिन्दी कविता के बड़े कवि केदारनाथ सिंह का है और आपको वे तमाम कविताएँ याद आ गयी होंगी जो अपनी पूरी बुनावट में व्यक्तित्व के इस सहज और पारदर्शी स्पर्श से झंकृत हैं।

इस स्पर्श में बलिया (केदार जी का जन्मस्थान) की मिट्टी की सोंधी खुशबू है, बनारस में जिये गये क्षणों की मस्ती है, गरमाहट है, गोरखपुर से कुछ किलोमीटर दूर पडरौना कस्बे में बिताये गये समय की रचनात्मक आहट है। इस आहट की अनुभूति केदार जी में बहुत गहरी है—"अपनी काव्यात्मक तैयारी की दृष्टि से इस काल खण्ड को मैं अपने लिए महत्त्वपूर्ण मानता हूँ। इस पूरी अवधि में मैं लगभग गाँव और शहर के बीच में ही रहा। गाँव से भी मेरा रिश्ता बराबर बना रहा जिसे मैं आज भी उतना ही प्यार करता हूँ। इस दौरान ज्यादा मैं उन लोगों के बीच रहा, जिसे आज की प्रचलित भाषा में आम आदमी कहा जाता है। इसलिए आम आदमी मेरे लिए कोई अमूर्त अवधारणा नहीं, एक सच्चाई है, जो मेरी कविताओं में कई रूपों में अभिव्यक्त हुआ है।" केदार जी बताते हैं और उनके मस्तक की रेखाएँ कुछ और गहरी हो जाती हैं। आँखें अतीत की स्मृतियों में टहलती हैं और इस टहलने की सुखद पीड़ा पुतलियों को थोड़ी देर के लिए निश्चल कर देती है।

केदार जी का व्यक्तित्व वस्तुतः उस बिम्ब की तरह है जो अपनी तमाम अर्थ सघनता में कई-कई अर्थछायाएँ विकसित करता है। इन अर्थछायाओं में कहीं बहुत गहरी चुप्पी अर्थवान हो उठती है, तो कहीं लोक जीवन और शहरी जीवन के मध्य तनाव और अन्तर्द्वन्द्व। कहीं जीवन के प्रति आस्था और संकेत ध्वनित होने लगता है, तो कहीं एक लापरवाह किस्म का सचेत फक्कड़पन। ऐसा फक्कड़पन जिससे आस्था या अनास्थावादी या लगभग गैरजरूरी प्रवृत्तियों के खिलाफ चुनौती का भाव शालीन ढंग से अभिव्यक्त हो रहा हो। कहीं आत्मविश्वास एवरेस्ट की चोटी छूने लगता है, तो कहीं उस ऊँचाई से सतह पर देखने की छटपटाहट। सचाई यह भी है कि कहीं उनका रचनात्मक आलस्य जीवन की गतिमयता में जोरदार ढंग से 'ब्रेक' लगता है, तो कहीं इस 'ब्रेक' वाली ज़मीन पर ठहरकर आस-पास देखने, थोड़ा सचेत ढंग से चलने, सोचने तथा जीवन और प्रकृति के सूक्ष्म रिश्ते को बारीक संवेदनात्मक पकड़ द्वारा खोलने में सहायक की भूमिका भी।

'आलस्य' का रचनात्मक इस्तेमाल करना केदार जी खूब जानते हैं। असल में केदार जी का यह 'व्यक्तित्व', उन्हें एक खास तरह का 'मूडी आदमी'

बनाता है। इस 'मूड' में तनाव है, सहजता है, आस्था है, अनास्था है, अत्यन्त संवेदनशील होने की सजगता है, इस सजगता में चाहे-अनचाहे दूसरों को दुख न पहुँचाने की नैतिक मर्यादा है। 'मर्यादा' भी उस स्तर पर कि कभी-कभी आत्मविश्वास और वह भी गहरे आत्मविश्वास और नैतिक साहस को खतरे में डाल देना उचित जान पड़े। भले 'कुछ' भीतर टूट कर बिखर जाए—उनकी उदारता और सहनशीलता होने की अद्‌भुत क्षमता को उजागर करता है।

वैसे केदार जी स्वभाव से शालीन और प्रसन्नचित्त इनसान हैं। उनकी आँखें हँसती हैं। उनकी भृकुटि या होठ जब किसी स्वाभाविक क्रोध से सन्तुलन खोने लगते हैं, तब उनकी आँखों में बराबर बनी रहने वाली हँसी की सहजता उस सन्तुलन को कायम रखने में बहुत सहायक होती है। सामने बैठा व्यक्ति उनके इस क्षणिक क्रोध का अर्थ समझता है। वे क्षण भर में ही अपने होंठों की सहज मुस्कान से भीतर की निश्छलता को प्रकट कर देते हैं। भृकुटियों की वक्रता उनके सहिष्णु हृदय की अदृश्य तरंगों से संचालित हो उठती है। इन अदृश्य तरंगों के स्पर्श तल में आपको ममत्व, संकोच, प्रेम, मस्ती, बेफिक्री, गम्भीरता और सहानुभूति की वह मजबूत पतली सतह मिल जाएगी, जिस पर उनका व्यक्तित्व खड़ा है।

केदार जी के व्यक्तित्व का एक पहलू उनके अध्यापकीय पेशे से जुड़ा है। मैंने कई बार महसूस किया है कि कहीं न कहीं एक असन्तोष, एक बेचैनी है, जो उन्हें इस जुड़ाव की सारी गाँठें खोलकर मुक्त जीवन व्यतीत करने की ओर उत्कंठित करती है। केवल अपनी शर्तों पर जीवन जीने की तरह प्रेरित करती है। इसे वे व्यक्त नहीं करते। यह भी कहा जा सकता है कि एक सहज संकोच उन्हें ऐसा करने से रोकता है। इस संकोच से लिपटी हुई पीड़ा यदि आप पढ़ सकते हैं तो पढ़ लीजिए, अन्यथा उनका संकोच इसकी भी इजाजत नहीं देगा।

हर चीज जो उन्हें बाँधती है, उससे वे मुक्त होना चाहते हैं, और नहीं, तो संवेदनात्मक स्तर पर उसका अहसास बनाये रखना चाहते हैं। एक बार मैंने पूछा, "आप अपने समकालीनों में सम्भवतः अकेले हैं, जिसने अपनी समस्त ऊर्जा सिर्फ कविता जैसे 'क्रिएटिव फॉर्म' के भीतर पूरी ताकत से बने रहने में खर्च की है। आप कवि और केवल कवि बने रहना चाहते हैं। इस चुप्पी में उनके होंठों पर उभरी मुस्कुराहट की पतली रेखा और गहरी हो गयी। फिर खुद ही चुप्पी तोड़ते हुए बोले—"देखो, पहली बात तो यह कि कविता लिखना मेरे लिए बहुत परिश्रम का कार्य है। वह मुझे भीतर से इतना खींच लेती है, इतना निचोड़ लेती है कि मैं कुछ दूसरा करने लायक बचता ही नहीं।" मुझे

लगा जैसे यह कोई ऐसा कवच है जो एक खास तरह की बौद्धिक भावुकता के साँचे में ढलकर उनकी शख्सियत से बँध गया है या उन्होंने बाँध लिया है, जिसे भेदकर भीतर जाना बहुत मुश्किल है। मैं इस तर्क से सहमत होकर भी पूरी तरह सहमत नहीं था। मैं जब तक पूछूँ वह दूसरी बात क्या है? वे कुछ क्षणों को उत्सुक चुप्पी को भेदकर सोचते हुए बोले, शायद मेरे चेहरे पर बनते-बिगड़ते भावों को उन्होंने पढ़ लिया था—"दूसरी बात यह कि कविता की संवेदना, कहानी की संवेदना के निकट मुझे कभी नहीं लगी। कहानी हमें मुक्त नहीं करती, बाँधती है। कविता में हम 'मुक्त' होते हैं। इस मुक्ति का तीव्र अहसास उपन्यास के विस्तृत कलेवर में अधिक है।" और शेष उत्तर मुझे डॉ. अभिज्ञात को दिये गये साक्षात्कार में मिला—"एक इच्छा मेरे मन में बहुत दिनों से पल रही है कि जिस परिवेश में मैं जीता रहा, चाहे गाँव हो या शहर, उस परिवेश की कथा लिखूँ। 'कथा' माने 'फिक्शन' नहीं। मैंने जैसा देखा है वैसा। यह बहुत दिनों से सोच रहा हूँ और शायद कभी कर सकूँ। इसके लिए गद्य मुझे बार-बार खींचता है। अक्सर लगता है कि हमारा समय गद्य में सार्थक ढंग से उतर पाता है। कविता की तिर्यक पद्धति के विपरीत होती है गद्य की पद्धति। गद्य जीवन को सीधे-सीधे आईना देता है। यही उसकी ताकत है।"

मैंने लक्ष्य किया उनके चेहरे पर खास तरह का 'आत्मतुष्टि भाव' उभर आया है और इस 'आत्मतुष्टि भाव' में रचनात्मक संकल्प और अक्षय ऊर्जा का अजस्र स्रोत पूर्ण चेतना से सुरक्षित है। सचमुच केदार जी ने मुक्ति या स्वतन्त्रता जैसे बड़े मूल्य को रचनात्मक स्तर पर जीने की सार्थक कोशिश की है और कम से कम इस स्तर पर किसी किस्म का समझौता करने के लिए वे कतई तैयार नहीं हैं। बहुत सम्भव है व्यावहारिक जीवन में अनेक दबावों और स्वीकृत कठिनाइयों के बीच कहीं न कहीं इस 'कमी' से जूझते हुए सर्जनात्मक स्तर पर इस मूल्य बोध को चरितार्थ कर आत्मविश्वास और नैतिक साहस को बनाये रखना चाहते हों?

केदार जी एक बड़े रचनाकार के साथ-साथ एक लोकप्रिय अध्यापक भी हैं। विद्यार्थियों के नब्ज की अद्‌भुत पकड़ है उनमें। कविताएँ तो कोई उनसे पढ़े। कविता मानो तमाम अर्थ-ध्वनियों के साथ आपके भीतर खुलती जाती है। आपकी संवेदना, आपकी अनुभूतियों का अनिवार्य हिस्सा बन जाती है। ऐसा लगता है जैसे उनकी आवाज का एक-एक ध्वनिकम्प जहाँ हमारी संवेदना को भीतर से झकझोर रहा है, उसे नयी अनुभव सम्पन्न दृष्टि से सक्रिय कर रहा है, वहीं अपनी जड़ों से लगातार जुड़े रहने का, उससे ऊर्जा लेने का बोध

भी जाग्रत कर रहा है। एक सम्पूर्ण भारतीय और जातीय समझ केदार जी को भीतर से अनुशासित किये हुए है। यह अनुशासन जहाँ उनके व्यक्तित्व का अनिवार्य हिस्सा है, वहीं उनकी कविताओं का भी।

केदार जी में जिज्ञासा है, प्रगतिशील और रागात्मक अन्तरनिष्ठा है, गहरी आत्मसजगता, प्रश्नाकुलता है, जीवन और जगत् के आन्तरिक लय को भाषा में ढालने की क्षमता है, शब्दों को उनकी जड़ों से अर्थात् जीवन के उन स्रोतों से, जहाँ शब्द 'ढलते', नया अर्थ ग्रहण करते हैं—चुपचाप, बिना किसी शोर-शराबे के उठाने की सर्जनात्मक आकुलता है—और यह सारा क्रिया-व्यापार बहुत धीरे-धीरे, पूरे धैर्य और कौशल से निपटाने की रचनात्मक मर्यादा के प्रति आन्तरिक प्रतिबद्धता है।

सचमुच केदार जी व्यावहारिक जीवन में भी सब कुछ बहुत धीरे-धीरे निपटाने में विश्वास रखते हैं। और इस विश्वास के पोर-पोर को बनारस जैसे अद्‌भुत शहर का गहरा संस्पर्श प्राप्त है। अपनी चर्चित कविता 'बनारस' में वह कहते हैं—*"इस शहर में धूल/धीरे-धीरे उड़ती है। धीरे-धीरे चलते हैं लोग/धीरे-धीरे बजते हैं घण्टे/शाम धीरे-धीरे होती है यह धीरे-धीरे होना/धीरे-धीरे होने की सामूहिक लय/दृढ़ता से बाँधे है समूचे शहर को"* और बनारस के इस मिजाज को केदार जी ने जिया है और पूरी शिद्दत से जिया है—कुछ इस तरह कि उनके व्यक्तित्व में यह खासियत रचनात्मक अर्थवत्ता ग्रहण कर ले।

युवा कवियों और उनकी रचनाओं के बीच बराबर बने रहने की कोशिश केदार जी ने की है। नयी रचनाशीलता के प्रति उनका आकर्षण, लगाव और उम्मीद नये रचनाकारों को आश्वस्त करता है और कविता के भविष्य को भी। भविष्य की इस आहट और सुगबुगाहट की मद्धम आँच से अपने रचनात्मक व्यक्तित्व को उन्होंने रचा है, तराशा है, संवेदनात्मक स्तर पर सक्रिय किया है—"मैं युवा कवियों से लगातार संवाद बनाये रखना चाहता हूँ। उनके बीच रहकर मैं खुद भी नया होता हूँ अपने भीतर एक नयी ऊर्जा महसूस करता हूँ। क्योंकि वे सब कुछ को, पुरानी पहचान को छिन्न-भिन्न कर एक नया रास्ता, भाषा का एक नया तेवर, नया मुहावरा गढ़ सकते हैं। कविता के क्षेत्र में बहुत दिनों से चली आ रही चुप्पी को तोड़ सकते हैं" इस बात को वे सिर्फ कहते ही नहीं हैं, अपनी सक्रियता से चरितार्थ भी करते हैं। इतना अवश्य है—इस सक्रियता की गति बहुत धीमी है। एक विशेष किस्म की चैनदारी है उसमें। क्यों न हो? यह चैनदारी तो उनके व्यक्तित्व का विशिष्ट पहलू है।

केदार जी के व्यक्तित्व और उनकी कविता के मध्य उनकी सहज

आत्मीयता और उसकी रचनात्मक ऊष्मा सेतु के रूप में विकसित होती गयी है। ऐसा लगता है जैसे उस ऊष्मा की सहजता और मुस्कान से एक सर्जनात्मक विनयशीलता से वह सेतु बिम्ब-प्रतिबिम्ब की गहरी समझ और संवेदना विकसित करता हुआ दोनों (व्यक्तित्व और कविता) के हृदयतल में अवस्थित हो गया है–एक अनन्त तस्वीर के छाया चित्रों से दोनों के सम्बन्ध को प्रगाढ़ करता हुआ और यह प्रगाढ़ता ही सचमुच उनके व्यक्तित्व और कृतित्व की सहज तस्वीर है। एक ऐसी तस्वीर जिसमें केदारनाथ सिंह हैं–सिर्फ और सिर्फ केदारनाथ सिंह।

केदार जी को कभी कोई हड़बड़ी नहीं रही

—महेश 'अश्क'

केदार जी के मिज़ाज में मासूमियत का एक गहरा सोता है, जिसके ठण्डे-मीठे पानी की तरावट; वह बात कर रहे हों, कविता पढ़ रहे हों या लोगों के बीच में चुप बैठे हों, हर जगह और हर हाल में साफ़-साफ़ महसूस की जा सकती है। यही ठण्डी-मीठी तरावत केदार जी में अपना लहजा, अपना टोन रचती है और यही संजीदा और शालीन मासूमियत, अपनी भरपूर तरलता के साथ उनकी रचनाओं में एक अलग सौन्दर्य-बोध भी गढ़ती है जो बड़ी खामोशी के साथ, दबे पाँव, कब जीवनी-शक्ति के रूप में बदल जाती है, पता ही नहीं चलता। एक कविता देखिए—शीर्षक है 'एक ठेठ किसान के सुख'...

पिछले कुछ दिनों से
सुस्त-निढाल पड़ा था वह
आज नरकट की पत्तियों में
उसने एक साँप की चमकती हुई
आँखें देखीं
उसने जोखिम में देखी
एक अद्‌भुत सुन्दरता
और, कुछ पल अवाक्
देखता रहा उसे

वह चौके में गया
वहाँ दिन की थाली में
रात की लिट्‌टी थी
लिट्‌टी की बगल में
उसने एक खूब दमकती
हरी मिर्च देखी

और जैसे जीने में लौट आया
फिर से स्वाद

वह कचहरी गया
वहाँ उसके सामने रखा गया
एक सादा काग़ज़
कहा गया—'यहाँ...यहाँ
एक दस्तख़त करो'

उसने इनकार किया
और, उसे लगा
वह दस गुना
बीस गुना
सौ गुना और ज़िन्दा हो गया

(सृष्टि पर पहरा)

यह सिर्फ मासूमियत नहीं है। लेकिन, जो कुछ भी है 'और है' उसमें मासूमियत है, और न सिर्फ है, बल्कि इस तरह है कि 'जीने में स्वाद फिर से लौट आता है' और इस तरह लौट आता है कि आदमी में 'इनकार' का साहस पैदा हो जाता है, और वह जितना है, उससे खुद को सौ गुना अधिक जिन्दा महसूस करने लगता है।

मनोविज्ञान में 'साँप' को चाहे जिस तरह लिया जाता हो, आम ज़िन्दगी में तो उसे देखकर 'डर' और 'जुगुप्सा' के भाव ही ज्यादा उभरते हैं, लेकिन, यहीं केदार जी का सौन्दर्यबोधभावों का एक अलग पाठ तैयार करता है और उन्हें लाकर आम से अलग की सफ़ में खड़ा कर देता है। एक बड़े आदमी के नावेल में है कि—पराजित सेना का एक सैन्याधिकारी बेतहाशा भागा जा रहा है और उसकी मुख़ालिफ सेना की टुकड़ी के हथियारबन्द जवान उसे दौड़ा रहे हैं। भाग रहा सैन्य-अधिकारी भली-भाँति जानता है कि अगर वह उनके हत्थे चढ़ गया तो वे बेरहमी से उसे काट डालेंगे। यह बात नावेल में इस तरह आती है कि लगता है, भाग रहा सैन्याधिकारी प्रतिपक्षी सैनिकों के हाथ नहीं आएगा और बच निकलेगा, लेकिन तभी उस भागते हुए सैन्याधिकारी को अपने पैरों के पास एक जंगली फूल खिला दिखाई पड़ जाता है और इस कोशिश में कि—भागने की आपाधापी में कहीं उसका कोई पैर फूल पर न पड़ जाय, वह लड़खड़ा जाता है और विपक्षी सैनिक उसे पकड़ लेते हैं। आमतौर पर

यहाँ सवाल हो सकता है कि जान का जोखिम होते हुए भी वह एक जंगली फूल के लिए, जिसकी जान के मुकाबले में कोई कीमत नहीं हो सकती, वह ठिठका क्यों—यह 'रियलिटी' नहीं, एक तरह की 'फन्तासी' है जिसे कथानक को 'थ्रीली' और इस प्रकार रोचक बनाने के लिए नावेल निगार ने गढ़ लिया है, तो इसका कोई जवाब नहीं बन सकता, आप सिर्फ मुस्कुरा सकते हैं और वह इसलिए कि आप जानते हैं कि यही वह मासूमियत है (ठिठकना) जो रचना में जादू की तरह आती है और उसे कहीं से कहीं पहुँचा देती है। केदार जी में यह 'जादू' जगह-जगह है और उसी मासूमियत के गहरे एहसास की तरह है जैसा कि खलील जिब्रान की एक छोटी-सी कहानी में है,—हमलावर सेना का एक कमाण्डर अपने सैनिकों के साथ संवासिनियों के आश्रम में घुस जाता है। पूरी सैनिक टुकड़ी मनमानी पर उतारू है, जो संवासिनी उनकी मरजी का विरोध करती है, उसकी बड़ी दुर्गति होती है। कमाण्डर जिस संवासिनी के कक्ष में घुसता है, उसे अच्छी तरह पता है कि बाहर क्या चल रहा है। वह मुस्करा कर कमाण्डर का स्वागत करती है, इससे कमाण्डर के उतावलेपन में कुछ फ़र्क़ आता है। वह उससे इशारे से बैठ जाने को कहती है। कमाण्डर बैठ जाता है और अपनी वर्दी-पेटी ढीली करने लगता है, संवासिनी इसी दौरान उसे सूचना देती है कि उसके पास एक ऐसा लेप है जिसे लेप कर यदि तलवार से भरपूर वार भी किया जाय तो शरीर का वह अंग कटता नहीं है। यह कहते हुए वह कमाण्डर को विश्वास दिलाने की कोशिश करती है कि कमाण्डर मार-धाड़ के जिस काम में है, उसमें यह लेप उसके लिए वरदान साबित हो सकता है, लेकिन कमाण्डर उसकी बात सुनकर हँसता है और उस पर अविश्वास जाहिर करता है, इस पर संवासिनी उठती है और अलमारी से शीशी निकाल कर उसका लेप अपनी गर्दन के चारों तरफ़ लेप लेती है और कमाण्डर को प्रेरित करती है कि वह अपनी तलवार से उसकी गर्दन पर वार करे, कमाण्डर उसकी चुनौती पर उत्तेजित हो जाता है और बगल में रखी तलवार को म्यान से खींच लेता है और दूसरे ही क्षण तलवार के वार से संवासिनी का सिर गेंद की तरह उछल कर दूर जा पड़ता है।

सवाल उठता है कि इस पूरे 'डिस्क्रिप्शन' में जब संवासिनी को पता था कि उसका सिर उड़ने वाला है, फिर उसने सिर की रक्षा के लिए कुछ क्यों नहीं किया? यह कौन-सी शक्ति है जिसने उसे हँसते-हँसते अपना सिर जानते-बूझते उड़वा लेने के लिए प्रेरित किया। आख़िर 'इनकार' की यह कौन-सी ताकत है और आदमी में आती कहाँ से है। इसे जादू कहें, मासूमियत कहें, मक्कारी कहें, साहस कहें, दृढ़ता कहें या आदर्शवाद कहें—जो भी कहें, वाजिब होगा

हालाँकि वह आलोचना की मान्य शब्दावली से शायद न हो—लेकिन इसका अर्थ यह भी तो नहीं होगा कि यह 'सब कुछ', 'जो कुछ भी होगा', उसका जिन्दगी में कोई अर्थ नहीं होगा। केदार जी के मामले में मजबूरी यही है कि सब कुछ कह लीजिए—लेकिन फिर भी यह लगता रहता है कि, नहीं-नहीं अभी भी कुछ छूट गया है। फ़िराक़ ने अपने एक शेर में ऐसी ही स्थिति की तरफ इशारा किया है—

दुविधा पैदा कर दे दिलों में, ईमानों को दे टकराने
बात वो कह ऐ इश्क कि, जिसके सब कायल हों, कोई न माने

एक बार मैं परमानन्द जी के वहाँ पहुँचा। दरवाजा उन्होंने ही खोला लेकिन उस दिन वे कुछ खोये-खोये-से, कुछ बुझे-बुझे-से लग रहे थे। बाद में पता चला कि आलोचना की अपनी कोई नयी किताब को तरतीब दे रहे हैं और उस वक्त उन पर वही सवार थी। काफी देर तक चुप-चुप कटी, मुझे लगा मैंने डॉक्टर साहब को अकारण डिस्टर्ब कर दिया। मैं उठने को हुआ तो उन्होंने हाथ के इशारे से रोक दिया। परमानन्द जी का यह अन्दाज उस दिन ऐसा था जो आम हालत में उनके गर्मजोशी वाले अन्दाज से मेल नहीं खा रहा था। अचानक उन्होंने बोलना शुरू कर दिया और बाजारवाद, उदारीकरण, स्त्री-विमर्श सबसे गुजरते रहे। मैंने एक जगह, जब केदार जी का प्रसंग आया, तो टोका, और कहा—केदार जी को बाजारवाद या ऐसे किसी आन्दोलनात्मक मुद्दे के हवाले से समझने की कोशिश करना शायद पर्याप्त न हो। परमानन्द जी इस पर पल भर के लिए ठिठके और कहा—महेश जी, आप कविता को उस तरह नहीं जानते, जिस तरह कोई रचनाकार उसके भीतर रहकर जीते हुए उसे जानता है—आप ग़ज़लें लिखते हैं। मैं चुप हो गया लेकिन परमानन्द जी बोलते रहे—केदार जी, हमारे समय में एक ऐसे रचनाकार हैं, जिसमें हमारे समय की सर्वाधिक गहरी और विश्वसनीय पड़ताल हमें मिलती है। केदार जी कहीं से भी सरसरी नहीं गुजरते, ठहरते हैं, ग्रहण करते हैं और उसे अपने अनुभव का हिस्सा बनने देते हैं। उन्हें कोई जल्दी या हड़बड़ी नहीं होती, केदार जी, पकाते बहुत हैं, शायद यही वजह है, उनके यहाँ शब्द-स्फीति जैसी कोई बात ढूँढ़े भी नहीं मिलती।

बाबू हरिहर सिंह एक घटना की बार-बार चर्चा करते थे, और जब करते थे तो थोड़ा अपने आप में असहज होते भी दीखते थे। कुछ झेंप और कुछ गुस्सा। मामला यह है कि केदार जी एकान्त में जिस दुख में पिछले लगभग तीन दशकों से घुलते आ रहे हैं उसकी शुरुआत के दिन थे, बिल्कुल ताजा-ताजा। गोरखपुर से हरिहर सिंह जी की अगुवाई में मित्रों की एक अच्छी-खासी तादाद

में एक मण्डली पुरशिस के लिए केदार जी के गाँव पहुँची। 'पुछारो' के लिए पहुँचे इस काफिले में डॉ. परमानन्द और देवेन्द्र कुमार बंगाली जी भी थे। मातम के माहौल में केदार जी के ये गमख़्वार उनके घर पहुँच कर अभी बैठे ही थे और पानी-वानी आ ही रहा था कि इस काफिले में गये भारी-भरकम शरीर वाले एक सज्जन—मौका-महल की परवा किये बगैर केदार जी से मुखातिब होते हुए अचानक बोल पड़े—'केदार जी! अगर आप फलाँ साहब को एक पत्र लिख दें, तो मेरा एक बहुत जरूरी काम हो जाएगा।' यह सुनना था कि तीर-बाँस लिए बैठे केदार जी ने कागज कलम मँगाया और खत लिखकर बड़ी सहजता से उन सज्जन की तरफ बढ़ा दिया। पत्र जेब में रखते हुए वे सज्जन अपनी जगह से उठे, मुस्कुराते हुए केदार जी से इजाजत ली और वापस गोरखपुर के लिए चल पड़े।

इस पूरी घटना में हरिहर सिंह जी के लिए दिक्कत की बात, जैसा कि वह कहते थे, यह थी कि यह सज्जन गोरखपुर से केदार जी के घर उन्हीं के काफिले में गये थे। वह कहते थे कि सिफारिशी-पत्र लिखना-लिखाना उतना गलत नहीं है लेकिन जिस मौके पर और जिस माहौल में यह सेलफिश किसिम का आग्रह किया गया, वह उचित नहीं था, यह एक हरकत हम सभी लोगों के शर्म से गड़ जाने के लिए काफी थी, वह तो केदार जी का व्यक्तित्व ऐसा है कि उन्होंमें इस बावत कभी चर्चा भी नहीं की।

केदार जी के मित्र केदार जी को दिल की धड़कन की तरह जीते रहे हैं। हुआ यह कि केदार जी की कोई कविता किसी विदेशी भाषा में अनूदित होकर प्रकाशित हुई। यह उनकी कविता के इस तरह के प्रसार का पहला अवसर था। बंगाली जी को यह खबर उनके रेलवे दफ्तर में सम्भवतः हरिहर सिंह जी से मिली। खबर पाकर बंगाली जी के दिल की हालत बल्लियों उछलने वाली हो गयी, वह अपनी सीट से उठे, पान दबाया और घर के लिए निकल पड़े। इमली के दरख्तों के नीचे से गुजरते हुए वो यूनिवर्सिटी के आडिटोरियम वाले रास्ते से निकल ही रहे थे कि उन्हें डॉ. रामदेव शुक्ल जी नजर आ गये। बंगाली जी ने (अपने स्वभाव के विपरीत) उन्हें लगभग चीखते हुए आवाज दी, रामदेव जी ने आवाज की तरफ मुड़कर देखा और चिर-परिचित अन्दाज में मुस्कुरा पड़े, उनके निकट पहुँचते हुए बंगाली जी बोल पड़े—"रामदेव जी, आपको पता है? केदार जी की कविता फलाँ भाषा में अनूदित होकर फलाँ जगह छप गयी है।" रामदेव जी यह सुनकर खुश तो बहुत हुए लेकिन साथ ही उन्हें शरारत भी सूझी। अपने-आपको संयत रखते हुए उन्होंने बंगाली जी से कहा—"बंगाली जी, केदार जी की अगर कोई कविता अनूदित होकर कहीं

छप गयी है तो इसमें आप क्यों खुशी से इतने पागल हुए जा रहे हैं?" यह सुनते ही बंगाली जी तपाक से बोल पड़े—"क्या बात कर रहे हैं रामदेव जी आप, खुशी की बात क्यों नहीं है? आखिर आवाज तो इसी मिट्टी की है।" जगदीश नारायण श्रीवास्तव ने यह घटना बताते हुए कहा कि 'बंगाली जी का जवाब सुनकर रामदेव जी अपने आपको रोक नहीं सके और लपक कर बंगाली जी को बाँहों में भर लिया और इतने भावुक हो गये कि उनकी आँखों के कोरों पर चमकती हुई नमी साफ-साफ दिखाई पड़ने लगी।

केदार जी और उनके मित्रों का असल कारनामा यही नहीं है कि उन्होंने अच्छा सोचा और अच्छा लिखा, बल्कि यह भी है कि उन्होंने लगातार इस बात की कोशिश की कि गोरखपुर और आसपास एक ऐसा माहौल तैयार हो जिसमें बहुत से लोग अपने समय को अच्छी तरह पढ़ और सोच सकें। साठ के आसपास का गोरखपुर कमोबेश यही रहा है। इन लोगों ने 'रचना' नाम से पत्रिका निकाली। लगातार साहित्यिक गोष्ठियाँ और विचार-विमर्श के लिए आयोजन करते रहे। 'रचना' के प्रवेशांक के लिए मुक्तिबोध ने भी लेख भेजा। 'रचना' का सम्पादन ठाकुर हरिहर सिंह और रामसेवक श्रीवास्तव करते थे। परमानन्द जी, केदार जी, देवेन्द्र कुमार 'बंगाली' और विश्वजीत सभी उस पत्रिका के सक्रिय सहयोगी रहे। इन मित्रों में से अधिकतर लोग उस वक्त ट्यूशन करके अपनी पढ़ाई और गोरखपुर में रहने का खर्च जुटाते थे लेकिन यह सभी लोग साहित्य के प्रति लगाव के अपने जज़्बे को सर्वोपरि

रखकर जीने वाले लोग थे। उस वक्त के गोरखपुर में सेण्ट ऐण्ड्रूज कालेज और रेलवे साहित्यिक गतिविधियों के केन्द्र की तरह थे, रेलवे में बाबू राम विनायक सिंह की साहित्यिक गोष्ठियाँ जहाँ अपनी स्तरीयता और अनुशासन के लिए जानी जाती थीं, वहीं फिज़ा में मजनू साहब की धमक भी अभी बाकी थी। राम विनायक सिंह की गोष्ठियों के लिए ठाकुर प्रसाद सिंह भी आया करते थे। सन्थाली लय की भाव-भूमि पर आधारित उनका संग्रह 'वंशी और मादल' की चर्चा जगह-जगह सुनाई पड़ती थी। यह सारा माहौल इस मण्डली ने कम से कम संसाधनों के बावजूद, अपने निरन्तर और व्यवस्थित प्रयासों के जरिये बनाया, यही बड़ी बात है। मुझे अक्सर यह शिद्दत से महसूस होता है कि आज के फैलाव के साथ सिमटे हुए गोरखपुर में हम थोड़ी-बहुत जिस रचनात्मक-फिज़ा का अनुभव आज कर पाते हैं, इसमें इस मण्डली की इन्हीं अनवरत कोशिशों का एक बड़ा हिस्सा भी मौजूद है, जो दिखाई कम से कम और महसूस अधिक से अधिक होता है।

जैसा मैंने उन्हें देखा-जाना

–विजय प्रकाश सिंह

डॉ. केदारनाथ सिंह के साथ मेरे मिलने, बातचीत करने, पढ़ने और सुनने का सिलसिला पचास साल से अधिक रहा है। यह लगभग बीसवीं सदी के मध्य का समय था। उस समय पिताजी (नामवर सिंह) काशी हिन्दू विश्वविद्यालय में अध्यापन कर रहे थे। मेरे दिल और दिमाग में मेरे बचपन का, गंगा नदी के किनारे स्थित लोलार्क कुण्ड वाला घर आज भी ताज़ा है, जिसके बाहर का वातावरण बिस्मिल्लाह खाँ की शहनाइयों से अक्सर संगीतमय रहता था और हर-हर महादेव के नारों, मन्दिर की घण्टियों की ध्वनि से बराबर सराबोर और उत्सवमय रहता था। किताबों से भरे घर में पढ़ने-लिखने वालों का अच्छा-खासा जमावड़ा रहता था। कोई भी आने-जाने वाला इस माहौल को देखकर ही भाँप लेता था कि यहाँ सरस्वती का वास हमेशा रहता है। पिताजी कभी-कभी मज़ाक़ में कहते थे कि हमारे यहाँ दो तरह के लोग आते हैं—एक वे जो विद्या की अर्थी ढोते हैं यानि शुद्ध विद्यार्थी और दूसरे ज्ञान के पिपासु और साहित्य की साधना करने वाले लोग। ऐसे ही वातावरण में मैंने साहित्य और ज्ञान की साधना करने वाले पिताजी के खास मित्र/विद्यार्थी खुशमिज़ाज़ युवा केदारनाथ सिंह को अक्सर घर आते-जाते, पिताजी और हम सबसे बातें करते हुए देखा, जिसकी स्मृति आज भी ताज़ा है। उस समय वे काशी हिन्दू विश्वविद्यालय में शायद एम. ए. के छात्र रहे होंगे। हमारे परिवार में उन्हें पिताजी, रामजी चाचा, काशी चाचा और स्वर्गीय दादी बबुआ जी नाम से बुलाते थे।

समय के प्रवाह के साथ-साथ कुछ ऐसा संयोग बना कि पिताजी 1974 में सागर, जोधपुर होते हुए जवाहरलाल नेहरू विश्वविद्यालय, दिल्ली आ गये। केदारनाथ सिंह की भी उनके दो वर्षों बाद जवाहरलाल नेहरू विश्वविद्यालय में नियुक्ति हो गयी। सौभाग्य से उनकी बेटी निर्मला 5 मार्च 1978 को मेरी जीवन-संगिनी बन गयी। इसके बाद उनसे मिलना और अधिक सम्भव हो पाया और घनिष्ठता बढ़ती गयी। हमारे समाज में सदियों से सम्बन्ध को एक

सम्पदा माना जाता है। पारिवारिक सम्बन्ध जितने पुराने होते हैं, वे अमूल्य होते जाते हैं। और सौभाग्य से यदि परिवार के किसी सदस्य ने अपने विशेष योगदान की वजह से देश-दुनिया में अपनी महत्त्वपूर्ण पहचान बना ली हो, तो वह पूरे परिवार और आने वाली पीढ़ियों के लिए एक अमूल्य धरोहर होता है। आज की तारीख में बाबूजी (केदारनाथ सिंह) हमारे पूरे परिवार के लिए ऐसे ही एक अमूल्य धरोहर हैं। वे हिन्दी साहित्य के पन्नों में तो दर्ज़ हैं ही। साहित्य की दुनिया में उन पर बहुत कुछ लिखा भी गया है। इन सबसे इतर मैं अपने स्मृति लोक से कुछ निकालकर लिखने की कोशिश कर रहा हूँ, क्योंकि वे आज हमारे सम्बन्धों के बाग़ में पारिजात वृक्ष की तरह हैं। ऐसी मान्यता है कि पारिजात वृक्ष के फूलों की सुगन्ध मनुष्य को ऊर्जा प्रदान करती है। पौराणिक कथाओं में ऐसा ज़िक्र मिलता है कि श्रीकृष्ण ने पारिजात वृक्ष को धरती पर लाने के लिए स्वर्ग पर आक्रमण किया था और इन्द्र को परास्त कर के उसे पृथ्वी पर लाये थे। हमारा सौभाग्य है कि ऐसा एक पारिजात आज हमारे परिवार का हिस्सा है। केदारनाथ सिंह की कविताएँ देशकाल की आबो-हवा से सुगन्धित मनुष्य को सहृदय बनाने वाली और ऊर्जा प्रदान करने वाली हैं।

अज्ञेय जी ने कहीं कहा है कि समय यदि कहीं ठहरता है तो स्मृति में ठहरता है। मैंने अपने उसी ठहरे हुए समय के बारे में लिखने की कोशिश की है। मैं हिन्दी साहित्य का परम्परागत विद्यार्थी नहीं रहा हूँ लेकिन परिवेश से थोड़ा-बहुत आत्मसात करके कलम चलाने की कोशिश कर रहा हूँ। इस लेख को लिखते समय उर्दू के एक प्रसिद्ध शायर फ़ारिग बुखारी का यह शे'र मेरे दिमाग में कौंध रहा था—

पढ़ना है तो इंसान को पढ़ने का हुनर सीख
हर चेहरे पे लिक्खा है किताबों से ज़ियादा।

वे चार दशक से हम लोगों के हर सुख-दुख, तीज-त्योहार में साथ रहे हैं। हम लोगों के लिए एक ज़िम्मेदार संरक्षक का भी दायित्व निभाते आये हैं। निर्मला का हाथ जब उन्होंने मेरे हाथ में दिया तो सचमुच 'मेरी दुनिया हाथ की तरह गर्म और सुन्दर' हो गयी। निर्मला के घर में आने के बाद से घर में बरक़त हुई है। सम्बन्धों का बाग़ और बड़ा और हरा-भरा हो गया है। बेटा अंशुमान और बेटी शिक्षा इस बाग़ को और गुलज़ार कर रहे हैं। बाबूजी (केदारनाथ सिंह) कहीं भी रहें, पूरे परिवार की खोज-खबर हमेशा लेते रहते हैं। सुख-दुख में वो हमेशा साथ खड़े रहते हैं। यही चीज़ें तो सम्बन्धों के बाग़ को हरा-भरा रखने के लिए खाद-पानी का काम करती हैं।

एक साहित्यिक परिवार में लम्बे समय तक रहने के बाद मैंने महसूस किया है कि संघर्ष और साहित्य-साधना करके एक ऊँचाई पा लेने के बाद अधिकतर साहित्यकार पारिवारिक नहीं रह जाते हैं। वे अपने मनोलोक और साहित्यलोक की दुनिया में ही ज्यादा समय बिताते हैं। लेकिन बाबूजी इसके अपवाद हैं। वे परिवार के बिना नहीं रह सकते। अक्सर वो हम लोगों के साथ बैठकर आपबीती और जग बीती सुनाने और सुनने में बहुत आनन्द महसूस करते हैं। कई बार जब हम लोग अपने हताश और निराश क्षणों के बारे में उन्हें बताते हैं तो वो हमारी हौसला आफज़ाई करते हैं। वैसे वे कोई पूजा-पाठ तो नहीं करते हैं लेकिन कोई काम बहुत प्रयास करने पर भी नहीं होता है तो अक्सर अपने गुरु हज़ारी प्रसाद द्विवेदी के शब्दों को दोहराते हुए कहते हैं—'इसे राम भरोसे छोड़ कर निश्चिन्त हो जाना चाहिए।' इसी सन्दर्भ में अपनी पीएच.डी. की डिग्री मिलने का किस्सा भी उन्होंने सुनाया था। उनकी पीएच.डी. की थीसिस पूरी होने के बाद उनके निदेशक हज़ारी प्रसाद द्विवेदी ने उसे अनुमोदित कर काशी हिन्दू विश्वविद्यालय को दे दिया था। इस बीच उन्हें काशी हिन्दू विश्वविद्यालय छोड़ कर चण्डीगढ़ विश्वविद्यालय जाना पड़ा। डॉ. केदारनाथ सिंह तब पडरौना के एक स्नातकोत्तर महाविद्यालय में अध्यापन का कार्य कर रहे थे। कुछ समय गुज़र जाने के बाद काशी हिन्दू विश्वविद्यालय के हिन्दी-विभाग के तत्कालीन अध्यक्ष ने उन्हें पडरौना से बुलाया और उनसे थीसिस जमा होने के बाद से न मिलने के लिए शिकायती अन्दाज़ में नाराज़गी ज़ाहिर की। उसके बाद कुछ उपदेश देने के बाद उन्होंने पीएच.डी. के लिए पं. हज़ारी प्रसाद द्विवेदी द्वारा अनुमोदित पृष्ठ उनके सामने फाड़कर फेंक दिया और कहा कि अब आप जा सकते हैं। अध्यक्ष के दुर्व्यवहार से वे बहुत दुखी हुए क्योंकि उस थीसिस को लिखने में एक लम्बा समय लगा था और यह एक तरह से उनके गुरु का भी अपमान था। सारे प्रसंग का विस्तार से ब्यौरा देते हुए उन्होंने हज़ारी प्रसाद द्विवेदी को एक पत्र लिखा, जिसके जवाब में द्विवेदी जी ने एक छोटा-सा पत्र लिखा जिसका निचोड़ कुछ यूँ था कि—यह घटना इस यात्रा में एक छींक की तरह है। कुछ चीज़ें राम भरोसे छोड़ देनी चाहिए। तुम अपना पढ़ने-पढ़ाने का काम करो।

इस घटना के लगभग दो साल बाद कुछ ऐसा संयोग बना कि तत्कालीन अध्यक्ष की अवकाश प्राप्ति के बाद डॉ. श्रीकृष्ण लाल अध्यक्ष बने। और डॉ. नगेन्द्र तथा हज़ारी प्रसाद द्विवेदी उस थीसिस के परीक्षक नियुक्त हुए। डॉ. नगेन्द्र वाइवा के लिए आये, वाइवा सम्पन्न हुआ और उन्हें पीएच.डी. की डिग्री मिली। मुझे ऐसा लगता है कि पं. हज़ारी प्रसाद द्विवेदी काशी हिन्दू

विश्वविद्यालय के हिन्दी विभाग में स्वस्थ गुरु-शिष्य परम्परा वाले अन्तिम आचार्य थे। बाद में कुछ अपवादों को छोड़ कर यह परम्परा गुरु-दास परम्परा में तब्दील हो गयी थी।

वे घर-परिवार में अपनी कविता और साहित्य के बारे में आम तौर पर कोई बात नहीं करते हैं। देश-दुनिया में अनेक लोगों के साथ बिताये समय के बारे में उनके पास संस्मरणों का बहुत बड़ा खजाना है। उनका अन्दाज़े-बयाँ बहुत दिलचस्प होता है। वो अक्सर हँस कर कहते हैं कि 'अगर मुझे पता होता कि साहित्य की दुनिया में लोग मुझे पढ़ेंगे तो मैं अपना नाम इतना बड़ा नहीं रखता। पहले उपनाम का प्रचलन भी था। लेकिन अब तो यह सम्भव नहीं है।' मैं साहित्य का विद्यार्थी नहीं हूँ, लेकिन मैं उनकी कविताएँ चाव से पढ़ता हूँ। अपनी सीमित समझ से उनकी कविता के बारे में हसरत मोहानी के शब्दों के हवाले से मैं यही कह सकता हूँ कि–

शे'र दरअसल वही है 'हसरत'
सुनते ही दिल में जो उतर जाए।

चालीस साल से उनके साथ रहते हुए मुझे ऐसा महसूस होता है कि जब उनका मन दिल्ली से उचट जाता है तो वे अपने गाँव चकिया चले जाते हैं और कुछ समय बाद गाँव से तरोताज़ा होकर दिल्ली लौटते हैं। एक बार मैंने उनसे पूछा कि गाँव में आपके जो पुराने मित्र हैं, उनकी बातचीत का स्तर तो बिल्कुल भिन्न होता है, गाँव में दिल्ली वाली सुख-सुविधाएँ भी नहीं हैं, उसके बावजूद आप वहाँ पर इतना लम्बा समय कैसे बिताते हैं। वो कौन-सी बात है जो आपको बार-बार खींच कर गाँव ले जाती है। उन्होंने जो उत्तर दिया उसका सार यह था कि–अगर मैं गाँव जा कर न रहूँ, उन लोगों से न मिलूँ तो मैं कविताएँ नहीं लिख पाऊँगा। कविताएँ लिखने के लिए उस परिवेश में रहना और उसे आत्मसात करना ज़रूरी है। वहाँ रहना मेरी संवेदना की बनावट में शामिल है। उनकी इस बात की सचाई को मैंने समय-समय पर महसूस किया है।

वे अपनी कविताओं का पाठ अमूमन हम लोगों के बीच में नहीं करते हैं, बहुत कहने के बाद भी। लेकिन दिसम्बर 2013 में जब वो अपना नया काव्य-संग्रह 'सृष्टि पर पहरा' हम लोगों को देने के लिए आये थे, तो हम लोगों ने बातचीत के दौरान उनसे कविताएँ पढ़ने का आग्रह किया। उन्होंने उसी संग्रह से अपनी एक कविता 'पत्नी की अट्ठाईसवीं पुण्यतिथि पर' पढ़ कर सुनायी। उस कविता को पढ़ते हुए वे भावुक हो गये थे। उस कविता के पाठ को स्वयं कवि के स्वर से सुनकर आचार्य राजशेखर की बात चरितार्थ

होती प्रतीत हुई कि 'काव्य करते तो बहुत से लोग हैं पर पढ़ने का ढंग वही जानता है जिस पर सरस्वती की कृपा होती है। यह अनेक जन्मों के प्रयास से आता है।'

हम लोगों से बातचीत के दौरान वे अक्सर कोई शे'र या कविता की कुछ पंक्तियाँ हमें सुनाते हैं। हम लोग भी कभी-कभी उन्हें कुछ पंक्तियाँ सुनाने की हिम्मत कर लेते हैं। जब शे'र या कविता की पंक्तियों में कोई ग़लती नहीं होती तो वे बहुत खुश होते हैं, और यदि शब्द या उच्चारण की कोई गलती हो गयी तो उतना ही नाराज़ भी होते हैं। वे कहते हैं कि ग़लत या घटिया शे'र सुनाने से अच्छा है न सुनाना। जब हम उनसे पूछते हैं कि वैसे तो आप रोज़मर्रा की बहुत-सी चीज़ें भूल जाते हैं, फिर इतने शे'र और कविताएँ कैसे स्मृति में सुरक्षित हैं। इसके जवाब में वे कहते हैं कि साधना से अर्जित ज्ञान कभी नहीं भूलता है।

मुझे ऐसा महसूस होता है कि उनकी कविताएँ पढ़ कर साहित्य की थोड़ी-बहुत समझ रखने वाला कोई भी व्यक्ति थोड़ा और सहृदय और संवेदनशील बनेगा। दुनिया को बेहतर और सुन्दर बनाने का यह भी एक ढंग है। फरहत कानपुरी का यह शेर शायद इसी भाव को तरज़ीह देता है—

फरिश्ते से बेहतर है इनसान बनना
मगर इसमें पड़ती है मेहनत ज़ियादा।

जून में ज्ञानपीठ पुरस्कार की घोषणा के बाद हमने बातचीत में उनकी प्रतिक्रिया जाननी चाही तो कुछ अन्य बातों के साथ उन्होंने सबसे ज़्यादा खुशी इस बात पर जतायी कि पुरस्कार के बाद जब वे नामवर जी से मिले तो, उन्होंने बहुत गर्मजोशी से उन्हें गले लगाया, यह क्षण उनके लिए ऐतिहासिक था। मुझसे मिलते ही उन्होंने रहीम का यह दोहा कहा—

रहिमन यों सुख होत है बढ़त देख निज गोत
ज्यों बड़री अँखियाँ निरखि, आँखिन को सुख होत

अन्त में यही कहूँगा हमारे परिवार का यह पारिजात हमेशा हरा-भरा रहे। निदा फाज़ली के शे'र के हवाले से कहना चाहता हूँ कि—

गुज़रो जो बाग़ से
तो दुआ माँगते चलो
जिसमें खिले हैं फूल
वो डाली हरी रहे।

अपनी स्मृति के ठहरे हुए समय में इन्हीं शब्दों के साथ उनके रचनाशील भविष्य के लिए ढेरों शुभकामनाएँ।

मेरे पिताजी

—रचना सिंह

मैं हमेशा से यह महसूस करती आयी हूँ कि औपचारिकता से बातों की जीवन्तता बाधित होती है और इसलिए साहित्य के समानान्तर साहित्यकारों के सामान्य दैनिक जीवन की बातचीत का इतिहास (यदि सम्भव हो तो) हमारे लिए अधिक महत्त्वपूर्ण थाती साबित होगा। बातों के अनकहे और अनौपचारिक प्रवाह में ही उनका मर्म और संवेदन आकार लेता है। यह भूमिका यहाँ इसलिए है क्योंकि मैंने बाबूजी की कविता को उनके व्यक्तित्व, उनके हाव-भाव और उनकी बातों में बनते हुए जीवन्त देखा है। उनकी कविताई से मेरा परिचय तब से है जब मैं छोटी थी और वो मेरे लिए दो पंक्तियों की तुकबन्दियाँ गढ़ दिया करते थे। वे पंक्तियाँ भी दरअसल उनके बात कहने का ढंग ही थीं।

यह बात मैं बिना झिझक कह सकती हूँ कि वे अपने दिल्ली के मित्रों की अपेक्षा गाँव के मित्रों के साथ अधिक सहज, खिलखिलाते और रचनात्मक ऊर्जा से भरे दिखाई देते हैं। उनके चेहरे पर उनकी प्यारी-सी खिलखिलाहट असल मायने में तभी दिखाई पड़ती है, जब वे गाँव में होते हैं। गाँव केवल उनकी स्मृतियों का हिस्सा नहीं है, बल्कि वह उनके संवेदन की जलवायु है। यहाँ उनके दो मित्रों का उल्लेख जरूरी है, जो गाँव में उनके साथी रहे हैं। उनमें से एक रामकिशोर बाबा (रामकिशोर सिंह) अब इस दुनिया में नहीं हैं और पण्डित जी यानी पं. रमाशंकर तिवारी अब भी उनके अनन्य साथी हैं। 80 वर्ष से अधिक की उम्र में भी वे साइकिल चला सकते हैं और जीवन को बिन्दास जीते हैं। बाबूजी, पण्डित जी और रामकिशोर बाबा की तिकड़ी पूरे गाँव में मशहूर है। उनसे जुड़े अनेक किस्से मुझे अब भी हँसा जाते हैं। उम्र के उस पड़ाव पर, जहाँ बहुत से लोग जीवन के प्रति उदासीन और गम्भीर हो जाते हैं, इन सबकी चुहलबाजियाँ और शरारतें हम सबको तरोताजा कर देती हैं। उदाहरण के लिए पण्डित जी और रामकिशोर बाबा का एक संवाद जो आये दिन

किसी नयी चुहल के साथ हमारे सामने होता था–

रामकिशोर बाबा–गोड़ लागेनी पण्डितवा...

पण्डित जी (आशीर्वाद स्वरूप) चौबीस घण्टा में पच्चीस बार शौच होखऽऽ...

यह पूरी की पूरी बातचीत एक खास अन्दाज़े-बयाँ है, जिसे बाबूजी बड़ी निश्छल और अन्दरूनी हँसी के साथ सुनते रहते थे। इस संवाद को मैं केवल चुहलबाजी के रूप में नहीं देखती बल्कि भारत की परम्परागत जातिगत संरचना में एक अनायास लगायी गयी सेंध की तरह भी देखती हूँ। एक दिन पण्डित जी ने गाँव के हमारे घर में घुसते ही मुझे देख कर अपनी सायास गम्भीर बनायी हुई मुस्कुराहट के साथ कहा–'अरे रोली...तोर मुँहवा त कोइरी के माड़ो लेखा चमचम चमकता...।' मैंने इससे पहले यह उपमा नहीं सुनी थी। लेकिन समाज की गम्भीर विडम्बना को पकड़ने का यह उनका अपना ढंग था, जो निश्चित ही महत्त्वपूर्ण था।

इन तीनों के साथ चकिया गाँव से रानीगंज बाजार जाने का रास्ता हम बच्चों के लिए एक मनोरंजक खेल की तरह हो जाया करता था और लगभग दो किलोमीटर पैदल का सफर पलक झपकते ही समाप्त हो जाता था। लगभग 1993-94 तक हमारा पूरा परिवार गरमी की छुट्टियों में पूरे दो महीने के लिए गाँव जाया करता था। उधर कलकत्ते से बुआ का पूरा परिवार वहाँ इकट्ठा होता था और शुरू होती थी हमारी धमाचौकड़ी, जिसमें अपने तरीके से बाबूजी भी शामिल होते थे। रानीगंज से रोज खुरमा, कुटकी और नमकीन के पैकेट आते, सुबह मुँह धोकर खाने के लिए सुरक्षित रखे जाते और फिर शुरू होती थी अलमारी की चाभी हथिया कर उसे समय से पहले खा लेने की कवायद, जिसमें चाभी सबसे सुरक्षित हाथों में (ऊषा दीदी) दी जाती थी। बातों-बातों में उनके हाथ से चाभी हथिया लेने का हुनर सुनील भइया और राजेश के पास था और चोरी खुल जाने के डर से हिस्सा हम सबको मिलता था। बाबूजी इस शरारत को हँस कर स्वीकार करते थे। ये सारी कवायदें अब भी एक समानान्तर जीवन के सदृश मालूम होती हैं।

गाँव के बगीचे में जाना और आम तोड़कर खाना एक अलग अनुभव था। बीजू आम (छोटे आम) के पेड़ों पर से आम तोड़ने के लिए मैं फटाफट पेड़ पर चढ़ गयी। लेकिन चूँकि वे वृक्ष अपेक्षाकृत छोटे होते हैं, बाबूजी ने काले बकुलीदार छातों की सहायता से मुझसे कम समय में मुझसे अधिक आम बटोर लिए। उस बकुली से आम आसानी से टूट जाते और नीचे गिरने की बजाय उस छाते के अन्दर ही शरण पा लेते। विलक्षण ढंग था वो आम तोड़ने का। उन्हीं आमों को खाकर और वापस उसमें हवा भर के फुला कर बाबूजी और

पण्डित जी ने बाल्टी में रामकिशोर बाबा के लिए रख दिया था और उनके आने पर खूब बोली सुनी थी। इस तरह केवल हमारे लिए ही नहीं, बाबूजी के लिए भी गाँव की दुनिया एक समानान्तर जीवन की तरह है। जिन लोगों ने उन्हें गाँव में नहीं देखा है, वे उनके उस रूप का शायद अन्दाज़ा न लगा पाएँ।

बाबूजी की बातें अनुभव का खजाना होती हैं और सुनाने का ढंग बेहद दिलचस्प। उनके मुँह से कई किस्से हम सैकड़ों बार सुन चुके हैं, लेकिन हर बार वे नये से लगते हैं। जेएनयू के घर में जाड़े की रातों में बाबूजी के तलवे में कड़वा तेल लगाते हुए उनसे बातें करना मेरी सबसे अनमोल स्मृतियों में से एक है। मुझे उनको तेल लगाना अच्छा लगता है। इस दौरान मैं, ईआ और बाबूजी इत्मीनान से घर-बार और संसार की बातें करते रहते। मेरी बुआ बाबूजी की सोच का अभिन्न हिस्सा हैं। वे कोलकाता में रहती हैं। उन्हें औपचारिक रूप से अधिक पढ़ने-लिखने का अवसर नहीं मिला लेकिन बहुत से पढ़े-लिखों पर भारी पड़ सकती हैं। बाबूजी और बुआ का रिश्ता अनमोल है। उस पीढ़ी में भाई-बहन का ऐसा रिश्ता मुझे दुर्लभ दिखाई देता है। दिल्ली में ठण्ड अधिक हो तो कोलकाता उड़ीसा या आसपास कोई साहित्यिक कार्यक्रम हो तो वहाँ से कोलकाता दिल्ली से मन ऊब गया तो कोलकाता...यानी बाबूजी कोलकाता जाने के बहाने तलाशते रहते हैं और हमेशा वहाँ से तरोताजा होकर लौटते हैं।

मैंने बाबूजी के मुँह से किसी साहित्यकार मित्र की निन्दा कभी नहीं सुनी है, जबकि साहित्य की दुनिया में बातचीत का यह आम विषय हुआ करता

है। उनसे हमारी बातचीत का केन्द्र अक्सर घरबार ही हुआ करता है। साहित्य कभी-कभी घूमता-टहलता उसमें आता भी है तो किस्सागोई की शक्ल में ही आता है। सुबोध से उनकी बातचीत 'फ्रण्टलाइन' (पत्रिका) से शुरू होकर क्रिकेट, समाज, देश और उसकी राजनीति तक पहुँच जाती है। उर्दू कविता के खजाने की चाभी हमें उन्हीं से मिली। बात-बात में ग़ालिब, मीर, फ़ैज़ और फ़िराक़ यूँ चले आते हैं जैसे साथ टहल रहे हों। और गलत शे'र सुनकर वे इतना कुपित होते हैं, जितना वे शायर भी शायद नहीं होते।

मैं बहुत छोटी थी, जब माँ नहीं रहीं। उनकी कुछ स्मृतियाँ कौंध के रूप में अब भी मुझे जीवन देती हैं। माँ के जाने के बाद बाबूजी की उदासी स्वाभाविक थी। वह उदासी अभी भी भीतर कहीं पैठी हुई है। माँ के बारे में बात करते हुए उनकी आँखों में वह वीरान उदासी साफ दिखाई पड़ती है। एक दिन उदासी से सने हुए गर्व के साथ मुझे बताने लगे कि 'तुम्हारी माँ को पढ़ना बहुत पसन्द था। एक कहानी या उपन्यास खत्म होते न होते दूसरे की फरमाइश करती थीं।' इस उदासी से जूझते हुए बाबूजी और हम बच्चों ने

एक-दूसरे को सँभाल लिया और एक-दूसरे को पाल भी लिया—कभी उन्होंने हमें और कभी हमने उनको।

वे एक भीरु पिता हैं। जब हम कहीं बाहर होते हैं या बीमार होते हैं तो हमारी चिन्ता में घुलते रहते हैं। मेरी दीदी जब कभी घर से बाहर जाती थी और उसे लौटने में देर हो जाया करती थी, तो वे परेशान होकर कहते थे कि आने दो उसे...मैं डाँटता हूँ...समय से आ जाना चाहे...आदि...। लेकिन जैसे ही दीदी वापस आती, एक पिता का-सा चेहरा बनाकर कहते—'देर क्यों हो गयी बेटा?' और हम सब हँस पड़ते। बाबूजी पूरी तरह से पारिवारिक व्यक्ति हैं। परिवार के बिना वे रह ही नहीं सकते। जब तक मेरी ईआ जीवित थीं, बाबूजी की चिन्ता का केन्द्र वही थीं और मेरी ईआ की चिन्ता के केन्द्र उनके बबुआ यानी बाबूजी। छोटी-मोटी झिड़कियाँ दोनों एक-दूसरे को सुनाते थे, लेकिन जब तक ईआ दिल्ली में थीं, शाम की चाय दोनों साथ ही पीते थे और घर-भर की बातें उन दोनों की बातचीत में सिमट जाया करती थीं। भोजपुरी बाबूजी का 'घर' है। किसी पुरबिया से मिलकर वे भोजपुरी में ही बात करना पसन्द करते हैं। घर में बाबा और ईआ के जाने के बाद अब वे भोजपुरी केवल बुआ से ही बोलते हैं। लेकिन भोजपुरी बोलते हुए वे लगभग वैसे ही प्रसन्नचित्त दिखाई देते हैं, जैसे गाँव जाने पर।

जितनी भी बातों का जिक्र मैंने यहाँ किया है, मुझे उनमें अनायास रूप से कविता को गुनने और बुनने की प्रक्रिया भी दिखाई देती है। और सच कहूँ तो मुझे बाबूजी की ये कविता बहुत अच्छी लगती हैं।

गाँव में कवि केदारनाथ सिंह

–तरुण कुमार

एक किसान का बेटा मैं
सुबह से शाम तक
भटकता रहा नक्शे में
....
मैंने वहाँ बहुत कुछ...बहुत कुछ देखा
पर नक्शे में
अपनी दीवार पर टँगे
दुनिया के उस महान् नक्शे में
मुझे नहीं मिला...
नहीं मिला अपना घर

('नक्शा'–'यहाँ से देखो' संग्रह)

केदारनाथ सिंह की कविता एक किसान के बेटे का दुनिया के नक्शे में अपने घर-संसार की तलाश की कविता है। उस तलाश की तड़प और उसकी अनेकानेक अनुभूतियों से गुजरती कविताएँ हैं केदारनाथ सिंह की। यह उनकी काव्यानुभूति की एक विशिष्ट पहचान है। उनके अद्यतन कविता-संग्रह 'सृष्टि पर पहरा' का यह समर्पण देखने योग्य है–

'अपने गाँव के लोगों को
जिन तक यह किताब
कभी नहीं पहुँचेगी।'

जिन तक यह किताब नहीं पहुँचेगी वे कौन हैं? उनके अपने गाँव के लोग। फिर यह जिद क्यों कि किताब उन्हें ही समर्पित होनी है? कवि की इस जिद में उसकी कविता का राज छिपा है। जैसे कवि को रामचन्द्र शुक्ल का 'मूँछों में दबी बारीक सी हँसी/हँसी के पीछे कविता का राज' दिखायी पड़ता है,

वैसे ही उक्त समर्पण की तड़प के पीछे केदार जी की कविता का राज छिपा दिखाई पड़ता है। समर्पण क्या है; अपने काव्य देवता तक न पहुँच पाने का बेचैनी का इजहार है। इसे वे 'उत्तर कबीर...' (1995) संग्रह के 'गाँव आने पर' कविता में इस रूप में पहले भी व्यक्त कर चुके हैं—

यही हैं मेरे लोग
जिनका मैं दम भरता हूँ कविता में
और यही जो मुझे कभी नहीं पढ़ेंगे

यहाँ कवि का 'दम भरना' जिस विडम्बना की सृष्टि कर रहा है—उसकी गूँज दूर तक और देर तक सुनाई पड़ने वाली है। बहरहाल, मैं इस बार बड़ा दिन की छुट्टियों (25-31 दिसम्बर 2014) में गाँव गया। कवि के उक्त दो संग्रहों को लेकर। गाँव के लोगों को सुनाने और यह समझाने कि भले ही उनकी किताबें गाँव के लोगों तक न पहुँच पाएँ और उनकी कविताएँ वे नहीं पढ़ पाएँ; वे सुनाये जाने पर उनका रस ले पाते हैं या नहीं। तीन दिनों तक शाम को मैं करीब घण्टा भर रोज गाँव के लोगों के बीच उनकी कविताओं के साथ बैठा। सुनने वालों की संख्या पन्द्रह के करीब होती थी और उनमें साठ-पैंसठ के बुजुर्ग से लेकर पच्चीस-तीस के युवा शामिल होते थे। पुआल पर बैठकर जेनरेटर की लाइट में कविता का वाचन-श्रवण होता था। बिजली अभी भी मेरे गाँव में नहीं है। लोग राशन में मिले दो लीटर किरासन तेल देकर शाम को तीन घण्टों के लिए जेनरेटर चलवाते हैं। सुननेवाले सभी किसान या किसानी जीवन से जुड़े। हैरत यह देखकर हुई कि हाईस्कूल के सेवानिवृत्त पर अत्यन्त सक्रिय दो शिक्षकों की इसमें कोई दिलचस्पी नहीं थी। एक तो कार्यक्रम की शुरुआत में ही यह कहकर चल दिये कि वे कविता थोड़े ही समझेंगे। दूसरे जो अपने को एक कम्युनिस्ट पार्टी का कार्यकर्ता और नेता मानते हैं, वे बुलाये जाने पर भी कविता की जगह भाषणबाजी में दिलचस्पी लेते दिखाई पड़े। मुझे लगा कि यह स्थिति स्वयं में हमारे समय और समाज पर एक कवित्वपूर्ण टिप्पणी है।

खैर! मैंने सुनायी जाने वाली कविताओं का पहले से कोई क्रम निर्धारित नहीं कर रखा था। मैंने सबसे पहले उन्हें 'उत्तर कबीर...' की 'गाँव आने पर' कविता सुनायी। लगा कि लोग कविता में रस ले रहे हैं; सुनना उन्हें अच्छा लग रहा है। उन्हें मानो लग रहा था कि हमसे बिछड़ा हमारा अपना कोई पढ़ा-लिखा सुविधा-सम्पन्न महानगरीय हमसे घुलने-मिलने को अपने होने के लिए अपरिहार्य-सा मान रहा है। कविता जब उन्हें मैंने दुबारा सुनायी तो देखा 'दिल्ली' और श्रोताओं के बीच 'बिल्ली' के सहसा आ जाने की नौबत नहीं आयी। दूसरी कविता थी—'कुदाल'। पूछा कैसी लगी? गूँगे के गुड़ की तृप्ति

तो उनके चेहरे पर छलक रही थी मगर...। फिर मैंने कहा कि दुबारा पढ़ता हूँ। आप जरा कुदाल की जगह किसान रखकर देखिए फिर क्या था? सदा का सबसे कठिन सवाल हल हो गया कि 'घर में कुदाल के लिए जगह नहीं थी' तो क्यों? क्यों का उत्तर स्वयं उन्हें मिल चुका था। 'विकास कथा' की पंक्तियाँ—*'कि डाकघर आया/और खो गया डाकिया'*—सुनते ही मानो उन्हें लगा कि कुछ मूल्यवान और रोमांचक उनसे छिटक चुका है। 'कुएँ' कविता सुनने के बाद उन्हें मानो लगने लगा कि आज के विकास की पटकथा के वे सचमुच जीवन्त पात्र हैं या कोई छाया भर? 'भिखारी ठाकुर' कविता सुनाने से पहले मैंने मगह के उस इलाके में पहले उन्हें भिखारी ठाकुर के बारे में संक्षेप में बताया, यद्यपि वे विदेसिया और उसकी लय से परिचित थे। कविता में 'ठनकता था गेहुँअन' सुनकर वे भी कुछ ठनकते-से नजर आये और जब कविता खत्म हुई तो एक ग्रामीण चुप्पी-सी दिखाई पड़ी। उनके पूछने पर मैंने संकेत भर किया कि राष्ट्र के विकास के महागान में लोक की लय और आजादी की लड़ाई के साथ लोक के रिश्ते को, उसका कला-संस्कृति को भुला दिये जाने की पीड़ा पैबस्त है इसमें। 'प्रश्नकाल' ने सहसा जैसे उनके खुद के प्रश्नहीन होते जाने को उन्हीं के सामने औचक उजागर कर दिया।

'गूँज' कविता की पंक्तियाँ—*'कि मेरे समय का नायक/कोई योद्धा/या प्रेमी नहीं/एक अदृश्य और असाध्य हिममानव हैं'* उन्हें अवसन्न कर गयीं जब उसके निहितार्थ तक पहुँचने में मैंने उनकी थोड़ी मदद की। सबसे दिलचस्प था उन्हें 'लेखकों की समस्या पर सरकारी प्रतिनिधि का बयान' कविता सुनाना/सुनना उन्हें प्रीतिकर लग रहा था और जब *'हाँ जहाँ तक पाठक का सवाल है'...वह एक ऐसा प्राणी है। जो बरसों से फरार है'* पंक्तियाँ आयीं तो उनमें से कई बेसाख़्ता हँस पड़े। कवि के अन्दाजे बयाँ को देख कर कुछ सहसा कह उठे—वाह! उत्तर कबीर की आखिरी कविता जो सुनाई गयी वह थी 'नमक'। *'न सही दाल/कुछ-न-कुछ फीका जरूर है/सब सोच रहे थे/लेकिन वह क्या है?'* अंश को थोड़ा खोलना पड़ा। फिर तो उनकी अपनी घर-गृहस्थी के कभी-कभार के दृश्य उनकी आँखों में प्रत्यक्ष हो उठे।

'सृष्टि पर पहरा' (2014) संग्रह की जिस पहली कविता का वाचन हुआ, वह थी 'विद्रोही'। इसे सुनकर उन्हें बहुत मजा आया। दुबारा सुनाये जाने से पहले विकास के साथ प्रकृति के अन्तर्विरोधी रिश्ते, उसके दुष्परिणामों की आशंका की बात हल्के से बतायी गयी। फिर तो 'विद्रोह' की आखिरी पंक्तियाँ—*'अब जा कहाँ रहे हैं/मेरा दरवाजा कड़का/जब मैं बाहर निकल रहा था'—सुनकर उन्हें लगा कि ये कड़क सवाल आज पूछे जाने जरूरी हो गये हैं।* 'कपास के फूल' *कविता का—'पर क्या कभी सोचा है आपने/वह जो आपकी कमीज है/किसी*

खेत में खिला/एक कपास का फूल है/जिसे पहन रखा है आपने'—पंक्तियाँ उन्हें थोड़ी-सी मदद के बाद अपने खेतों में कपास उगाने वाले किसानों की विडम्बना तक सहज ही पहुँच गयीं। 'कवि कुम्भनदास के प्रति' कविता सुनाने से पहले उन्हें सन्त कवि का थोड़ा परिचय देना जरूरी लगा। फिर तो 'यह कैसी अनबन है—कविता और सीकरी के बीच' का आशय सहज संवेद्य होकर उन तक पहुँच गया और कविता की सामाजिक-राजनीतिक भूमिका भी।

'घर में प्रवास' कविता भी उन्हें बेहद भायी। इसे सुनकर उन्हें अपने ही गाँव के उन लोगों के ताले जड़े घरों की तस्वीर उभर आयी जो गाँव छोड़ नगरों-महानगरों में जा बसे हैं। *'यह एक आधुनिक का/आदिम प्रवास था/अपने ही घर में'* में निहित व्यंग्य भी उन्हें अस्पष्ट न रहा। 'ईश्वर को एक भारतीय नागरिक के कुछ सुझाव' कविता भी लोगों को काफी रोचक लगी और *'इस उलटफेर में बस इतना ध्यान रहे/मेरा छोटा-सा गाँव/कहीं उजड़ न जाय'* काव्य पंक्तियाँ विशेषकर। एक ने यह भी कहा कि 'जाति नामक रद्दी' तो इतनी आसानी से शायद ही 'टेबुल के नीचे का टोकरी' में फेंका जा सके। 'गमछा और तौलिया' कविता के प्रतीक को तो खोलने की जरूरत भी नहीं पड़ी और इसकी अन्तिम पंक्ति—*'मैं अंग्रेज़ी में कुछ देर/झपकी लेता हूँ'*—सुनकर तो वे खिल उठे मानो उनके दिल की बात ही किसी ने कह दी हो। 'सृष्टि पर पहरा' कविता के 'झरनाठ' शब्द ने उन्हें वैसी ही आत्मीयता से जोड़ा जैसे 'कपास के फूल' में 'सुतर गया मौसम' ने। 'जड़ों की डगमग खड़ाऊँ' के बिम्ब की सराहना किये बिना भी वे नहीं रह सके। कविताशय तक पहुँचने में भी कोई खास दिक्कत उन्हें पेश नहीं आयी। 'चुप्पियाँ' शीर्षक कविता का *'और एक फूल के खिलने से भी/दरक जाते हैं पहाड़'* की अभिव्यक्ति के साथ *'ऐसे में मित्रो/अगर बोलता है एक कुत्ता/बोलने दो उसे'* का व्यंग्य भी उन्हें पसन्द आया। 'बैलों का संगीत-प्रेम' को सुनने का लुत्फ उन्होंने जरूर उठाया पर 'यह मेरे समय का संगीत है' की गाँठ को थोड़ी ढीली करने की जरूरत पड़ी। और आखिर में 'कविता' शीर्षक कविता—जीवन में आज के मुश्किल दौर में भी कवित्व के बचे रहने और प्रतिरोध के स्वधर्म से उसके विरत न होने की बात भी वे थोड़े संकेत और दुबारा पढ़े जाने के बाद अच्छी तरह समझ पाये। यूँ, ऐसा थोड़ा-बहुत लगभग सभी कविताओं के साथ लगा रहा। कभी वाचन के पहले, कभी वाचन के बाद तो कभी दुबारा वाचन के क्रम में।

जब मैंने समग्र रूप से उन्हें कविताओं के बारे में अपनी राय बताने को कहा तो जो कुछ उन्होंने टूटे-बिखरे रूप में कहा और जो वे कह न पाये, उन्हें यदि शब्दबद्ध किया जाय तो कहा जा सकता है कि केदार जी की कविताओं में भाषा का बेहद नाजुक मगर ठोस इस्तेमाल है। उनकी कविता आज भी

केवल पढ़ी जाने के लिए नहीं बल्कि सुनी जाने के लिए, सुनाया जाने के लिए बनी कविता है। ये कविताएँ मनुष्य को प्रकृति के साथ जोड़नेवाली कड़ियों के तड़कने से उपजी गूँजों-अनुगूँजों से जुड़ी कविताएँ हैं। कविताओं की कहन-शैली बेहद आत्मीय है जिसमें गहरी संवेदनात्मकता के साथ पाठकों-श्रोताओं को साझीदार बनाते चलने की गहरी ललक है। इसीलिए कविताओं में कवि का बोलना कम, कविता का बोलना ज्यादा होता है। एक तरह से 'पाठकों के फरार' होने के इस दौर में भी पाठकों पर गहरे भरोसे से सृजित कविताएँ हैं ये।

कविताएँ पाठकों को हौले से गुदगुदाती हुई, कभी कहलाती हुई और कभी-कभी खेल-खेल में उनसे बतियाती हुई उनके अन्तःकरण के आयतन का सलीके से विस्तार करती हैं। जीवन में जो कुछ पावन, आत्मीय, संगीतमय, चमत्कारी रहस्यमय और सौहार्दपूर्ण है, उसके निरन्तर छीजते जाने पर एक गहन आध्यात्मिक पीड़ा से जोड़नेवाली कविताएँ हैं ये। कविता के भीतर की नाटकीयता, तो कभी उसकी वक्तृत्वकला, कभी उसकी संस्करणात्मक, आत्मकथात्मक, लोककथात्मक, सम्बोधनात्मक शैली भी उसकी सम्प्रेषणीयता में सहायक है। जानवरों, पशु-पक्षियों, वस्तुओं, स्थितियों को चरित्र बना देने की कला भी कविता को मोहक बनाती है। इन और ऐसी अन्य युक्तियों से कई बार केदार जी की कविताओं में जगत् का होता जादुई रूपान्तरण भी उन्हें आकर्षक बनाता है। कविता के भीतर की प्रश्नवाचकता का भी अपना सौन्दर्य है : प्रश्न दुनिया से भी और खुद से भी। परम्परा से आधुनिकता का संवाद-विवाद रचती, काव्यभाषा के मूर्तिकरण और अमूर्तिकरण का खेल रचती कविताएँ पाठकों को अपने बेहद करीब लाने वाली और उत्सुक बनाने वाली कविताएँ हैं। कविता पर, कवि के अपने कविकर्म पर अविचल विश्वास के साथ अदृश्य पाठकों पर गहरे भरोसे से रची गयी कविताएँ हैं ये। 'एक छोटी-सी पत्ती का बैनर उठाये हुए', 'घास के पक्ष में मतदान' को खड़ी केदार जी की कविताएँ सचमुच सृष्टि के पहरेदार की तरह दिखाई पड़ती हैं। गाँव के लोगों के बीच इन कविताओं के वाचन से इनके कई अदृश्य दरवाजे-खिड़कियाँ स्वयं मेरे सामने खुलती नजर आयीं।

और अन्त में जब मैंने गाँव के अपने लोगों को यह बताया कि जिन कवि की कविताएँ आपने तीन दिनों तक रस लेकर सुनीं; वे मेरे श्रद्धेय गुरुदेव हैं और हाल ही में इन्हें भारतीय साहित्य के सर्वोच्च पुरस्कार ज्ञानपीठ से सम्मानित किया गया है तो उनकी खुशी का ठिकाना नहीं रहा। कहना न होगा कि मेरे लिए इससे बढ़कर गाँव की ओर से कौन-सी सौगात हो सकती थी। इस सौगात की गठरी खोलकर दिखाते हुए मैं बेहद कृतज्ञ और प्रसन्न महसूस कर रहा हूँ।

मेरे काव्य गुरु

–रंजना जायसवाल

मैं उनसे उन दिनों मिली थी, जब मैं कविता का ककहरा भी नहीं जानती थी। हाँ, कविताएँ याद करने में उस्ताद थी। उनकी तीसरे नम्बर की पुत्री ऊषा मेरे साथ पढ़ती थी। हम उन दिनों उदित नारायण इण्टर कालेज, पडरौना में छठी कक्षा के विद्यार्थी थे और वे उसी नाम के डिग्री कालेज में प्राचार्य। दोनों कालेजों के बीच बस एक चारदीवारी की दूरी थी। वे कालेज कैम्पस के प्राचार्य आवास में सपरिवार रहते थे। अक्सर खाली घण्टी या फिर लंच ब्रेक में मैं ऊषा के साथ उनके घर जाती थी। वे तो नहीं मिलते थे, पर उनकी पत्नी मुझे बहुत प्यार करती थीं। वे भरे बदन की आकर्षक महिला थीं। बेहद हँसमुख और खुशदिल। देखने में बिल्कुल मेरी माँ जैसी। पर जहाँ मेरी माँ सात बच्चों का पालन-पोषण करते-करते चिड़चिड़ी हो गयी थी, वैसी वे बिल्कुल नहीं थीं, जबकि उनकी भी कई सन्तानें थीं। सबसे बड़ी हेमलता दी, दूसरी निर्मला, फिर ऊषा। निर्मला दी बहुत ही सुन्दर थीं, मैं उन्हें देखती रह जाती। उनके घर जाकर मुझे बहुत अच्छा लगता था। बिल्कुल सपने-सा...। वे मुझे इसलिए पसन्द करती थीं कि मैं तीखे नाक-नक्श की थी और जब भी वे कहतीं; गाना गाकर नाचने लगती, कविताएँ सुनाती और अन्त्याक्षरी में सबको हरा देती। मुझे अच्छा लगता था कि वे मेरी खूबियों को सराहती थीं। मेरी माँ की तरह हर समय आलोचना नहीं करती थीं। मैंने तब तक उन्हें देखा नहीं था। एक दिन वे घर पर मिले, तो मैं उन्हें देखती रह गयी। ऐसा दिव्य रूप...! तेजस्वी और सुन्दर और उस पर कोमल, मधुर, सम्मोहक आवाज! ऊषा ने जब उनसे मेरा परिचय कराया...तब मैं आश्चर्य से मुँह बाये उन्हें देख रही थी। अपनी छोटी उम्र की छोटी दुनिया में पहला सुदर्शन पिता मुझे दिखा था। मेरे पिता सुन्दर थे, पर बेहद क्रोधी। और मुझे बचपन से ही शिक्षित, सभ्य-सुसंस्कृत लोग पसन्द थे। उन्होंने मुझसे पढ़ाई-लिखाई के बारे में पूछा, मुझे और भी अच्छा लगा।

ऊषा ने मुझे बताया कि पिता जी कवि हैं। अच्छी कविताएँ लिखते हैं, तो मैं बहुत खुश हुई कि जो हम हिन्दी की किताब में कविता पढ़ते हैं, वे वैसा ही लिखते हैं। कितना बड़ा काम है! कैसे शब्दों को जोड़कर कविता बना देते हैं? अच्छी कविता किसे कहते हैं। तुकबन्दी वाली या फिर मुक्त छन्द? ये सारे प्रश्न मेरे मन में घुमड़ने लगे, क्योंकि हिन्दी अध्यापक कविता पढ़ाते समय ये सारी बातें बताया करते थे, पर मैं एक कवि से यह जानना चाहती थी, पर पूछूँ कैसे? वे इतने बड़े हैं। कहीं डाँट दें तो! कितना तो कम और सिर्फ काम की बात बोलते हैं। अभी उसी दिन जब मैं शाम ढले उनके घर आ गयी (क्योंकि दस कदम पर ही मेरी रिश्ते की मौसी का घर था और वहाँ कोई उत्सव था) तो उन्होंने पत्नी से पूछा–'ये लड़की इतनी शाम को कैसे आ गयी?' बाप रे, मैं तो बुरी तरह डर गयी। एक दिन और टहलते हुए प्रातः ही आ गयी, तो देखा कि वह बरामदे के एक कोने में हैण्ड पाइप (तब नल नहीं लगे थे) के पास बैठे दातून कर रहे हैं। मुझे देखकर उन्होंने फिर डाँटा–'क्या काम है? पढ़ना-लिखना नहीं है, घूम रही हो।' तब से मैं कभी भी उनकी उपस्थिति में उनके घर नहीं गयी। जब भी जाती, उनके कमरे की अलमारियों में सजी पुस्तकों को हसरत से देखती। वे मुझे किसी दूसरी दुनिया के व्यक्ति लगते। शायद तभी मेरे अबोध मन में कवि बनने का बीज पड़ा।

कक्षाएँ बढ़ती गयीं, साथ ही व्यस्तताएँ भी। उस बढ़ने के साथ प्रतिबन्ध लगे और मैं घर से कालेज तक सीमित हो गयी। कविता की किताबें मैं पढ़ना चाहती थी, पर जहाँ कोर्स की किताबें खरीदना भारी था, वहाँ कविता की किताबें कैसे खरीदती? मन मसोस के रह जाती। ऐसे में एक दिन उनकी एक कविता पढ़ने को मिली। शीर्षक था 'फर्क नहीं पड़ता'।

तुमने जहाँ लिखा था प्यार
लिख दो वहाँ सड़क
फर्क नहीं पड़ता
मेरे युग का मुहावरा है।
फर्क नहीं पड़ता॥

मैं इस कविता पर इतनी मुग्ध हुई कि उसके शब्द मेरी आत्मा में संगीत की तरह गूँजने लगे। और कवि बनने की इच्छा नन्हे पौधे में बदल गयी। जब मैं डिग्री कालेज पहुँची, तब तक वे गोरखपुर जा चुके थे। फिर...वहाँ से दिल्ली। वे राष्ट्रीय स्तर के कवि के रूप में प्रसिद्धि पा चुके थे। कविता पर उनसे बात करने की मेरी इच्छा अधूरी रह गयी, फिर भी मैंने उम्मीद नहीं छोड़ी। उनसे मिलने के लिए ज़रूरी था कि मैं भी कविता के क्षेत्र में कुछ करूँ और

बेहतर करूँ, ताकि उनके सामने परिचय देने में मुझे संकोच न हो। मैंने कलम पकड़ी...पर कविता की जगह सिर्फ तुकबन्दी बनी। मैं निराश होने लगी। ऐसे में जब कालेज में हिन्दी साहित्य परिषद, इलाहाबाद की तरफ से साहित्य की विविध विधाओं—कविता, कहानी, एकांकी, नाटक, निबन्ध की प्रतियोगिताएँ आयोजित की गयीं, तो मैंने पहली दफा पूरे उत्साह व कठिन परिश्रम से सभी विधाओं में रचनाएँ प्रस्तुत कीं। कविता को छोड़कर बाकी विधाओं में लिखित रचना देनी थी, पर कविता का पाठ कालेज के कान्फ्रेन्स हॉल में होना था। उन दिनों लड़कियों का कालेज में पढ़ने जाना ही बड़ी चुनौती थी, उस पर कविता पाठ! बाप रे! हिन्दी अध्यापक के विशेष प्रयास से कुछ लड़कियों ने कविता-पाठ की स्वीकृति दी। कार्यक्रम शुरू हुआ। ज्यादातर लड़कों ने चुरायी हुई कविताएँ...पढ़ीं। हो-हल्ला मचा! निर्णायक मण्डल परेशान होने लगा। एक लड़की कविता पढ़ने को उठी। दो-चार पंक्तियों के बाद ही जो हूटिंग हुई कि वह पूरी कविता नहीं पढ़ सकी। उसकी दुर्दशा देख बाकी लड़कियों ने अपना नाम वापस ले लिया, पर मैं डरने वाली लड़की नहीं थी, इसलिए अपना नम्बर आने पर कविता पढ़ने को उठ खड़ी हुई। मेरे साहस को देखकर पल भर को पूरे हॉल में सन्नाटा छा गया। मैंने कविता पढ़ना शुरू किया। पहली-दूसरी पंक्ति पर ही हूटिंग शुरू हो गयी। हूटिंग करने वाले छात्रों में प्रतियोगिता में भाग लेने वाले चोर छात्र ही ज्यादा थे। पर मैंने हार न मानी। जब भी शोर रुकता, मैं पंक्तियाँ दुहरा देती और अन्त में पूरी कविता पढ़ ही गयी। जब परिणाम घोषित हुआ, तो मैं प्रथम थी। पुरस्कार देते समय हिन्दी विभागाध्यक्ष ने ये पंक्तियाँ भी जोड़ीं—'कविता से अधिक साहस के लिए'! तबसे 'साहसी लड़की' का मुझे खिताब मिल गया। यह संयोग ही रहा कि कहानी, एकांकी, नाटक, निबन्ध में भी मुझे प्रथम पुरस्कार मिला। और हिन्दी विभाग में मेरी धाक जम गयी। सभी प्रवक्ता बुला-बुलाकर मेरी प्रेरणा का स्रोत पूछने लगे। पर एक बात और भी हुई, अब मेरा रास्ता चलना मुहाल हो गया। जिधर से भी निकलती, लड़के कमेण्ट्स करते—देखो...देखो, महादेवी वर्मा जा रही हैं। घर में भाई भी हर बात पर 'महादेवी वर्मा बन रही हैं' कहकर जलील करना चाहता। शायद पुरुषों की तरफ से विरोध की शुरुआत तभी हो गयी थी, जब मुझे साहित्य की पहली कक्षा में प्रवेश भी नहीं मिला है। पर एक क्रम तो चल ही निकला। मैं न जाने कितने कागज़ काले करती रही, पर सन्तुष्ट नहीं हुई। कभी-कभी निराश हो जाती कि क्या कभी इस काबिल हो पाऊँगी कि वे देखते ही कहें कि 'तुम वही हो न जो बेहतरीन कविताएँ लिखती हो।' समय गुजरा, मैं पडरौना से आकर गोरखपुर बस गयी। पीएच.डी. किया। संघर्षों में

कविता के लिए उतना अवकाश नहीं मिला। बस यूँ ही कुछ लिखती रही। उम्र के हिसाब से ज्यादातर प्रेम कविताएँ।

एक बार वे प्रेमचन्द जयन्ती के अवसर पर गोरखपुर आये। मैं उनसे मिली। वे काफी बदल गये थे। फिर भी चेहरे पर वही नूर व स्वभाव में वही मिठास थी। मैंने उन्हें पुराना परिचय तो नहीं दिया, पर यह ज़रूर कहा कि बहुत-सी कविताएँ लिखी हैं। उन पर आपकी राय चाहती हूँ। उन्होंने मेरी डायरी की कविताओं को सरसरी निगाह से देखा और बोले–'खूब लिखो...पर जब संग्रह-भर की कविताएँ हो जाएँ, तो दिल्ली आना।' लोगों से घिरे होने के बावजूद उन्होंने मेरी तरफ ध्यान दिया, इतना ही काफी था, पर मैं थोड़ी निराश थी कि उन्होंने मेरी कविताएँ ठीक से पढ़ीं भी नहीं। दो दिन कार्यक्रम में पूरे समय उपस्थित रही और वे भी मेरी उपस्थिति से प्रसन्न होते रहे। जब वे वापस जाने के लिए गाड़ी में बैठ रहे थे। मैंने आटोग्राफ के लिए अपनी डायरी बढ़ा दी। गर्मी बहुत थी। उनके माथे पर पसीना चुहचुहा रहा था। डायरी के आखिरी पन्नों पर जब वे कुछ लिख रहे थे, तो पसीने की दो-चार बूँदें उस पर गिर पड़ीं। उन्होंने लिखा था कि इस बार गोरखपुर आने की सबसे बड़ी उपलब्धि रंजना से मिलना रहा। मैं पढ़कर निहाल हो ही रही थी कि उन्होंने होंठ हिलाये– ...दिल्ली आओ...तुममें कविता के बीज हैं। मैंने घर लौटकर उनपर एक कविता लिख डाली। दिल्ली मेरे लिए तब बहुत दूर थी, पर कविता दूर नहीं थी। मैं बिना दिल्ली गये अपनी पहचान बनाने की जिद पर थी। और जल्दी ही वह समय आया, जब पत्र-पत्रिकाओं में मेरी कविताएँ छपने लगीं और मैं भी 'कवि' कही जाने लगी, पर अभी भी मैं कविता में प्रवीण नहीं थी। यह उत्साहवर्धक था कि जब भी वे गोरखपुर आते, मैं अवश्य उनसे मिलने जाती! कार्यक्रम ही वह स्थल होता, जहाँ वे मिल सकते थे। वे बड़े प्यार से पेश आते, पर अभी तक उन्होंने कविता पर मुझसे बात नहीं की थी। पर दो-तीन वर्ष पहले जब वे एक कार्यक्रम में आये, तो सबसे मेरा परिचय यह कहकर कराया–'पडरौना की है, बहुत अच्छी कविताएँ लिख रही है।' अगली बार नामवर सिंह भी उनके साथ थे। उन्होंने मुझसे कहा–'तुम्हारी दाल-रोटी वाली कविता बहुत अच्छी है।' 'किससे मुक्त होना है मुझे' कविता की तो उन्होंने व्याख्या ही कर डाली कि 'स्त्री-पुरुष रिश्ते के द्वन्द्व को तुमने बड़ी सुन्दरता से प्रस्तुत किया है।' संगोष्ठी में उपस्थित सभी विद्वानों से भी कहा कि 'इस लड़की ने साहित्य में अपना नाम दर्ज करा लिया है।' मैं खुश थी कि द्रोणाचार्य ने मुझ एकलव्य की एकान्त साधना से प्राप्त सिद्धि की प्रशंसा की है। प्रत्यक्षतः तो उन्होंने कविता के क्षेत्र में मेरा कोई सहयोग नहीं किया, पर

परोक्ष में वे ही मेरी प्रेरणा के स्रोत थे। उन्हें तो इस बात का पता भी नहीं है!

स्वभाव से वे इतने सहज सरल हैं कि विश्वास ही नहीं होता कि वे अन्तरराष्ट्रीय ख्याति प्राप्त कवि हैं। उनके समधी और मित्र कथाकार स्व. हरिहर सिंह मेरे घर के रास्ते में ही रहते थे। एक बार संगोष्ठी में मुझसे बोले—'मुझे बाबू हरिहर के यहाँ ले चलना।' हम एक ही रिक्शे से धर्मशाला पुल तक पहुँचे।

धर्मशाला पुल के नीचे की सड़क के दोनों पटरियों पर फल-सब्जियों की बहुत सी दुकानें हैं। वहाँ एक टोकरी में अमरूद देखकर वे बच्चों की तरह ललक उठे। रिक्शा रुकवाकर वहाँ जा पहुँचे और आधा किलो अमरूद खरीद कर लौटे। दो अमरूदों को कटवा कर नमक भी लगवा लिया था। मैं रिक्शे पर बैठी उनकी बच्चों-सी सरलता देख मुग्ध हो रही थी। उन्होंने एक कटा हुआ अमरूद मुझे दिया। दूसरा खाते हुए रिक्शे को आगे बढ़वाया। हरिहर सिंह के यहाँ मैंने उन्हें बचपन की सारी बातें बतायीं। वे भावुक हो उठे। अपने पास बुलाकर बैठाया। स्नेह से मेरे सिर पर हाथ फेरते हुए बोले—'आज तक तुमने बताया क्यों नहीं, तुम्हें कभी का मेरा आशीर्वाद मिल गया होता।' मैं कैसे उन्हें बताती कि आशीर्वाद तो अनजाने में ही मुझे मिल चुका है, तभी तो आज कवि रूप में मेरी थोड़ी-सी पहचान है। उसके बाद वे जब भी आते, सबसे कहते—'पडरौना की है, अच्छी कविताएँ लिखती है। मेरी पत्नी को भी जानती है।' पत्नी के प्रसंग पर वे भावुक हो जाते। गोरखपुर से दिल्ली के सफर के बीच जाने कब वे उनका साथ छोड़ चुकी थीं। मेरी आँखों के सामने आज भी उनका चेहरा तिरता है। वे उनकी सहचरी ही नहीं, प्रेरणा थीं। जाने कैसे उनके बगैर उन्होंने अपने बच्चों को सँभाला...सँवारा व व्यवस्थित किया होगा?

मेरे बार-बार आग्रह करने पर वे एक बार मेरे घर भोजन पर आने को तैयार हुए, पर शर्त रख दी कि—'पडरौना के स्वाद वाला खाना खाएँगे।' मैंने जतन से चोखा-चटनी वाला खाना बनाया। डर रही थी कि देश-विदेश के बड़े-बड़े स्वादों से परिचित उन्हें कस्बे के स्वाद वाला भोजन अब भाएगा या नहीं। सहयोग के लिए मैंने अपने सहपाठी को भी बुला लिया था। डी.आई. जी. की गाड़ी से उतरे और सीधे भोजन की माँग की। वैरायटी देखकर खुश हुए—बहुत कुछ बना डाला। परवल, बैंगन का चोखा और हरी सब्जियाँ उन्हें पसन्द थीं या फिर पडरौना की किसी स्मृति से जुड़ी थीं, पता नहीं। वे चावल दाल के साथ सारी सामग्री को मिक्स करके हाथ से ही खाने लगे। मैं मन्त्र मुग्ध-सी आँखों में आँसू भरे उन्हें खाते देखती रही। खाना खाकर वे थक गये, तो हमने उन्हें आराम से लेटने को कहा, और खुद कुर्सी डालकर उनके आस-पास बैठ गये (ताकि उन्हें बात करने में आसानी हो)। वे खुश थे। ऊँची

तकिया पर अधलेटे वे बूढ़े बाघ की तरह सबसे अलग व दिव्य दिख रहे थे।

पडरौना से उन्हें बहुत लगाव है। जब भी यू. पी. आते हैं, पडरौना जरूर जाते हैं। शायद पडरौना की मिट्टी में ही उनकी कविता के रहस्य छिपे हैं या शायद वहाँ उनके दिल के रिश्ते रहे हैं या शायद पत्नी के साथ सर्वाधिक मधुर पल उन्होंने वहीं व्यतीत किये हैं। कारण जो भी, मैं तो इसी से खुश हूँ कि मैंने पडरौना में जन्म लिया है और उसी कालेज की छात्रा रही हूँ, जहाँ उन्होंने अपने जीवन के कुछ वर्ष बिताए थे। मैं उनकी सेहत को लेकर चिन्तित रहती हूँ। ईश्वर उन्हें लम्बी उम्र प्रदान करें, ताकि उनके वात्सल्य की किरणों से मैं सराबोर होती रहूँ। उन्हें ज्ञानपीठ पुरस्कार मिला है, जिसके वे पूर्ण अधिकारी हैं क्योंकि समकालीन हिन्दी के सर्वाधिक जनप्रिय कवियों में से हैं। उनकी कविताओं के मुहावरों का असर और प्रभाव हिन्दी युवा कविता पर बखूबी देखा जा सकता है। अच्छी कविता की विशेषताओं में एक बात कही जाती है कि उसे पढ़ कर आपके अन्दर भी कविता जन्म ले। केदार की कविताएँ इसी तरह की कविताएँ हैं। वे संवेद सौन्दर्य के सम्मोहन के कवि हैं। केदार जी अपने फन के जादूगर हैं जितनी सहजता से और बिना किसी आख्यान के उनके यहाँ शब्द आते हैं, शब्दों के पार की दुनिया और उसकी संवेदनाएँ आती हैं...वह हमें कविता से ऐसे जोड़ देती हैं कि उसके बाहर का संसार लगभग अदृश्य हो उठता है। केदार जी की कविता में शब्द, बिम्ब और उनमें अटके मनोभाव बैठे नहीं दिखते ...बादलों की तरह तैरते हुए आते हैं और छू के निकल जाते हैं...। केदार जी का काव्य वैभव हर बार पढ़ने पर नया सुख देता है...नयी ताजगी देता है...नयी अनुभूति देता है। कवि की जनप्रियता ऐसे ही बनती है और ऐसे ही बची रहती है....हिन्दी में बहुत कम कवि हैं जिनके काव्य की अनुगूँज आगे की कई पीढ़ियों को एक साथ एक समान प्रेरित करती है। उनकी दो छोटी कविताएँ देकर उनके प्रति अपना सम्मान व्यक्त करती हूँ—

1. *उसका हाथ*
   अपने हाथ में लेते हुए मैंने सोचा
   दुनिया को
   हाथ की तरह गर्म और सुन्दर होना चाहिए
2. *मैं जा रही हूँ—उसने कहा*
   जाओ—मैंने उत्तर दिया
   यह जानते हुए कि जाना
   हिन्दी की सबसे खौफनाक क्रिया है।

यादों के झरोखे से

–अजीत कुमार सिंह

एक लम्बा सफर केदार जी के साथ गुजारा है। हमारा साथ वाराणसी के प्रतिष्ठित उदय प्रताप कालेज से प्रारम्भ हुआ। वहाँ उस समय पूर्वांचल के लोग पढ़ने आते थे। हम वहीं एक-दूसरे के सम्पर्क में आये। हाईस्कूल की शिक्षा के बाद हम दोनों एक ही छात्रावास में रहने लगे और यह घनिष्ठता लगातार बढ़ती गयी। हम दोनों एक-दूसरे के घर भी छुट्टियों में आते-जाते थे और यह घनिष्ठता बढ़ती ही गयी। केदार जी के पिता एवं माता जी के सम्पर्क में लगातार बना रहा। उनकी माताजी को दीर्घ आयु प्राप्त थी और अकसर उनसे सम्पर्क बना रहा। वे बहुत ही अच्छा पकवान हम लोगों को छुट्टियों में आते समय केदार जी के साथ भेजा करती थीं।

इण्टर की शिक्षा के समय वे ज्यादे सम्पर्क में आये क्योंकि हमारे कमरे बिल्कुल पास थे। केदार जी साहित्य के क्षेत्र में धीरे-धीरे उभर रहे थे और कालेज का माहौल भी इसको बढ़ाता था।

हमारा साथ धीरे-धीरे आगे चला और एम.ए. की शिक्षा के बाद भी हम जुड़े रहे। विद्यार्थी जीवन में हम सभी विधाओं से जुड़ जाते थे। कालेज में एक साहित्यिक संस्था 'सुदृढ़ संसद' बनायी गयी। इसका उद्‌घाटन प्रेमचन्द जी की पत्नी श्रीमती शिवरानी देवी जी ने किया था। जिसमें हम सभी बड़े चाव से भागीदारी करते थे तथा काशी के साहित्यकारों का वहाँ अक्सर आगमन होता रहता था और कालेज के विद्यार्थी उससे लाभ उठाते थे।

हमारे एक साथी जमादार सिंह जी बिहार से थे जिनको हम लोग बहुत चिढ़ाते थे और परेशान करते थे तथा उनके गुस्से का लुत्फ उठाते थे। वैसे तो घटनाओं का लम्बा खजाना है किन्तु एक घटना का उल्लेख करना अच्छा लग रहा है। एक बार हम तीनों ने बिहार के नालन्दा की यात्रा का कार्यक्रम बना लिया तथा हम चले। पहले राजगिरी पहुँचे तथा वहाँ का भ्रमण किया। वहाँ ठहरने की उन दिनों कोई समुचित व्यवस्था नहीं थी, जो स्थान उपलब्ध

था वह काफी महँगा था लेकिन उसके चौकीदार से अनुनय-विनय के बाद वहाँ जगह देने को तैयार हुआ। वहाँ हम लोगों ने रहकर वहाँ के स्थानों का भ्रमण किया। वापसी में हम नालन्दा आये। उन दिनों वहाँ कोई दुकान नहीं थी और हमको भूख भी खूब लगी थी। कुछ भी उपलब्ध नहीं था। हम कुछ खरीदना चाहते थे तो भी कोई तैयार नहीं था, बड़ी विकट परिस्थिति थी। केदार जी ने युक्ति सोची एवं एक निवासी के यहाँ गये और उनसे अपनी परेशानी बतायी। जब उन्होंने सुना कि हम काशी से आये हैं तो वे बड़े आदर के साथ हमारे खाने की व्यवस्था अपने घर पर किये, किन्तु खाना हमें ही बनाना था। हम और केदार जी ने शुरू किया तथा तीसरे साथी जमादार सिंह खाना बनाने लगे। सभी बर्तन मिट्टी के थे। सब्जी के लिए जो मिट्टी की कड़ाही थी अधिक आग पर आवाज देकर फूट गयी। फिर जो कुछ बचा, उसी से हम लोग अपना काम चलाये।

वहाँ से वापसी की ओर चले। उन दिनों एक मीटरगेज की लाइन बख्तियारपुर से राजगिरी होते हुए जाती थी। उसी से वापसी यात्रा शुरू हुई। गाड़ी चली और एक स्टेशन बिहार शरीफ पर आते ही रुक गयी, पता चला कि गाड़ी अब सबेरे चलेगी। हमको वहीं राज गुजारनी थी, सो एक कच्ची दुकान में कुछ जगह थी। वहीं हम राज गुजारने के लिए पसर गये। थका होने के कारण नींद आ गयी। उसी समय एक पागल आदमी वहाँ आकर शोर मचाने लगा, और लगा कि हम लोगों को मार भी सकता है। हम तो सो गये पर केदार जी रात भर पहरा देते रहे।

सबेरे वहाँ से रवाना होने के बाद बख्तियारपुर पहुँचे, वहाँ से हम लोगों को गंगा नदी पार कर दूसरी तरफ जाना था। अक्टूबर का महीना था और गंगा तीन धाराओं में बढ़कर विकराल रूप से बह रही थी। समस्या थी कैसे पार किया जाय। बहुत ही बीहड़ तथा खतरनाक इलाका, कोई नाव की सार्वजनिक सेवा भी नहीं थी। एक नाव दिखाई दी, जो दियारा से घास काट कर उसे ले जाने के लिए आयी थी। हमने उससे कहा तो वह राजी हो गया। दिन में बारह बजे थे और धूप अपने चरम पर थी। नाव चली और भूख भी खूब लगी थी, खाने को कुछ नहीं था। नाव वाले ने हमारी बात समझी और उसके पास गमछे में जो सत्तू लाया था, उसने हमें दिया। सत्तू गमछे में था, उसे गंगा में डाला गया और हम तीनों ने बाद में उसे खाया। गंगा का पाट इतना बड़ा था और देवार उन दिनों आपराधिक घटनाओं के लिए विख्यात था और उसे लगभग दस घण्टों में हमने पार किया तथा हमारे तीसरे साथी जमादार सिंह के घर रात में पहुँचे।

केदार जी के साथ इस तरह के संस्मरणों की बड़ी लम्बी फेहरिस्त है जिस पर बहुत बड़ी किताब लिखी जा सकती है। एम.ए. करने के बाद केदार जी यू.पी कालेज में प्रोफेसर हो गये तथा मैं लॉ की पढ़ाई करता रहा और बाद में राजकीय सेवा में चला गया। हम साथ ही दशाश्वमेध पर रहते थे। वहाँ अपना भोजन बनाते थे। वहाँ काशी के लगभग सभी साहित्यकार जुटा करते थे, इसमें विशेष रूप से त्रिलोचन शास्त्री, ठाकुर प्रसाद जी आदि थे। वहाँ हम लोग रोटी पकाते थे और साहित्य चर्चा के साथ वे इसमें हिस्सेदारी भी करते थे।

कुशीनगर एवं देवरिया के तमाम प्रतिष्ठित परिवारों से उनके सम्पर्क एवं सम्बन्ध हैं। और उन्होंने इस अंचल से एक परिवार-सा बना लिया है और जब भी आते हैं सबसे मिलते रहते हैं, किसी को छोड़ते नहीं हैं। गँवई की बोली तथा ठिठोली दोनों रहती हैं। हम दोनों आज 80 वर्ष को पार कर गये हैं, वह सम्बन्ध आज भी है और परस्पर यह सम्बन्ध बना रहता है।

यह हँसी बहुत कुछ कहती है

—भारत यायावर

स्वच्छ, धवल स्वरूप और उज्ज्वल, उदात्त चेतना का अनोखा संगम केदार जी में है। मुझे उनकी कविताओं से भी ज्यादा आकर्षक उनका खिला हुआ खुला व्यक्तित्व लगता रहा है। हँसमुख चेहरा—जिसमें कभी परेशानी और तनाव की एक झलक भी नहीं। उनके पास जाकर, कुछ देर बैठकर मिठास से भरी उसकी बातें सुनना और फिर मन के मैल का मिट जाना और लगना कि मन मुक्त हो गया है। केदार जी का व्यक्तित्व भारी-भरकम नहीं है। वे बहुत हल्के-फुलके मिजाज से बातें करते हुए सहजता की अपनी लय बरकरार रखते हैं। फिर बात-बात में उनकी हल्की हँसी। यह हँसी कभी विनोद से उत्पन्न होती है, तो

कभी किसी विडम्बना-बोध भरे स्मरण से। पर यह हँसी किसी पर प्रहार नहीं करती, किसी का दिल नहीं दुखाती। केदार जी को जब भी मन के परदे पर

देखता हूँ, धीर-गम्भीर उनकी छवि में सादगी के साथ-साथ निर्मल हँसी बहुत कुछ कहती है। निराला की पंक्ति तब बरबस याद आती है—वह हँसी बहुत कुछ कहती थी, फिर भी अपने में रहती है। इसलिए उनकी कविताओं में न गुस्सा है, न विद्रोह, न तड़प, न ऊष्मा, न बेचैनी, न उद्वेलन, न राग, न द्वेष। उनकी कविताओं में वह कुछ नहीं है, जिन्हें पाने के लिए हम कविताओं के पास जाते हैं और जब हमें ऐसा कुछ नहीं मिलता तो हम बहुत निराश होते हैं। फिर भी केदार जी की कविताएँ अच्छी लगती हैं तो इसका कारण है। वह केदार जी से ही सुनिए—

आखिर क्या है/क्या है कविता/मैंने जब सोचा/मुझे रामचन्द्र शुक्ल की मूँछें याद आयीं/मूँछों में दबी बारीक-सी हँसी/हँसी के पीछे कविता का राज/कविता के राज पर/हँसती हुई मूँछें!

पर केदार जी की मूँछें कहाँ हैं? उनकी कविताओं को ध्यान से सुनिये, कविता के रहस्य को खोलती हुई हँसती हुई मिल जाएँगी। इसका मतलब यह बिल्कुल नहीं निकालना चाहिए कि केदार जी की कविताएँ हास्य उत्पन्न करने

वाली हैं। हज़ारी प्रसाद द्विवेदी के बाणभट्ट को जब महावाराह का गोपन हास्य सुनाई पड़ता है, वैसा ही कुछ यहाँ भी है। केदार जी के महावाराह स्वयं हज़ारी प्रसाद द्विवेदी हैं। उनका एक प्रिय शब्द है 'जायका'। वे कुछ दिलचस्प प्राणियों के लिए उनकी अनुपस्थिति में इस शब्द का प्रयोग करते हैं। यह 'जायका' शब्द उनके अच्छे स्वास्थ्य को बरकरार रखे हुए है। विश्वनाथ त्रिपाठी और परमानन्द श्रीवास्तव केदार जी के परम मित्र रहे हैं और जायका—रहस्य से परिचित। परमानन्द जी को 12 जनवरी 1981 ई. को दिल्ली से एक पत्र में उन्होंने लिखा—'शायद हम लोग उम्र के उस मुकाम पर पहुँच गये हैं, जब लगता है कि गाड़ी छूट रही है, इसलिए जरा तेज दौड़ना चाहिए। पर तुम तो जानते हो, मैं कितना सुस्त हूँ। खैर, अब बन्द करता हूँ—एक 'जायका' पहुँच गये हैं—दिल्ली में भी कम नहीं हैं।' 1976 ई. में जब केदार जी पडरौना से जवाहरलाल नेहरू विश्वविद्यालय में आये और धीरे-धीरे दिल्ली में पूरी तरह रम गये तो इसका कारण यही था कि दिल्ली में भी 'जायका' उनका बना रहा।

इस जायका का अपना एक बनारसी रंग है। केदार जी का व्यक्तित्व उसी से निर्मित है। विश्वनाथ त्रिपाठी ने अपनी हज़ारी प्रसाद द्विवेदी पर लिखी पुस्तक 'व्योमकेश दरवेश' में छठे दशक में रोज़ शाम को अस्सी पर स्थित केदार चायवाले के यहाँ उस समय के साहित्यकारों की बैठकी का जीवन्त चित्र प्रस्तुत किया है। केदार जी के 'जायका' प्रसंग के पहले उस समय के बनारस को साहित्यिक सत्व और रस प्रदान करने वाले कुछ साहित्यकारों का पुण्य स्मरण करना जरूरी है। ये हैं—हज़ारी प्रसाद द्विवेदी, विनोद शंकर व्यास, नजीर बनारसी, विष्णुचन्द्र शर्मा, सुधाकर पाण्डेय, मोती बी.ए., कुशवाहा कान्त, विद्यासागर नौटियाल, रामदरश मिश्र, शान्तिप्रिय द्विवेदी आदि। उस समय राजपूतों की एक बड़ी टोली साहित्य में प्रवेश कर रही थी। इन सभी का साहित्यिक संस्कार उदय प्रताप इण्टर कालेज में पढ़ते हुए हुआ था और इनके गुरु थे मार्कण्डेय सिंह। इनमें से कुछ नाम, जो साहित्य में अपनी अनोखी पहचान बना सके, यह हैं—चन्द्रबली सिंह, शम्भुनाथ सिंह, बच्चन सिंह, विजय शंकर मल्ल, ठाकुर प्रसाद सिंह, नामवर सिंह, शिवप्रसाद सिंह। केदारनाथ सिंह इन सभी में कनीय थे। विजय मोहन सिंह और दूधनाथ सिंह भी प्रारम्भ में उदय प्रताप कालेज में पढ़ते थे, बाद में इलाहाबाद जाकर अध्ययनरत हुए। इन सभी साहित्यकारों का वासुदेव सिंह से घनिष्ठ सम्बन्ध था, जो त्रिलोचन शास्त्री के नाम से कविता, कहानी, निबन्ध, आलोचना लिखते थे और पत्र-पत्रिकाओं में सह-सम्पादन का काम करते रहे थे। शब्द-कोश-निर्माण का भी उनका लम्बा अनुभव था। कई भाषाओं का ज्ञान उन्होंने अर्जित किया था। उनको कितने कवियों की

कितनी कविताएँ याद थीं, यह स्वयं उन्हें भी नहीं पता था। त्रिलोचन शास्त्री का प्रगाढ़ सम्बन्ध नामवर सिंह से था। वे रोज मिलते थे। साथ-साथ खाते थे, पढ़ते थे, घूमते थे। रचनाएँ लिखकर एक-दूसरे को सुनाते थे। केदार जी जब उदय प्रताप कालेज में आये, तब वे कविताएँ लिखते थे। त्रिलोचन शास्त्री के पुत्र जय तब वहीं पढ़ते थे। वे अपने बेटे से मिलने जाते और बालक केदार के साथ ही ज्यादा समय गुजारते। उनकी बातों में कविता पर ही चर्चा होती। त्रिलोचन दुरूह कविताओं के अर्थ को भी समझ और समझा लेते थे। नामवर जी बताते हैं कि अज्ञेय और मुक्तिबोध की अबूझ लगने वाली बातें भी विद्यार्थी जीवन में उन्होंने त्रिलोचन शास्त्री से ही समझी थीं। पर केदार जी की बहुत सारी कविताएँ त्रिलोचन जी भी नहीं समझ पाते थे। 1950 ई. तक केदार जी बनारस में कवि के रूप में ख्यात हो गये थे। अनुपम रूप-सौन्दर्य, विलक्षण प्रतिभा, सौम्य, विनम्र, प्रगल्भ व्यक्तित्व उनकी कविताओं के प्रति आकर्षण जगाता था। वे सुमधुर कण्ठ से अपने गीतों को गाते थे तो समां बँध जाता था। उनके जितने अग्रज साहित्यकार थे, उन्हें स्नेह करते थे। पर त्रिलोचन की बात ही निराली थी। उन्होंने तो अपना पूरा स्नेह केदार जी पर उड़ेल दिया था। किन्तु कविता की उनकी पारखी नजर थी। त्रिलोचन ने 9 फरवरी 1950 के रोजनामचा में लिखा है कि वे उदय प्रताप कालेज गये तो आँधी-पानी के कारण वहीं रुक गये। केदार जी के साथ खाना खाया। केदार जी ने अपनी कविता त्रिलोचन जी को सुनायी। वे समझ नहीं पाये। केदार जी से उनकी कविता का अर्थ पूछा। वे भी नहीं बता पाये। त्रिलोचन जी ने ''देखा कि उन्हें अर्थ से कोई प्रयोजन नहीं।'' पर केदार जी की कविताओं और गीतों में नवीनता होती थी। वे स्वर से गूँज चुराने वाले कवि थे। अपनी 'स्वरमयी' नामक सानेट में (तीसरा सप्तक में संकलित) उन्होंने स्वयं स्वीकार किया है।

1952 ई. में अज्ञेय जी ने जब उनकी कविताएँ एक कवि-गोष्ठी में सुनीं तो वे भी उनकी ओर आकर्षित हुए और 'प्रतीक' में उनकी कविताएँ प्रकाशित कीं। 'प्रतीक' में छपते ही वे राष्ट्रीय स्तर पर कवि में प्रतिष्ठित हो गये। फिर छठे दशक में निकलने वाली लघु पत्रिकाओं में उनकी कविताएँ प्रकाशित हुईं और 1959 में 'तीसरा सप्तक' में। 1960 ई. में 'अभी, बिल्कुल अभी' नामक पहला कविता-संग्रह प्रकाशित हुआ, जब वे 26 वर्ष के थे। निस्सन्देह केदार जी के इस काव्य-विकास में बनारस के साहित्यिक परिवेश का योगदान है। वे चालीस वर्षों से दिल्ली में हैं। पर सच कहें तो आधा दिल्ली में हैं और आधा बनारस में। किन्तु बनारस में अच्छे साहित्यिक समाज के साथ-साथ अजीब तरह के साहित्यिक जीव भी रहते थे, जैसे दिल्ली में रहते हैं और हर शहर में

वे मिल जाएँगे। नामवर जी तो ऐसे लोगों को दरवाजे से ही 'टरका' देते हैं, किन्तु केदार जी ऐसे लोगों का भी दिल नहीं दुखा सकते। परोक्ष में वे ऐसे लोगों को 'जायका' कहा करते हैं और छठे दशक में केदार की चाय दुकान पर होने वाली बैठकी में उनका चलाया यह शब्द बेहद प्रचलित हो गया था। विश्वनाथ त्रिपाठी का बयान सुनिए—केदारनाथ सिंह थोड़ा नफीस थे। कभी-कभी नाक पर रूमाल रखते देखे जाते। हमें यह नापसन्द था। वे बहुत जल्द बोर होने लगते। किसी बोरकर को देखते और हम बतरस में होते तो कहते—जायका आ रहा है।...स्पष्टता के लिए ऐसे लोगों की पूरी उपाधि थी जायका-बिगाड़। फिर श्रेष्ठ जायका-बिगाड़ हुआ, जायका बिगाड़ाधीश, फिर जायका सम्राट, जायका चक्रवर्ती।...पता नहीं क्यों और कैसे यह माना जाने लगा कि यूँ कोई भी व्यक्ति कभी का भी जायका हो सकता है किन्तु जायका-प्रतिमान शिवप्रसाद जी ही हैं। लेकिन हमारे नेता तो नामवर जी हैं, उन्हें हेठा कैसे रखें। यह सच भी था क्योंकि कई अवसरों पर नामवर जी प्रमाणित कर चुके थे कि अगर वे ठान लें तो शिवप्रसाद जी से कहीं बड़े बोरकर, जायका-बिगाड़ाधीश होने की क्षमता रखते हैं। अतः नाजिल हुआ—

जायका के तुम्हीं उस्ताद नहीं शिवप्रसाद
कहते हैं अपने ज़माने में नामवर भी थे।

मैं नामवर जी से कहता—आखिर जायका-प्रतिमान ठाकुर ही निकला। नामवर जी ने शेर कहा—

मिले आपको एक ठाकुर बमुश्किल
हमें तो हमेशा तेवारी मिले हैं।

केदार जी ने कहा—यहाँ कव्वाली हो रही है।

नामवर जी—कव्वाली तो मवाली लोग गाते हैं।

मैं कहता—मवाली तो बवाली होते हैं।

नामवर जी—मैं तो अभी एक कप चाय का सवाली हूँ।

केदार जी—चाय पीने के लिए एक मड़िया छवाली है।

त्रिपाठी जी की स्मृति में केदार चायवाले के यहाँ उस समय के साहित्यकारों के बीच होने वाली तरह-तरह की रसभरी बातों का खजाना है। तरह-तरह के प्रसंग, तरह-तरह के किस्से। वे इसे धीरे-धीरे प्रकट करते रहते हैं। केदार जी उनके सहपाठी ही नहीं, अन्तरंग मित्र हैं। उनके दुख को समझते हैं। केदार जी के जीवन में सबसे दुखद क्षण तब आया, जब उनकी पत्नी बीमार हुईं, फिर दिवंगत हो गयीं। केदार जी ने उनको लेकर तब कोई कविता नहीं लिखी, सिर्फ 1995 में प्रकाशित कविता-संग्रह 'उत्तर कबीर' को इन शब्दों के साथ

समर्पित किया—'अत्यन्तगता पत्नी की स्मृति को'। विश्वनाथ त्रिपाठी ने जब यह खबर सुनी तो एक कविता भेजी—'चुप रहने के आदी मेरे आदरणीय और प्रियदर्शन मित्र' को—

सुना है कि तुम अकेले रह गये हो!
सूर्यहीन कन्धा, थपथपाने वाली हथेलियों से भी
रहित हो गया है।
फसल के रखवाले तुम रह गये हो और
धरती अमानवीय भूकम्प के झटके में अगाध
जलाशय बन गयी है
तुम अब इसी जलाशय में तैरोगे
जल से तुम्हारे कपड़े और केश नहीं भीगेंगे
जलाशय तुम्हारे आँखों में सूख जाएगा—
तुम चुप ही नहीं रहोगे
तुम आँसू नहीं बहाओगे।

विश्वनाथ त्रिपाठी जी की कविता लम्बी और मार्मिक है। केदार जी ने अपने दुख की बातें कभी नहीं कही है। सिर्फ अपनी दिवंगता पत्नी की अट्ठारहवीं पुण्यतिथि पर एक कविता लिखी है जो उनके नये कविता-संग्रह—'सृष्टि पर पहरा' में संकलित है—*पहले वह गयी/फिर बारी-बारी चले गये बहुत दिन/और ढेर सारे पक्षी/और जाने कितनी भाषाएँ/कितने जलस्रोत चले गये दुनिया से जब वह गयी।*

आत्मपरक कविता लिखने का उनका स्वभाव ही नहीं है। इसलिए उनके अन्तर्मन की पीड़ा जल्दी प्रकट नहीं होती। न बातचीत में, न कविता में, न गद्यलेख में। अपने बारे में वे प्रायः बातें नहीं करते। जब भी करेंगे, तो कोई ऐसा प्रसंग होगा, जिस पर स्वयं खिलखिला सकें और मुखातिब व्यक्ति भी मुस्कुरा सके। एक बार मैं उनसे मिलने गया। यह तब की बात है, जब नामवर जी ने 'आलोचना' पत्रिका का त्रिलोचन पर अंक निकाला था। केदार जी ने मिलते ही बताया कि इसमें एक जगह त्रिलोचन की जगह 'त्रिचोचन' छप गया है और हँस पड़े। यह हँसी मासूमियत से भरी थी। शिवप्रसाद सिंह को भले ही 'जायका-उस्ताद' कहा जाता हो, किन्तु केदार जी उनके प्रति बेहद सम्मान रखते थे। 1988 ई. में नामवर जी के सम्मान में एक बड़ा आयोजन बी.एच.यू. में किया गया था। उस समय शिवप्रसाद जी अपनी बेटी मंजूषिमा की असामयिक मृत्यु के कारण बेहद शोक सन्तप्त थे। केदार जी ने परमानन्द जी के साथ उनके घर जाने का कार्यक्रम बनाया और साथ में मुझे भी ले गये

थे। हम लोग काफी देर तक शिवप्रसाद जी के सामने बैठे रहे थे, फिर कुछ चर्चाएँ हुई थीं। मैंने देखा कि वे शिवप्रसाद जी के प्रति आदर और मान के साथ-साथ उनको कितना महत्त्व भी दे रहे हैं। एक बार केदार जी से उनके घर पर फणीश्वरनाथ रेणु चर्चा हो रही थी। मैं रेणु की अनुपलब्ध रचनाओं की खोज में तब लगातार भटक रहा था और वरिष्ठ साहित्यकारों से इस विषय में जानकारियाँ भी इकट्ठी कर रहा था। पटना की एक लघु पत्रिका 'अपरम्परा' में रेणु की 'तीसरी कसम अर्थात् मारे गये गुलफाम' नामक कहानी पहली बार छपी थी। केदार जी ने बताया कि 1958 ई. में जब 'अपरम्परा' नामक लघु पत्रिका बनारस पहुँची, तब वहाँ के लगभग सभी साहित्यकारों ने बारी-बारी से वह कहानी पढ़ी थी। शिवप्रसाद जी ने बताया था कि यह एक ऐसी कहानी है, जिसे जहाँ से भी पढ़ो, कथा का एक नया सिरा मिलता है। कथा कहने का यह सलीका किसी और कथाकार के पास नहीं है।

केदार जी की कविताओं को कुछ साहित्यिक अद्वितीय मानते हैं, कुछ दिव्य। कुछ अस्पष्ट, कुछ दुरूह। कुछ साधारण तो कुछ असाधारण। 1957 ई. में नामवर सिंह ने 'कवि' पत्रिका में पहली बार केदार जी की कविताओं पर टिप्पणी लिखी है, जिसमें उन्होंने 'ताजे चित्र (इमेज) और संवेदनक्षम गीत' को उनकी विशेषता बतलाया है तथा निष्कर्ष देते हुए लिखा है—केदार मद्धिम या हल्के संवेगों के कवि हैं, उनके यहाँ आवेश नहीं है, सम्भवतः इसीलिए उनकी कविता का धरातल एकदम सम है। मैंने एक बार केदार जी से नामवर जी के इस मन्तव्य पर उनकी राय पूछी। उन्होंने बताया कि नामवर जी ने बाद में अपने इस निष्कर्ष को बदला है। उनके पहले कविता-संग्रह 'अभी, बिल्कुल अभी' की समीक्षा नामवर सिंह ने 'नये नाम के अनवरत अन्वेषण में' शीर्षक से 1960 ई. में लिखी थी, जो 'कृति' पत्रिका में पहली बार प्रकाशित हुई थी। इसी समीक्षा में उन्होंने अपने मत को भ्रममूलक माना है। किन्तु, इसी समीक्षा में उन्होंने केदार जी की कविताओं पर सारगर्भित टिप्पणियाँ की हैं और उनकी कविताओं की अस्पष्टता, अबूझपन, दुरूहता आदि की मौलिक व्याख्या की है। उन्होंने इनकी 'रहस्यवादिता' का भी खण्डन किया है।

केदार जी हिन्दी के इकलौते ऐसे कवि हैं, जिन्हें किसी दूसरे कवि के साथ नहीं बिठाया जा सकता। वे हिन्दी कविता की सुदीर्घ परम्पराओं में अकेले और मौन खड़े दिखाई पड़ते हैं, सिर्फ कुछ चीजों, रास्तों और दिशाओं की तरफ संकेत या इशारा करते हुए। साथ ही दुनिया की बहुत सारी बेतरतीब और बेमतलब की बातों को और किसिम-किसिम के 'जायकों' को प्रस्तुत कर

मुस्कुराते हुए। उनके 'दो मिनट का मौन' नामक कविता का भाव-तत्त्व हर जगह मौजूद है और हँसने-मुस्कुराने का मौका हर जगह है। केदार जी का व्यक्तित्व और उनकी कविताएँ ऐसे मौके को कसकर थामे हैं। हँसना-मुस्कुराना–यही तो जीवन को बचाये हुए है। यह साधारण-सी बात ही केदारनाथ सिंह की दुर्लभ विशेषता है और उनकी लोकप्रियता का कारण।

देखना, सुनना, रहना

–निशान्त

कुछ चीजें जीवन में अचानक आ जाती हैं। फिर आप उनके साथ हमेशा के लिए रह जाते हो। गुरुवर केदारनाथ सिंह अपनी कविताओं की तरह धीमे-धीमे नहीं, अचानक ही एक दिन हमारे सामने आ गये। हमारे एक कवि मित्र हैं–प्रकाशपत्र। आजकल सम्पादक और आलोचक हो गये हैं, आगरा में रहते हैं। केदार जी की कविता के बड़े प्रशंसक और अपनी कविताओं से भरी हुई डायरी लेकर घूमनेवाले। तो प्रकाशपत्र जी मुझे अपने साथ एक कवि गोष्ठी में लेकर गये। मैं अभी किशोर ही था, कविता का ककहरा सीख रहा था। प्रकाश पत्र जी को चाय पिलाता–कचौड़ी खिलाता और वो अपनी डायरी से अपनी कविता सुनाकर मेरा बल-बुद्धि बढ़ाते और कुछ वरिष्ठ कवियों को पढ़ने की सलाह देकर, मेरे पतले-दुबले साइकिल पर अपने फूल जैसे हल्के शरीर का बोझ डालकर स्टेशन तक मुझसे खिंचवाते। तो प्रकाशपत्र जी ने मुझे केदारनाथ सिंह का नाम रटवाने के बाद दिखलाने का महती कार्य सम्पन्न करवाया।

कलकत्ते में कालेज स्ट्रीट से थोड़ा आगे एक ठनठनिया काली मन्दिर है। वहीं एक जायसवाल भवन है। उसी में काव्य-गोष्ठी थी। मैं प्रकाशपत्र जी को बाहर चाय पिलवा रहा था। तभी उन्होंने हड़बड़ाकर हाथ उठाया और सामने की तरफ इशारा करते हुए कहा–देखो, केदारनाथ सिंह आ रहे हैं। मैंने कहा–कौन? उन्होंने कहा–वो! जो कृपाशंकर चौबे जी के बगल में गोरा-सा, ठिगना-सा आदमी, जरा-सा झुककर चल रहा है, वही केदानाथ सिंह हैं। मैंने कहा–हाँ। अच्छा और केदार जी के 'बाघ' की तरह थोड़ा-सा रोमांचित हुआ। प्रकाशपत्र जी ने मेरे बल-बुद्धि को थोड़ा और बढ़ाया–इस समय ये भारत के सबसे बड़े कवि हैं। बाद में कृपाशंकर चौबे जी ने उसी गोष्ठी में हमें बताया कि केदार जी इस समय भारत के ही नहीं, एशिया के बड़े कवियों में से एक हैं। इस तरह प्रकाशपत्र जी के सौजन्य से मिठाईलाल ने केदारनाथ सिंह को पढ़ने और देखने का कार्य सम्पन्न किया। प्रकाशपत्र जी को चाय-कचौड़ी कई

हफ्तों तक खिलाया गया। और यदि आज वो आगरा से यहाँ आएँ तो मैं एक बार फिर उन्हें चाय-कचौड़ी खिलाने को तैयार हूँ।

उन दिनों केदारनाथ सिंह की कविताएँ कोलकाता विश्वविद्यालय के एम.ए. के पाठ्यक्रम में लगी हुई थीं। एम.एम. के बच्चों में उनका क्या 'क्रेज' था। उन्हें देखने-सुनने और छूने की हसरत लिए बच्चे वहाँ पहुँचे थे। अभी तक हम लोग किसी जिन्दा कवि से नहीं मिले थे। कबीर, रहीम, सूरदास से लेकर प्रसाद, पन्त, निराला, महादेवी तक जितने भी कवियों को पढ़े थे, सभी मृत कवि थे। पहली बार पाठ्य पुस्तक का कोई जिन्दा कवि सड़क पर चलकर, सीढ़ी उठकर, कमरे में पहुँचा और वो बोल रहा था। देख रहा था। चाय पी रहा था। हम लोग हतप्रभ थे। रोमांचित भी। विश्वास नहीं कर पा रहे थे कि यह वही कवि है, जिन्होंने 'माँझी का पुल' लिखा है। जिसे हम लोगों को पढ़ना पड़ता है। इम्तिहान में लिखना पड़ता है। वो हमारे इतने नजदीक है कि हाथ बढ़ाकर उसे छू सकते हैं हम। अच्छा लग रहा था। कितना अच्छा लग रहा था—यह बताना जरा मुश्किल है।

उस काव्य-गोष्ठी में माइक जरा डिस्टर्ब कर रहा था। केदार जी ने कहा—रहने दीजिए। इतने बच्चों की तो हम कक्षाएँ लेते हैं। वहाँ भी माइक नहीं होता है। फिर बिना माइक के उन्होंने कविता से सम्बन्धित ढेर सारी बातें कीं और अपनी कुछ कविताएँ सुनायीं। हम अभिभूत थे। हम बच्चे उनके साथ एक फोटो खिंचवाना चाहते थे ताकि ताउम्र उन्हें सँभाल कर रख सकें। कवि केदारनाथ सिंह बड़ी सहजता के साथ हमारे बीच खड़े थे। मुझे आज भी ऐसा 'फील' होता है कि केदार जी बच्चों के साथ जितने सहज होते हैं या महसूस करते हैं, शायद बड़े-बूढ़ों के साथ नहीं।

केदार जी के साथ की वह पहली मुलाकात मेरे दिमाग के रजिस्टर में आज भी दर्ज है। आज भी उसे याद करके 'सुख' का अनुभव करता हूँ। 2006 में पहली बार दिल्ली जाने और जेएनयू में दाखिला लेने के बाद। दिल्ली में एक बारिश के दिन में अचानक केदारनाथ जी की किताब 'अकाल में सारस' निहाल अहमद भैया के कमरे में दिख गयी। पहला दृश्य दिमाग में कौंधा। केदारनाथ सिंह को याद करते हुए, उस दिन तीन कविताएँ मैंने लिखीं। (1) केदारनाथ सिंह को देखते हुए, (2) केदारनाथ सिंह से लड़ते हुए, (3) केदारनाथ सिंह को याद करते हुए। ये कविताएँ बाद में 'तद्भव' के 28वें अंक में प्रकाशित हुईं। उसके बाद एक-दो बार मंचों पर कविताएँ पढ़ीं केदार जी की उपस्थिति में लेकिन वो दिमाग में रजिस्टर नहीं हुईं।

जेएनयू में केदार जी भक्त मण्डली से मेरा सामना सबसे पहले हुआ।

एम.ए. में फ्रेशर पार्टी थी और मैंने 'केदारनाथ सिंह' से लड़ते हुए कविता फ्रेशर पार्टी के मंच से सुना डाली थी। ब्रह्मपुत्र हॉस्टल में ही प्रमोद तिवारी भैया रहते थे, जो केदार जी के साथ पीएच.डी. कर रहे थे। उन्होंने बुलाकर कहा—तुम्हें केदार जी को 'केदार' नहीं कहना चाहिए था? मैंने कहा—क्यों? एक तो वे वरिष्ठ कवि हैं और दूसरे यहाँ प्रोफेसर एमिरेटस हैं। मैंने कहा—आपकी बात सही है लेकिन मैं गलत नहीं हूँ। कविता में केदारनाथ जी का असम्मान नहीं किया गया है। बल्कि एक कवि का दूसरे कवि से संवाद है। बाद में एक दिन क्लास खत्म होने के बाद प्रो. पुरुषोत्तम अग्रवाल जी ने पूछा—इसमें विजय कुमार साब कौन हैं जो बंगाल से आये हैं। मैं खड़ा हुआ। 'क्लास के बाद मेरे कमरे में आइएगा।' मेरी तो सिट्टी-पिट्टी गुम। वैसे भी अग्रवाल जी से हम सारे बच्चे डरते थे। एक तो वो पढ़ाते बहुत अच्छा थे, दूसरा प्रश्न बहुत पूछते थे। मैं डरता रहा और कक्षा मित्रों ने इसमें इजाफा ही किया। डरते-डरते उनके कमरे में पहुँचा। 'बैठिए, सुना है, आपने केदारनाथ सिंह पर कोई गन्दी-सी कविता लिखी है?'—नहीं सर। आप पूरी कविता सुनेंगे तो पता चलेगा। 'मैं वो कविता देखना चाहूँगा। आपने और भी कोई कविता लिखी है? तो वो भी।' मैं डर के मारे दौड़ते-दौड़ते कमरे में गया। कविता लेकर सीधे अग्रवाल जी के कमरे में। 'बैठिए।' एक मिनट, तीन मिनट, चार मिनट...अचानक अग्रवाल जी ठठाकर हँसे। फिर हँसते-हँसते पूछा—आपने ही लिखी है?—'हाँ सर। क्या हुआ सर।'— नहीं! उस बेहूदे को कविता की समझ नहीं है। वैसे कविता है लाजवाब। आप जा सकते हैं। जान छूटी तो लाखों पाये की स्थिति से उबरते हुए मैं बाहर निकला। अग्रवाल जी से डर भी गायब हुआ और कविता को लेकर पूरे कैम्पस में जो माहौल बना था, उससे भी मैं मुक्त हुआ।

उन्हीं दिनों रघुवंश मणि जी 'कल के लिए' पत्रिका का एक आलोचना विशेषांक निकालने की तैयारी कर रहे थे। मुझे दायित्व सौंपा कि तुम केदारनाथ सिंह का साक्षात्कार ले लो। मैं केदार जी को फोन करूँ कि ना करूँ, इसी उधेड़बुन में था कि केदार जी का खुद फोन आ गया। 'निशान्त बोल रहे हो।' हाँ! आप? 'केदारनाथ सिंह बोल रहा हूँ।' हाँ सर, ...हाँ सर। मैं घबड़ा गया। साथ में मित्र उमा था। क्या हुआ विजय। मैंने इशारे से कहा—चुप रहो। केदार जी बोले—'बनारस से चला आ रहा हूँ। वहाँ बच्चन सिंह के कार्यक्रम में गया था। काशी 'तद्भव' में छपी तुम्हारी कविताओं के बारे में बता रहा था। आज आया तो कमरे में देखा तद्भव आ गयी है। पढ़कर ही तुम्हें फोन कर रहा हूँ। जेएनयू में हो। 'हाँ सर।' 'किस हॉस्टल में?' 'पेरियार में सर।' 'पेरियार में ही उदय प्रकाश रहा करता था।' 'हाँ सर।' और भी इधर-उधर

के एक दो सवाल पूछे और घर जाकर मिलने का न्यौता भी मिल गया। मैंने उन्हें 'कल के लिए' के साक्षात्कार के बारे में बताया। वे सहर्ष तैयार हो गये।

गर्मी के दिन थे। वोगेनवेलिया खिले हुए थे। सुबह के दस या ग्यारह बज रहे थे, केसी मार्केट से पेरियार बस स्टैण्ड तक मैं बतियाते आया था। उमाशंकर मिश्रा सुनकर मुस्कुराने लगा। 'साले तुम कवि होते जा रहे हो।' तब तक उसे पता नहीं था कि मैं निशान्त नाम से कविताएँ लिखता हूँ। वे मुझे विजय कुमार साब और बंगाली ही समझता था। आज भी मैं किसी को अपना परिचय कवि रूप में देने का साहस नहीं जुटा पाता। मैंने कहा—यार उमा, केदारनाथ जी के घर चलना है। उनका एक साक्षात्कार लेना है। अपने पास तो टेप-रिकार्डर है नहीं। मैं प्रश्न पूछूँगा, तुम जल्दी-जल्दी उत्तर लिखते जाना। उमा तैयार हो गया। केदार जी से यह पहला टेलिफोनिक संवाद था। मैं और उमा दोनों खुश थे। धूप खिली हुई थी और हम लोग केदारनाथ सिंह के फोन के खुमार में हवा हो रहे थे। शाम को साबरमती हॉस्टल के सामने हमारी चाय-पकौड़ी की पार्टी भी हो गयी। केदार जी का फोन आना, जितना मेरे लिए गर्व की बात थी, उतना ही मित्र उमा के लिए भी। हम लोग खुश थे और किसी सण्डे को उनके यहाँ जाने का प्रोग्राम बनाने लगे।

एक हफ्ता तक मैं इसके खुमार में डूबा रहा। केदार जी के लिए फोन पर बात करना सामान्य-सी बात होगी। आज मुझे भी बहुत सामान्य-सी लगती है। कभी भी केदार सर को फोन करके बात कर सकता हूँ। लेकिन उन दिनों और उस समय तो पूछिए मत। सप्ताह क्या, उससे कुछ ज्यादा ही दिनों तक मैं उनके फोन के खुमार में खोया रहा। केदारनाथ सिंह ने मुझे फोन किया है। मुझसे बात की है। उन दिनों ये किसी उपलब्धि से कम नहीं था मेरे लिए। ये दूसरा मौका था, जो मेरे दिमाग के रजिस्टर में दर्ज है।

तीसरी बार मैं और उमा उनका साक्षात्कार लेने उनके घर गये। पहली बार उनके घर हम लोग गये थे। हमारे पास कुछ बने-बनाये 10 या 20 प्रश्न थे। इधर-उधर की एक-दो बातें करके, पानी-वानी पीकर उनके सामने बैठकर प्रश्न पूछते गया। उमा भाई लिखते गये। केदार जी भी धीरे-धीरे बोलते थे, रुक-रुक कर ताकि उमा को लिखने में तकलीफ न हो। कई बार अपनी बातों को दोहराते भी थे कि उमा ठीक से लिख पाये। एक जो रोमांचक डर हमारे अन्दर छिपा था। वो उस दिन खत्म हुआ। बड़े कवि से मिलने का हव्वा और डर को केदार जी ने अपनी सरलता और सहजता से अनायास ही निकाल दिया। सरल और सहज होना चाहे कविता हो या जीवन, यह केदार जी से सीखा जा सकता है। केदार जी बड़े कवि होने के साथ-साथ बड़े इंसान भी

हैं। बिना उनके नजदीक जाए नहीं जाना जा सकता है। मैं साक्षात्कार लेने जाने से डरता था कि पता नहीं मेरे द्वारा अपने ऊपर लिखी गयी कविताओं को लेकर क्या कहेंगे? लेकिन केदार जी की उदात्तता कि मैं सफाई देने के लिए मुँह खोला ही था कि टोक दिये—नहीं। ठीक है। जो तुम्हारी समझ में आये, वही लिखा करो। फिर पूछा—अभी क्या कर रहे हो? 'सर, एम.ए. कर रहा हूँ।' आगे क्या करोगे? 'सर नौकरी! नौकरी नहीं मिली तो एम.फिल., पीएच.डी.!' ठीक है। मेरे अण्डर कर लेना। 'जी, सर!' मैं, उमा उठे और कैम्पस चले आये। फिर कैम्पस में सर से मुलाकात कभी-कभार होने लगी। वे मुझे पहचानने लगे थे। हाल-चाल पूछने लगते थे। धीरे-धीरे मैं उनके साथ सहज हो रहा था। दिल्ली के साथ भी।

जेएनयू के बाहर की दुनिया बड़ी दमघोटू है। दिल्ली रहने लायक नहीं है, लेकिन पापी पेट जो न कराए कम है। साहित्य के सबसे उर्वरक रसायन यहाँ बनते हैं और दूर-दराज के खेतों में उनका छिड़काव होता है ताकि फसल लहलहाते हुए पैदा हो। लहलहाते हुए दिखे। पत्रिकाएँ दिल्ली से निकलती हैं। युवा लेखक दिल्ली की तरफ भागे आ रहे हैं। दिल्ली साहित्य की राजधानी भी है। इसी राजधानी में मैं कस्बे की आत्मा लिए चला आया था। डरा हुआ भी था, कुछ ज्यादा ही। केदार जी ने उस डर को भगाया। वह तो यह बात जानते भी नहीं थे कि मैं भीतर से कितना डरा हुआ हूँ। लेकिन उनके पास रहने, उनसे बातचीत करने, उनके साथ टहलते हुए वो डर धीरे-धीरे पिघल रहा था। धीरे-धीरे मैं सामान्य हो रहा था। उनकी सहजता मुझे सामान्य कर रही थी। एक मजे की बात यह थी कि उस बीच कभी भी वे मुझसे कविताओं के बारे में चर्चा नहीं करते थे। न मेरी कविताओं के बारे में न अपनी कविताओं के बारे में। सामान्य और हल्की-फुल्की बात करते थे वे। ये सारी बातें मिलने-जुलने पर ही होती थीं। इस बीच मेरा एम.ए. पूरा हो गया। मैं एम. फिल में दाखिला लेकर कोर्स वर्क कर रहा था।

रिमझिम-रिमझिम से थोड़ी तेज बारिश की फुहारें पड़ रही थीं। कुछ लोग छाता लगाये जा रहे थे। कुछ लोग 'स्कूल ऑफ लैंग्वेज' के गेट पर खड़े थे। अधिक से अधिक दो-तीन लोग होंगे। बारिश खूबसूरत दिख रही थी। आकाश काला था, पर हल्का। उसकी वजह से ज़मीन, पेड़ों के पत्ते और घास तक कालीतिमा लिए हुए हरा दिख रहे थे। मैं गेट पर आया और छाता खोलने ही जा रहा था कि केदार जी से आँखें टकरा गयीं। वे बारिश को देखने का सुख शायद भोग रहे थे। मैंने पूछा तो बोले, जरा और धीमी हो जाए तो चला जाऊँगा। मैंने पूछा, कैसे जाएँगे तो इशारे से बताया कि उधर गाड़ी खड़ी है।

फिर पूछने लगे कि क्या हुआ? मैंने बताया कि एम.फिल. में दाखिला ले लिया है। कोर्स वर्क कर रहा हूँ। मैंने पूछा—सर अब क्या करूँगा? बोले फोन करके एक दिन घर आओ। आराम से बात करते हैं। बारिश थोड़ी धीमी हुई। मैं अपने छाते में उन्हें गाड़ी तक छोड़ आया।

केदार जी को हड़बड़ी या जल्दबाजी करते हुए मैंने कभी नहीं देखा। बारिश हो रही है तो उसके सम्मान में मुस्तैद सिपाही की तरह खड़े हैं। अच्छा महाराज पहले आप जाइए तो हम आपके पीछे-पीछे चलते हुए जाएँगे। कोई कार्यक्रम खत्म हुआ है। चाय के लिए लाइन में खड़े हैं। उपराष्ट्रपति हामिद अंसारी के साथ मंच साझा करके, नीचे आये तो खाने की लाइन में खड़े हैं। कहीं जाना है तो समय से नहा-धोकर कपड़े वगैरह करीने से पहनकर आनेवाले के साथ जाने का इन्तजार कर रहे हैं। एक घण्टा कहकर दो घण्टा मंच पर बैठा दिये गये हैं। माथे पर शिकन की रेखा तक नहीं उभर रही है। मन लायक व्यक्ति मिल जाए तो एकाध घण्टा गप्प मारने बैठ गये। खाने-पीने की बात हो तो कलकतिया सन्देश के पक्ष में गवाही देने को खड़े हो जाएँ। आराम और इतमीनान से अपनी बात कहकर फिर धीरे से बैठ जाएँ। कोई जल्दबाजी नहीं। कोई हड़बड़ी नहीं। विश्व साहित्य और भारतीय साहित्य के रसिक। छोटे कस्बों और गाँव को प्यार करने वाले। ठण्ड के दिनों में कोलकाता के गले में बाँहें डाले, गिलाफ लपेटे आलस के साथ पड़े हुए। कोई आ गया, कहीं चलना है, ठीक है भाई चल, चलो। नहीं आया तो भी ठीक। इस उम्र में भी अकेले यात्रा करने से कोई परहेज नहीं। कोई गाड़ी में बैठा भर दे और कोई उतार ले, बस इतनी-सी चाहत। इसके अतिरिक्त कुछ भी नहीं।

जेएनयू में अपने वरिष्ठ भाइयों से सुना है कि केदार जी और नामवर जी कंजूस हैं। कुछ खिलाते-पिलाते नहीं। नामवर जी पर फिर कभी, पर केदार जी के यहाँ जितनी बार गया हूँ, चाय भले ही न मिले पर मिठाइयाँ, मेवे या बिस्कुट पानी जरूर मिला है। हाँ, उस तरह से रहना नहीं हुआ कभी कि खाना खाकर जाऊँ। एक बात और जिन दिनों मैं बाँग्ला कवि जीवनानन्द दास पर एम.फिल. कर रहा था। यह विषय भी उन्हीं का सुझाया हुआ था। क्योंकि वे चाहते थे कि कोई ऐसा लड़का मिले जिसे बाँग्ला आती हो और बंगाल की संस्कृति में रचा-बसा हो तो उससे जीवनानन्द पर काम कराएँ। सौभाग्य से मैं मिल गया और कवि भी निकला। उनकी बरसों की मुराद पूरी हुई। वे स्वयं बाँग्ला कवियों को अच्छे से जानते-पढ़ते रहे हैं। 'तीसरा सप्तक' में उन्होंने जीवनानन्द की कविता की चर्चा भी की है। तो एक दिन अपनी अलमारी खोलकर जीवनानन्द दास की हिन्दी कविताओं का एक संस्करण

वाणी प्रकाशन से छपा था, मुझे दिये। कुछ लोगों के नाम और नम्बर बाताये जिनसे मुझे सम्पर्क करने को कहा। वे चाहते थे कि काम अच्छा हो। मुझे 'आजकल' पत्रिका के दफ्तर भेजकर आजकल के 1955 के कुछ पुराने अंकों को खँगालने को कहा। ताकि जीवनानन्द की हिन्दी में पहली अनुवादित कविता मुझे मिले। वह मुझे मिली भी।

केदार जी अपने साथ काम करनेवाले शोधार्थियों के अधिक से अधिक सहायक होते हैं। उनकी मदद करना चाहते हैं। करते भी हैं। बल्कि मदद करने के चक्कर में कभी-कभी हज़ारी प्रसाद द्विवेदी का वह प्रसिद्ध कथन भी उद्धृत कर बैठते हैं कि "शोध का काम बायें हाथ से करो। दाहिना हाथ रचनात्मक कामों के लिए बचा कर रखो।" लेकिन इसके पीछे रचनाकार को बचा कर रखने की प्रवृत्ति ही हावी रहती है। शायद केदार जी सोचते होंगे कि रचनाकार बचेगा, तभी रचनात्मकता, चाहे वह आलोचकीय हो या सर्जनात्मक, बची रहेगी। वास्तव में ऐसा सिर्फ एक कवि ही सोच सकता है। वही रचनात्मकता को बचाने की बात कर सकता है। और केदार जी सर से लेकर पाँव तक कवि हैं। उनकी बात करने से लेकर, चलने-फिरने-बैठने तक की भंगिमा में कविता का विस्तार दिखाई पड़ता है। मुझे तो वे गुरु कम, मेरे पूर्वज कवि ज्यादा लगते हैं (यह मेरे लिए बहुत सम्मान की बात है कि वे मेरे गुरु हैं।), जो केदारनाथ सिंह के नाम के अन्दर रहता है।

कुछ कविताएँ केदारनाथ सिंह के लिए

केदारनाथ सिंह के लिए

—विश्वनाथ त्रिपाठी

चुप रहने के आदी मेरे आदरणीय और प्रियदर्शन मित्र
यह ख़त तुम्हें पहुँचे
अभिवादन! मेरे ऊबड़-खाबड़, बेतरतीब व्यक्तित्व की—
जिसके कच्चेपन और उगती दूबों वाली निरीहता को
तुम जानते हो
विनम्रता स्वीकार हो।
इस बीच तुमने क्या-क्या सहा और झेला है—
मैंने तुम्हारी आँखों की संकोचग्रस्त, बहुत कुछ छिपाने
की कोशिश करती हुई प्रकट होती हुई विवशता में
देखा और—
सहसा मैं बहुत असहाय हो गया।
चुप रहने की कोशिश में पहाड़ टूटते हैं—
अररा अरराकर, हहरा हहराकर छतनार पेड़
गिरते हैं
जख़्मी कबूतरों का झुंड दिखता है
विवशता कितना चीत्कार करती है।
भला तिल-तिल कर गिरते हुए—मानव आँखों के
आँसुओं में चट्टान करती है!
सुना कि तुम अकेले रह गये हो!
सूर्यहीन कन्धा, थपथपाने वाली हथेलियों से भी
रहित हो गया है!
फसल के रखवाले तुम रह गये हो और
धरती अमानवीय भूकम्प के झटके में अगाध
जलाशय बन गयी है।

तुम अब इसी जलाशय में तैरोगे
जल से तुम्हारे कपड़े और केश नहीं भीगेंगे
जलाशय तुम्हारी आँखों में सूख जाएगा—
तुम चुप ही नहीं रहोगे
तुम आँसू नहीं बहाओगे और जलाशय में
तैरोगे
कहाँ है, कैसी है
तुम्हारी धरती की फसलें
तुम्हारी कविताएँ और लेख
तुम्हारे बच्चे
जो धरती से रहित हो गये हैं
जो तैयार होकर किसान कवि के खेत से दूर शहरों में जाने को
प्रतीक्षित हैं
जिन्हें मैंने नहीं देखा।

सब कुछ सहो!
मेरे ऊबड़-खाबड़ व्यक्तित्व की विनम्रता
जलाशय के किनारे उगी हुई केवल दूब है।
मैं कहाँ तक साथ दे सकता हूँ।
इतना निकट—फिर भी तुम्हारे निजीपन के दरवाजे के
बाहर!

मेरे नगर में कवि केदारनाथ सिंह

–जीवन सिंह

कोई बड़ा कवि
नगर में आये
तो कैसा लगता है

मेरे नगर के सिरहाने पर
अरावली का महाकाय तकिया लगा है
इसके बिछौने पर सोलहवीं सदी में एक रात
बाबर भी सोया है
खानवा समर से लौटते
कैसा लगता है
जब कोई युद्ध से लौटता है
आज आये थे कवि केदारनाथ सिंह
दिल्ली से अलवर
पर युद्ध से लौटते हुए नहीं

यह कवि सृष्टि पर पहरा रखने की कहता है
प्रहरी ही तो होता है कवि
आत्मा का सबसे बड़ा प्रहरी
और कौन है इस दुनिया में
जो यह काम करता है।

यह खबर केवल कवि के पास होती है
लेकिन यह क्या चार लाख की आबादी वाले नगर में

कविता के साथ चलने वाले उँगलियों पर गिने जा सकते थे
उनमें जयपुर के कृष्ण कल्पित भी थे
किसी सरोवर की सतह पर
एक कंकर फेंक देने से भी हलचल होती है
यूरप के किसी नगर में कवि आता
तो क्या ऐसा ही होता

फिर भी कुछ बदला-सा लग रहा है
आज का दिन
जैसे सूरज की कोई किरण आयी हो
और खेल गयी हो आँगन में इठलाकर

केदार जी आज अलवर जो आये
किसी का आना जब अच्छा लगे
तो समझो
कविता का बाना है।

जीवित इतिहास का एक क्षण

—अनिल त्रिपाठी

मैं जब भी जानना चाहता हूँ
होने का अर्थ
और निरन्तर उदास होते
मौसम के बीच जीवन का रहस्य
तो पढ़ता हूँ कविताएँ

मैं जब भी चाहता हूँ
मुझे यह दुनिया अच्छी लगे
तो लौट जाला हूँ
शरद ऋतु की उन शामों में
जब कभी होता था
अपने प्रिय कवि के साथ

मैं जानता हूँ
शरद की शामों में
मेरे कवि की भाषा
बजती थी कविता की तरह
एक अनूठी लय के साथ

अरावली की पहाड़ियों में
पग-पग साथ चलना
बहाना था मेरे लिए
क्योंकि मैं जानता था

इससे आसान रास्ता कोई नहीं था
अपने को आत्मसम्पन्न बनाने का

कितना कठिन होता है
जीवित इतिहास का एक क्षण चुराना
लेकिन मैं जानता हूँ
शरद की शाम के सहारे
मैं चुरा रहा था
जीवित इतिहास का एक क्षण।

जाँजगीर में केदारनाथ सिंह से भेंट

–सुरेश सेन निशान्त

वह छत्तीसगढ़ के शहर जाँजगीर की
दिसम्बर 2008 की एक यादगार शाम थी
जिसमें वह विजय सिंह के संग
हल्के-हल्के डग भरता हुआ दाखिल हुआ था।

अब तक मैं उनकी कविताओं में ही
देखता आ रहा था उनकी हँसी और उदासी
कविता में ही महसूसता रहा था उनके हाथों
का स्नेहिल स्पर्श।

वह संयत इस तरह चल रहा था
जैसे उसने एक ही डग में
पूरी पृथ्वी नाप लेना हो
एक ही साँस में
जैसे सारा जहर पी लेना हो
एक ही नजर में
जैसे सारा प्यार हम पर उड़ेल देना हो।
वह आया और खामोश बैठ गया
शायद वह सोचने लगा था
हमारी ईमानदारी की बाबत।

अपनी खामोशी में वह किसान की तरह
इस धरती से बतिया रहा था शायद।

वह एक बच्चे की तरह
इस जिन्दगी के माथे पर फेर रहा था
अपने हाथ।
वह ममता जैसी भाषा में
हमारे चेहरे पर फैले रंगों से
बतिया रहा था शायद।
उसने एक बुजुर्ग की तरह हँसते हुए
उजाले की ओर देखा और फिर बर्फ के फाहों
जैसी उस खामोशी में
हमारे सामने एक कविता खोली
जिसमें शब्द घोड़े की तरह हिनहिना रहे थे।

सूरज बड़ी देर तक
संयम से हमें ताकता रहा
फिर चलता बना
उसे पता था शायद
यह गोष्ठी लम्बी चलेगी।

वह कविता के बारे में बतियाता रहा
हम सुनते रहे
हम नदियों-सा उस समन्दर में
विलीन हो जाना चाहते थे
जिसे वह अपने
भगीरथ प्रयासों से हम तक लाया था।

वहाँ लालच से भरे मछियारे अपना जाल
लेकर भी नहीं खड़े थे।

वह एक बहुत ही सुहानी
जादू से भरी शाम थी।

मैंने जब यह किस्सा
यहाँ आकर पहाड़ के दोस्तों को सुनाया

तो उन्होंने कहा—काश, हरेक के हिस्से में आये
ऐसी ही कोई शाम
ऐसी शामें किसी-किसी के पास ही होती हैं
ऐसी ही शामों से बनता है
कविता का सच्चा घर।

नया बाना

–गोबिन्द प्रसाद

कैसी चाह थी
तुम भटकते रहे शब्दों की दुनिया में
उनकी छायाओं को छूने की ललक
तुम्हें तराशती रही
बन कर कभी
दो चार कण बुद्ध की हँसी
तुम्हें तराशती रही
किसी महाकाव्य में न अँटने वाली
अनन्य साधारणता
तुम्हें तराशती रही
कविता की शर्त पर कविता लिखने वाले
कवि की ये बेलाग पंक्तियाँ
'पैरों को चाट गये जूते
ज़िन्दा हैं तो अपने बूते'
मेरी इन्हीं आँखों ने देखी है
लय में डूबी व्योम की उदासी
जिसमें नूर मियाँ, बाज़ार में छाता लगाये बंगाली बाबू
और वह ठेठ देहाती कार्यकर्ता जो साइकिल दनदनाता हुआ
चला आता है और
जिसकी भूकम्प-सी चुप्पी तुम्हें अस्तव्यस्त कर देती है
और वो पानी में घिरे हुए लोग
जो रात-भर खड़े रहते हैं
पानी की आँखों में आँखें डाले हुए
केदारनाथ सिंह

तुम्हें तराशता रहा—
खाली कटोरों में बसन्त का उतरना
तुम्हें तराशता रहा—
बैलगाड़ी और बाज़ार का धूल-भरा रिश्ता
तुम्हें तराशता रहा—
आदमी का सड़क पार करना
तुम्हें तराशता रहा—
लगातार अपने से सवाल पूछना—
और तो और तुम्हें तराशता रहा—
मेरी भूख में
मेरी पीठ का दुखना
शामिल है या नहीं
या फिर
हर साल कितने पत्ते गिरते हैं पाकिस्तान में
क्या-क्या कहूँ—
कैसा अजब है
तुम्हारी चाह का रंग
तुम्हारी तराश का ढंग
और क्या खूब है
और हाँ सवालों से बुना गया तुम्हारा पैरहन
तुम्हारा आहंग, तुम्हारा लहजा
एक नया बाना...विचित्र बाना बख़्शा
आज की कविता को तुमने
केदारनाथ सिंह।

मुम्बई में कवि केदारनाथ सिंह

—सुन्दर चन्द ठाकुर

कोई और कवि होता
तो निश्चित ही मैं कविता की शुरुआत यूँ न करता
मैं पहली ही पंक्ति में एक महान वाक्य लिखता

एकदम सजा हुआ, चमकता-दमकता और खुशबू से नहाया वाक्य
पर यहाँ तो बात कवि केदारनाथ की थी
जिनका होना सरलता का होना था
सरल जैसे दो का पहाड़ा, जैसे सुलझी हुई समझ
सो मैंने बातों को सरल बनाने के लिए एक-एक शब्द के सरल वाक्य लिखे
मैंने लिखा फूल

जो बस्ती और जंगल के बीच उगा हुआ था कहीं
उसने जानबूझकर छाँटी थी उगने की यह जगह
जंगल की स्मृतियाँ थीं उसके पास और बस्ती के लोगों का था प्यार
हाँ, एक सुखी जीवन के लिए दोनों चाहिए—स्मृतियाँ और प्यार
फूल उगा हुआ है और खिला हुआ है
फूल उगता जा रहा है और खिलता जा रहा है
फूल को खिलता देखकर उसे देखने वाले भी खिल रहे हैं
देखने वालों को खिलता देख समय भी खिल रहा है
समय को ओढ़कर लेटी पूरी पृथ्वी खिल रही है
पृथ्वी ब्रह्मांड की सबसे चहेती बेटी है
तो बेटी को खिलता देख पूरा ब्रह्मांड खिल रहा है

मैंने दूसरा वाक्य लिखा नदी
जो दिल्ली से एक साथ कई शहरों की ओर बह रही थी

दिल्ली से बनारस और कोलकाता की ओर तो वह गाहे-बगाहे बहती ही रही है
दो दिन पहले उसने मुम्बई का रुख किया
मैंने पूछा उस नदी से, भई, मुम्बई क्यों, वहाँ तो घर नहीं तुम्हारा
बोली-समन्दर को देखने की बेताबी थी, जो खींच लाई
मैं समझ गया, वह लोगों के भीतर उछांटे मारते प्रेम के समन्दर की
बात कर रही थी।
केदारनाथ इसी समन्दर में डूबने को उतावले रहते हैं

मैंने तीसरा वाक्य लिखा पेड़
यह लिखना था कि दिल्ली, बनारस, कोलकाता, उत्तर भारत के कितने ही क़स्बों,
गाँवों की अनजान
गुमनाम पगडंडियों और पूर्व, पश्चिम और दक्षिण के जंगलों से भी
पेड़ किसी सेना की तरह चल पड़े
और वे दिल्ली-मुम्बई राजमार्ग के दोनों ओर हाथ बाँधे खड़े हो गये
ख़बर उन्हें मिल गयी थी कि कवि केदार मुम्बई जा रहे हैं
मगर कवि केदार तो कवि केदार
वे तो पेड़ों को चकमा दे हाथ हिलाते वायुमार्ग से पहुँच गये मुम्बई
यह ख़बर हवा ने हाथ बाँधे पेड़ों तक आज सुबह ही पहुँचाई है
तो अभी जबकि केदार जी मेरे सामने मुस्कराते बैठे हैं
दिल्ली-मुम्बई राजमार्ग से पेड़ मुँह लटकाए अपने ठिकानों की ओर लौट पड़े हैं

मैंने चौथा वाक्य लिखा पानी
और देखिए लिखते ही मेरी आँखों में छलछला आया वह
अब वह मुझे आपकी आँखों में भी दिख रहा है
अपने कौतूहल में अगर मैं अभी पूछ लूँ केदार जी से
ये इन्सानों की आँखों में इस तरह पानी क्यों क्यों चला आता है
तो कहेंगे वे—आने दो उसे, पानी ही तो है, खून तो नहीं

अन्त में मैंने पाँचवाँ और सबसे लम्बा वाक्य लिखा—बाघ
इधर मैंने लिखा और उधर मुम्बई के एक बाजार में दीख पड़ा सचमुच का एक आग
जैसी धारियों
वाला बाघ
उसके डुकरने की आवाज़ पूरे शहर में गूँज रही थी

कल उसे **मय** आवाज़ के हम अखबार में छपा देखेंगे
आप जब बाघ की यह ख़बर पढ़ें तो थोड़ा सावधान रहिएगा
क्योंकि सम्भावना यह है कि वह ख़बर से निकल आपकी रसोई का रुख करेगा
या रात भर छपते रहने की थकान उसे आपके शयनकक्ष की ओर ले जाए
बहरहाल बाघ इतनी ही देर में बाजार से गायब हो चुका है
पुलिस और प्रशासन में अफरा-तफरी मची हुई है
बाघ है कोई लोमड़ या लकड़बग्घा नहीं
और जबकि आप हैरान हो रहे होंगे कि बाघ अचानक गायब कहाँ हुआ
किस जंगल में घुसा कितनी तो लम्बी छलाँग लगाई उसने
वह आपकी हैरानी पर हँस रहा है
अरे भई ये सृष्टि ऐसी ही है, चमत्कारों से भरी हुई
कवि केदारनाथ ने धीरे से कहा मुझे कान में
और मुम्बई में जबकि रात ड्राइंगरूम में झाँक रही थी
वे लुम्बिनी, कपिलवस्तु से होते हुए कुशीनगर की यात्रा पर निकल गये।

□□